CA

Carmine Gallo, çok sa *Secrets of Steve Jobs* (Steve Jobs'un Sun Sırları) kitabının yazarı, dünyanın önde gelen markalarının iletişim koçu. CNN ve CBS kanallarının eski ana haber sunucusu ve muhabiri. Intel, Cisco, Chevron, Hewlett-Packard, Coca-Cola, Pfizer gibi şirketlerin üst düzey yöneticileriyle çalışıyor ve bu şirketlerin konferanslarındaki açılış konuşmalarıyla tanınıyor. Forbes.com ve My Communications Coach'ta köşe yazarı. Kaliforniya Pleasanton'da karısı ve iki kızı ile yaşıyor.

TED GİBİ KONUŞ

AGANTA KİTAP
002

TED Gibi Konuş
Özgün adı: Talk Like TED

Birinci Basım Eylül 2015
İkinci Basım Kasım 2015
Üçüncü Basım Kasım 2015
Dördüncü Basım Aralık 2015
Beşinci Basım Ocak 2016

ISBN 978-605-9851-55-8
Sertifika 16343

Türkçesi: Figen Bingül

Uygulama: M. Tila Sadık

Aganta Kitap
Notos Kitap Yayınevi'nin tescilli markasıdır.
İnönü Caddesi, Dümen Sokak, 7/7
Gümüşsuyu, Beyoğlu 34427 İstanbul
0212 243 49 07
facebook.com/AgantaKitap
twitter.com/AgantaKitap

Baskı ve Cilt
Pasifik Ofset
Cihangir Mahallesi, Güvercin Caddesi, No: 3/1
Baha İş Merkezi, A Blok Kat:2
34310 Haramidere Avcılar İstanbul
0212 412 17 77
Sertifika 12027

CARMINE GALLO

TED GİBİ KONUŞ

Dünyanın En İyi Beyinlerine Göre
Topluluk Önünde Konuşmanın 9 Sırrı

TÜRKÇESİ
Figen Bingül

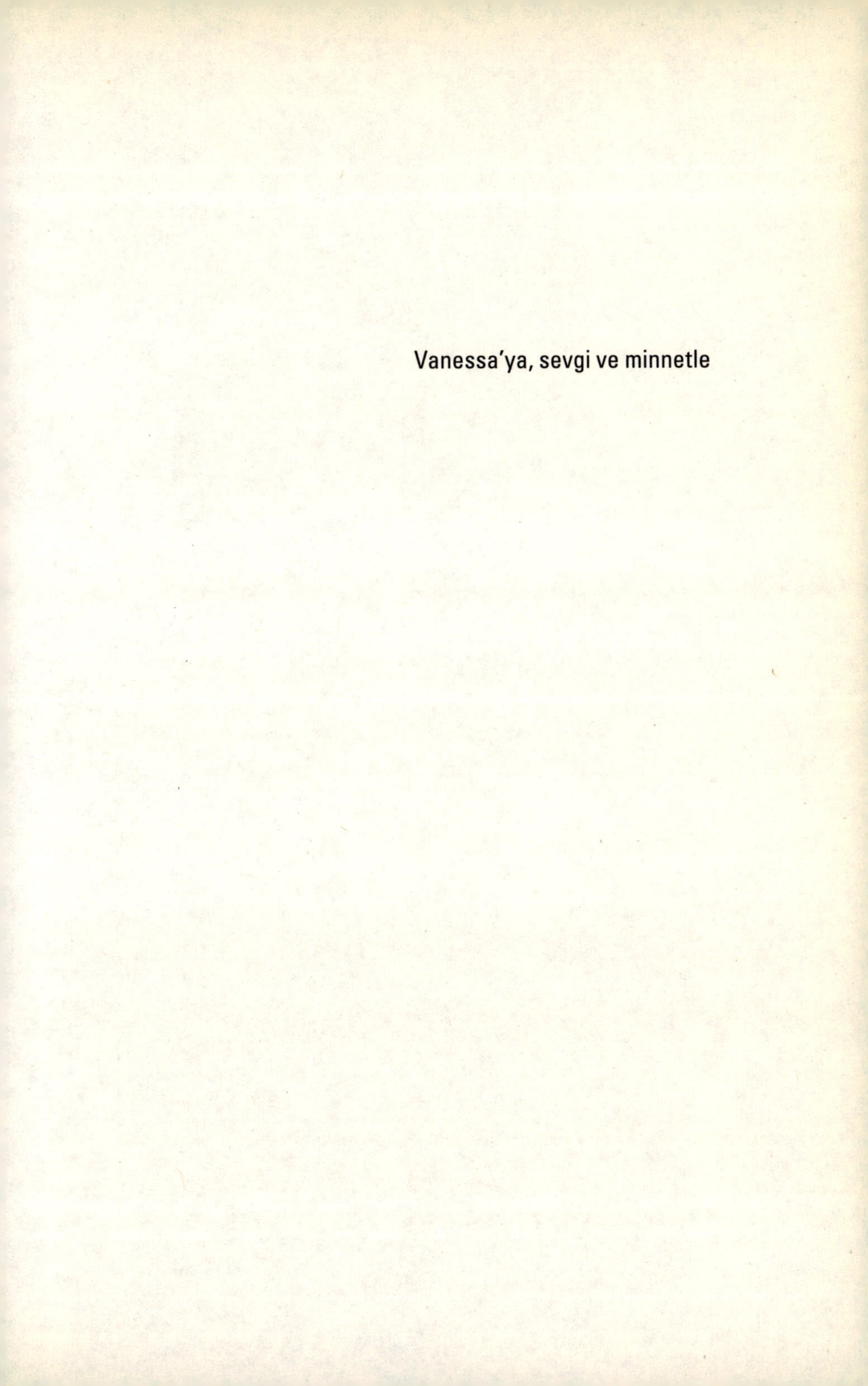

Vanessa'ya, sevgi ve minnetle

İÇİNDEKİLER

TEŞEKKÜR

İyi bir sunum, önerilerini, görüş ve yeteneklerini ortaya koyan insanlardan oluşan bir ekip gerektirir. Bir kitap yazıp yayımlamak da farklı değildir. Büyük oranda bir ekip çalışmasıdır.

St. Martin's Press'teki ekip gerçekten olağanüstü. Editörüm Matt Martz başından beri konuya olan tutkuma katıldı. Tüm süreç boyunca onunla aynı fikirdeydik. Onun rehberliği, geribildirimleri ve görüşleri, *TED Gibi Konuş*'u, okurun bilgilendirici, eğitici, ilham verici ve eğlendirici bulacağına inandığım bir anlatı halinde yapılandırmamı sağladı. Bu projeye dair hevesimi paylaşan St. Martin's Press'teki pek çok kişiye de ayrıca teşekkür etmek isterim.

Bu kesinlikle kapsamlı bir liste değil ama şu kişilere de özel bir teşekkür sunmak isterim: Sally Richardson, Dan Weiss, Laura Clark, Michelle Cashman, Mariann Donato, Michael Hoak, Kerry Nordling, Christy D'Agostini ve ayrıca Robert Allen ve Macmillan Audio'daki işine kendini adamış olan ekip.

Edebi temsilcim ve New England Publishing Associates'in yöneticisi Roger Williams bir meslektaştan ötedir. Güvenilir bir arkadaş, danışman ve kılavuzdur. Roger, sürekli rehberliğin ve verdiğin ilham için teşekkür ederim.

BrightSight Group'taki konuşma temsilcilerim Tom Neilssen ve Les Tuerk özel takdiri hak ediyor. Beni geniş çaplı konferanslar, toplantılar ve etkinliklerde ana sunumlar aracılığıyla fikirlerimi paylaşmaya teşvik ettiler. Onlara harika arkadaşlıkları ve rehberlikleri için sonsuza kadar minnettarım. BrightSight, tutkulu uzmanlardan oluşan olağanüstü bir ekibin çalışmasına dayanır ve her birine ayrı ayrı teşekkür ederim: Cynthia Seeto, Christine Teichmann, Jeff Lykes, Michele DiLisio ve Marge Hennessy.

Gallo İletişim'de topluluk yöneticisi olan Carolyn Kilmer TED sunumlarının büyük bir hayranıdır ve araştırmalara hevesle kendini kaptırmıştır. Konuşmaları, konuları ve teknikleri sınıflandırmak için sayısız sunum seyretti. Carolyn'in çalışması, incelememiz gereken fazla sayıdaki malzemeyi yapılandırmamızı sağladı.

Her tekniğin arkasındaki derin bilimle özellikle gurur duyuyorum. Bu tekniklerin hepsi etkilidir, çünkü beynin nasıl çalıştığına ve bilgiyi nasıl işleyip hatırladığına dayanır. Arkadaşım Danny Mourning bir avukat ve iletişim alanında lisansüstü araştırma asistanlığı yapmıştır. Danny yankı tahtası görevi görüyordu ve beni doğru yönlendirip araştırma profesörleriyle doğrudan temasa geçirdi ya da bana ilgili konularda yeni akademik araştırmaları tanıttı. Danny'nin fikirlerin iletilmesine dair inanılmaz bir tutkusu var ve ona içgörüsü için teşekkür ederim.

En önemli takdir eşim Vanessa Gallo'ya ayrılmalı. Vanessa bu kitabın içeriğini desteklemek için yorulmadan çalıştı. Yoğun araştırmalar yaptı, teslim öncesinde taslağı düzeltti ve saatler boyunca pek çok TED sunumu izledi. Yazma ve düzeltideki uzmanlığı paha biçilmezdir. Vanessa'nın San Francisco State Üniversitesi'nde psikoloji eğitmeni olarak geçmişi de konuşmacıların beden dilleri, jestleri ve sözlü sunumlarını analiz etmemizde faydalı oldu. Vanessa'nın bu konuya olan değişmez inancı ve bu fikirlerin değeri, her gün tutkumu ve hevesimi körükledi. İşimizin yönetimi ve kızlarımız Josephine ve Lela'nın bakımını nasıl idare ettiği beni aşıyor. Fakat o her şeyi ustalıkla yapar. O gerçekten benim ilham kaynağım.

Desteklerinden dolayı aileme özel teşekkürler: Tino, Donna, Francesco, Nick, Ken ve Patty. Annem Giuseppina'nın, bana inanç, cesaret ve azmi öğreten, aramızdan ayrılan babam Franco'yla birlikte kalbimde her zaman özel bir yeri olacaktır.

GİRİŞ

Fikirler Yirmi Birinci Yüzyılın Geçer Akçesidir

Ben bir öğrenme makinesiyim ve burası öğrenmenin yeri.

– TONY ROBBINS, TED 2006

FİKİRLER YİRMİ BİRİNCİ YÜZYILIN geçer akçesidir. Kimileri fikirlerini sunmakta olağanüstü iyidir. Yetenekleri, bugünün toplumundaki itibar ve etkilerini yükseltir. İyi bir konuşmacı tarafından ortaya konan cesur bir fikirden daha ilham verici bir şey yoktur. Etkili bir biçimde paketlenip sunulan fikirler dünyayı değiştirebilir. Öyleyse, dünyanın en iyi iletişimcileri tarafından paylaşılan teknikleri tam olarak tanımlamak, ağızları açık bırakan sunumlarını izlemek ve kendi izleyicinizi hayrete düşürmek için onların sırlarını kullanmak harika olmaz mı? İnternette en iyi sunumları ücretsiz olarak yayınlanan dünyaca ünlü TED (Teknoloji, Eğlence, Dizayn) konferansları, yüzlerce TED sunumunun bilimsel analizi, TED'in en sevilen konuşmacılarıyla doğrudan söyleşiler ve benim dünyanın en beğenilen markalarının liderlerine ilham veren ve yıllar süren koçluğumdan derlenen kişisel içgörülerim sayesinde, bunu artık yapabilirsiniz.

TED Gibi Konuş, daha fazla güven ve yetkeyle konuşmak isteyen herkes için. Sunum yapan, ürün ve hizmet satan ya da ilham almaya ihtiyacı olan insanlara liderlik eden herkes için. Eğer paylaşmaya değer fikirleriniz varsa, bu kitaptaki teknikler, o fikirleri hiç hayal etmediğiniz kadar ikna edici biçimde işleyip iletmenize yardımcı olacak.

Mart 2012'de, vatandaşlık hakları avukatı Bryan Stevenson, Long Beach, Kaliforniya'da her yıl yapılan TED konferansına katılan 1000 kişiye bir konuşma yaptı. Stevenson, TED tarihinde en uzun süre ayakta alkışlanan kişi oldu ve sunumu internette yaklaşık iki milyon kez izlendi. 18 dakika boyunca Stevenson izleyiciyi, kafalarına ve yüreklerine hitap ederek büyüledi. Bu bileşim işe yaradı. Stevenson bana o gün katılımcıların Equal Justice Initiative (Eşit Adalet İnisiyatifi) kurumuna toplam 1 milyon dolar bağışladığını söyledi. Konuşmasının her dakikası için 55 bin doların üstünde bir miktar bu.

Stevenson bir PowerPoint sunumu yapmadı. Hiçbir görsel, slayt, sahne malzemesi kullanmadı. Anlatısının gücü üstün geldi. Sevilen kimi TED konuşmacıları, anlatılarının etkisini güçlendirmek için PowerPoint kullanmayı tercih eder. Mart 2011'de, profesör David Christian, 18 dakikalık slaytlar ve ilginç grafiklerle desteklenen sürükleyici bir TED konuşması yaptıktan sonra, okullarda "Büyük Tarih" öğretmek için bir hareket başlattı. "Büyük Tarih" öğrencilere dünyanın nasıl geliştiğini ve evrendeki yerini öğretir. Christian'ın 18 dakikada 13 milyar yıllık tarihi kapsayan sunumu bir milyondan fazla kez izlendi.

Christian ve Stevenson'ın görünüşte farklı sunum tarzları var ve bu kitapta ikisini de okuyacaksınız. Birisi hikâyeler anlatır, diğeri zengin slaytlarla dağlar kadar veri sunar, ancak ikisi de çekici, eğlenceli ve ilham vericidir, çünkü dokuz sır paylaşırlar. İkna etmenin ilmini ve sanatını anlamışlardır.

500'den fazla TED sunumunu (150 saatten fazla) inceledikten ve başarılı TED konuşmacılarıyla birebir konuştuktan sonra, en sevilen TED sunumlarının dokuz ortak unsuru paylaştığını keşfettim. Ayrıca, bu unsurların altında yatan prensiplerin neden bu kadar iyi işlediğini anlamak için, dünyanın önde gelen sinirbilimcileri, psikologları ve iletişim uzmanlarından kimileriyle söyleşiler yaptım. En iyisi de, bu iletişimcilerin paylaştığı sırları bir kez öğrendiniz mi onları uygulayabilir ve hemen bir sonraki iş teklifi ya da sunumunuzda kendinizi gösterebilmenizdir. Bunlar, yıllardır, her gün hayatınıza etki eden ürünleri keşfeden ya da şirketleri yöneten CEO'lar, girişimciler ve liderlerle kullandığım tekniklerdir. Hiçbir zaman gerçek bir TED konferansında konuşmayacak olsanız da, işinizde başarılı olmak istiyorsanız TED'e yaraşır bir sunum yapabilmeniz iyi olur. Bu, izleyicinizi kazanmanıza yardım eden, cesur, yeni, çağdaş ve ilgi uyandıran bir tarzı yansıtır.

PAYLAŞMAYA DEĞER FİKİRLER

Richard Saul Wurman TED konferansını 1984'te bir defalık bir etkinlik olarak yarattı. Altı yıl sonra, Monterey, Kaliforniya'da dört günlük bir konferans olarak yeniden oluşturuldu. Katılımcılar 475 dolara, teknoloji, eğlence ve dizaynı (TED) içeren konularda çeşitli konuşmaları izleyebiliyordu. Teknoloji dergisi yayıncısı Chris Anderson 2001'de konferansı satın alıp 2009'da Long Beach, Kaliforniya'ya taşıdı. 2014'te TED konferansı, Vancouver, Kanada'da büyüyen uluslararası ilgiyi yansıtan bir seyir tutturdu.

2005'e kadar TED yılda bir kez yapılan bir etkinlikti: 4 gün, 50 konuşmacı, 18 dakikalık sunumlar. O yıl, Anderson uluslararası izleyiciye ulaşmak için TEDGlobal adında bir kardeş konferans ekledi. 2009'da organizasyon, TEDx etkinliklerini kendi toplumları için organize edebilecek üçüncü şahıslara lisans vermeye başladı. Üç yıl içinde dünyada TEDx etkinliklerinde 16.000'den fazla konuşma yapıldı. Bugün 130'dan fazla ülkede her gün beş TEDx etkinliği düzenlenmektedir.

Konferans işindeki şaşırtıcı büyümeye karşın, TED konuşmacıları Haziran 2006'da TED.com'un kurulmasıyla çok daha geniş bir izleyiciye tanıtıldı. Site, pazarı denemek için altı konuşma yayınladı. Altı ay sonra sitede sadece 40 kadar sunum vardı, ancak üç milyondan fazla kez izlenmişti. Belli ki dünya, ilgi uyandırıcı şekilde sunulan büyük fikirlere açtı ve hâlâ aç.

13 Kasım 2012'de TED.com sunumları *bir milyar* kez izlenmişti ve şimdi günde 1,5 milyon kez izlenmekte. Videolar 90 dile çevrilmekte ve her günün her saniyesi 17 yeni TED sunum gösterimi paylaşılmakta. Chris Anderson'a göre, "Yılda bir kez 800 kişi toplanırdı, şimdi günde bir milyon kadar insan TED konuşmalarını çevrimiçi izliyor. İlk önce deneme olarak birkaç konuşmayı koyduğumuzda öyle coşkulu yanıtlar aldık ki, organizasyonu baş aşağı çevirip kendimizi bir konferans olarak değil de 'paylaşmaya değer fikirler' olarak düşünüp bunun etrafında büyük bir web sitesi kurmaya karar verdik. Konferans hâlâ motor ama web sitesi fikirleri dünyaya götüren hoparlör."[1]

Online yayınlanan ilk altı TED konuşması, kendilerine sevgiyle "TED'ci" diyen hayranlar arasında klasik olarak görülür. Konuşmacılar arasında Al Gore, Sir Ken Robinson ve Tony Robbins vardır. Bu konuşmacılardan kimileri geleneksel slayt gösterisi yapmış, diğerleri yapmamıştır. Ama hepsi duygusal, yeni ve akılda kalıcı konuşmalar gerçekleştirmiştir. Bugün TED öyle etkili bir zemin olmuştur ki, ünlü oyuncu ve müzisyenler paylaşacakları fikirleri olduğunda doğruca TED sahnesine gider. *Argo* filminin yönetmeni Ben Affleck, En İyi Film Oscar'ını aldıktan birkaç gün sonra, Long Beach'te TED'de çıkıp Kongo'daki çalışması hakkında konuştu. Hafta başında U2 solisti Bono dünyada yoksulluğa karşı kampanyaların başarısı üstüne bir sunum yaptı. Ünlüler ciddiye alınmak istediği zaman TED sahnesine çıkar. Facebook Operasyon Müdürü Sheryl Sandberg, *Sınırlarını Zorla* adlı çoksatar kitabını, işyerinde kadınlar konusunda yaptığı konuşması TED.com'da yayıldıktan sonra yazdı. TED sunumları insanların dünyaya bakışını değiştirir ve sanat, tasarım, iş, eğitim, sağlık, bilim, teknoloji ve küresel sorunlar alanlarında hareketler başlatmak için sıçrama tahtasıdır. Belgesel yapımcısı

Daphne Zuniga 2006 konferansına katıldı. Bunu, "dünyanın en iyi girişimcileri, tasarımcıları, biliminsanları ve sanatçılarının, şaşırtıcı yeni fikirleri –zihin için âdeta bir Cirque du Soleil– sunduğu toplantı" diye tanımlar.[2] "Bunun gibi bir etkinlik yoktur," der Zuniga. "Dört günlük öğrenme, tutku ve esinlenme .... düşünselliği uyarıyor ama duyduğum fikirlerin yüreğime de dokunacağını hiç düşünmedim." Oprah Winfrey bir keresinde daha da kısa ve öz ifade etmişti: "TED, parlak insanların diğer parlak insanların fikirlerini paylaşmasını dinlemeye gittiği yerdir."

STEVE JOBS'UN SUNUM SIRLARI

TED sunumlarını incelemek için benzersiz bir konumdayım. *The Presentation Secrets of Steve Jobs* (Steve Jobs'un Sunum Sırları) adında uluslararası çoksatar bir kitap yazdım. Ünlü CEO'ların kitapta ortaya konan ilkeleri kullandıkları biliniyor ve dünyada yüz binlerce profesyonel, bu yöntemi kendi sunumlarını dönüştürmek için kullanılıyor. İlgiden gururum okşanmıştı ama okurların *Sunum Sırları*'nda incelediğim tekniklerin Steve Jobs'a özel olmadığından emin olmalarını istedim. Apple'ın kurucu ortağı ve teknolojik vizyon sahibi Jobs, tesadüfen, tekniklerin hepsini bir araya getirmekte çok iyiydi. Teknikler çok "TED-gibi"ydi.

Kitapta, Steve Jobs'un 2005'te Stanford Üniversitesi'nde yaptığı ünlü diploma töreni konuşmasının, izleyiciyi etkisi altına alma yeteneğinin harika bir örneği olduğunu belirtirim. İronik olarak, diploma töreni konuşması TED.com'da en sevilen videolardan biridir. Resmen bir TED konuşması olmasa da en iyi TED sunumlarıyla aynı unsurları taşır ve 15 milyondan fazla kez izlenmiştir.

"Zamanınız kısıtlı, bu yüzden onu başka birinin hayatını yaşayarak harcamayın.[3] Dogmanın, yani başka insanların düşüncelerinin sonuçlarıyla yaşama tuzağına düşmeyin," demişti Jobs mezunlara. "Başkalarının düşüncelerinin gürültüsünün kendi içsesinizi boğmasına izin vermeyin. Ve en önemlisi, yüreğinizi ve sezginizi izleme cesaretini gösterin. Onlar bir şekilde gerçekten ne olmak istediğinizi bilirler." Jobs'un sözleri TED sunumlarından etkilenen insanlara doğrudan hitap etti. Onlar arayıcıdır. Öğrenmeye heveslidir. Statükodan hoşnut olmayıp dünyayı ileri götürecek ilham verici ve yenilikçi fikirler ararlar. Steve Jobs ile, teknikleri bir ustadan öğrendiniz; *TED Gibi Konuş*'ta her şeyi bulursunuz.

YİRMİ BİRİNCİ YÜZYIL İÇİN DALE CARNEGIE

TED Gibi Konuş, iletişim bilimine bugün pazardaki hemen her kitaptan daha derinden girer. Size hayatlarının konuşmasını ileten kadın ve erkekleri –biliminsanı, yazar, eğitimci, çevreci ve ünlü liderler– tanıtır. TED web sitesinde ücretsiz olarak yer alan 1500'ü aşkın sunumun her biri size topluluk önünde konuşma hakkında bir şey öğretebilir.

TED konuşmalarının sırları üstüne bir kitap yazmayı ilk düşünmeye başladığımda, bunu *Yirmi Birinci Yüzyıl İçin Dale Carnegie* olarak düşündüm. Carnegie, topluluk önünde konuşma ve kişisel gelişim üstüne ilk piyasa kitabı olan *Topluluk Önünde Konuşma Sanatı*'nı 1915'te yazmıştı. Carnegie'nin önsezisi kusursuzdu. Konuşmacıların konuşmalarını kısa tutmalarını öneriyordu. Hikâyelerin izleyicinizle duygusal bağ kurmak için güçlü yöntemler olduğunu söylüyordu. Metafor ve analoji gibi hitabet araçlarının kullanımını öneriyordu. PowerPoint keşfedilmeden üç çeyrek yüzyıl önce Carnegie görsel yardımcılar kullanmaktan söz ediyordu. İnsanları etkilemek için şevk, prova ve güçlü konuşma tarzının önemini anlamıştı. Carnegie'nin 1915'te önerdiği her şey etkili iletişimin temeli olarak bugüne kadar ulaşmıştır.

Carnegie doğru düşünceye sahip olsa da bugünün mevcut araçlarına sahip değildi. fMRI (fonksiyonel manyetik rezonans görüntüleme) kullanan biliminsanları insanların beyinlerini tarayarak, örneğin bir özne konuşmak ya da başka birini dinlemek gibi belirli bir görevi yerine getirirken, beyinde tam olarak hangi bölgelerin harekete geçtiğini görebilir. Bu teknoloji ve modern bilimin diğer araçları iletişim alanında bir araştırma çığı yaratmıştır. Bu kitapta ortaya çıkarılan sırlar, gezegendeki en iyi beyinlerden çıkan son bilimle desteklenmiştir ve işe yararlar. Tutku bulaşıcı mıdır? Göreceksiniz. Hikâye anlatmak gerçekten zihninizi sizi dinleyen kişininkiyle "senkronize" eder mi? Yanıtı bulacaksınız. Neden 18 dakikalık bir sunum 60 dakikalık olandan daha iyidir? Neden Bill Gates'in izleyicilerin içine sivrisinekleri saldığı video popüler oldu? Bu soruların da yanıtını öğreneceksiniz.

Carnegie ayrıca topluluk önünde konuşma sanatını öğrenmek için kullanabileceğimiz en etkili araçtan da yoksundu: Carnegie'nin ölümünden kırk yıl sonrasına kadar ticarileşmeyen internet. Bugün, geniş bant bağlantısı sayesinde insanlar TED.com'da videolar seyredebiliyor ve dünyanın en iyi beyinlerini hayatlarının sunumlarını yaparken görebiliyorlar. Bu dokuz sırrı bir kez öğrenip popüler TED konuşmacılarıyla yapılan söyleşileri okuyunca ve hepsinin arkasındaki bilimi anlayınca, TED.com'a dönüp konuşmacıları henüz okuduğunuz becerileri kullanırken hareket halinde görebilirsiniz.

ARTIK HEPİMİZ SATICIYIZ

En sevilen TED konuşmacıları bir fikirler denizinde öne çıkan sunumlar yapar. Daniel Pink'in *Satışın Yeni Kuralları*'nda belirttiği gibi, "İster hoşlanın ister hoşlanmayın ama artık hepimiz satıcıyız."[4] Bir TED konuşması yapmak için davet edildiyseniz, bu kitap kaynak kitabınızdır. Bir TED konuşması yapmak için davet edilmediyseniz ve bunu yapmaya hiç niyetiniz yoksa, bu kitap yine de okuyacağınız bütün kitaplar içinde en değerliler arasındadır, çünkü size kendinizi ve fikirlerinizi hayal ettiğinizden daha ikna edici bir biçimde nasıl satacağınızı öğretecek. Size bütün ilham verici sunumların ortak unsurlarını nasıl birleştireceğinizi öğretecek ve bir lider ve iletişimci olarak kendinizi görüş şeklinizi nasıl yeniden oluşturacağınızı gösterecek.

Unutmayın, eğer fikirlerinizle bir başkasına ilham veremezseniz o fikirlerin ne kadar iyi olduğunun bir önemi yoktur. Fikirler, yalnızca o fikirlerin iletilmesinin ardından gelen eylemler kadar iyidir.

TED GİBİ KONUŞ üç kısma ayrılmıştır, her biri ilham verici bir sunumun üç bileşenini ortaya çıkarır. En ilgi çekici sunumlar:

- DUYGUSALDIR – Yüreğime dokunur.
- YENİDİR – Bana yeni bir şey öğretir.
- AKILDA KALICIDIR – İçeriği hiç unutmayacağım yollarla sunar.

DUYGUSAL

İyi iletişimciler kafanıza ulaşır ve yüreğinize dokunur. Sunum yapan kişilerin çoğu "yürek" kısmını unutur. 1. bölümde içinizdeki ustayı nasıl ortaya çıkaracağınızı, gerçekten neye tutkunuz olduğunu tanımlayarak öğreneceksiniz. Tutkunun topluluk önünde konuşma gibi bir yeteneği ustalaştırmakta neden anahtar olduğunu açıklayan –popüler medyada hiçbir zaman yayımlanmamış– araştırmalar okuyacaksınız. 2. bölüm size, hikâye anlatma sanatını iyileştirmeyi ve hikâyelerin duygusal olarak konuya bağlanmaya nasıl yardımcı olduğunu gösterecek. Hikâyelerin o âna kadar deneyimlediğinizden çok daha anlamlı ve daha derin bağlar kurmanızı sağlayarak, zihninizi izleyicinizinkiyle nasıl "senkronize" edeceğinizi gösteren yeni araştırmalarla karşılaşacaksınız. 3. bölümde TED konuşmacılarının, sanki büyük bir izleyiciye hitap etmek yerine, bir söyleşi yapar gibi, nasıl sahici ve doğal bir beden dili ve sözlü iletim sergilediklerini öğreneceksiniz. Ayrıca bir sunumu prova etmek için 200 saat harcayan konuşmacılar tanıyacaksınız ve nasıl prova yaptıklarını anlayacaksınız. Duruşunuzu ve konuşma tarzınızı daha rahat ve etkili kılacak teknikleri öğreneceksiniz.

YENİ

Söyleşi yaptığım sinirbilimcilere göre, bir kişinin dikkatini çekmenin en etkin tek yolu yeniliktir. YouTube akımları yöneticisi Kevin Allocca, TED izleyicisine, her dakika iki günlük videonun yüklendiği bir dünyada, "Sadece gerçekten benzersiz ve beklenmedik olan öne çıkar," demiştir. Beyin, yeniliği görmezden gelemez ve bu bölümdeki teknikleri uyguladıktan sonra izleyicileriniz de sizi görmezden gelemez. 4. bölümde en iyi TED konuşmacılarının izleyicilerinin ilgisini, belli bir çalışma alanına yeni bilgi ya da benzersiz bir yaklaşımla nasıl çektiklerini inceliyoruz. 5. bölüm ağızları açık bırakan anlar yaşatmakla ilgili; burada, yıllar sonra bile izleyicilerinin konuştuğu "vay canına" dedirten anları dikkatle, bilinçli biçimde tasarlayan ve yaşatan o konuşmacılar vurgulanıyor. 6. bölüm, hassas ama önemli olan sahici mizah unsurunu ele alıyor – bunu ne zaman kullanmalı, nasıl kullanmalı ve bir fıkra anlatmadan nasıl komik olunur. Mizah konuşmacıya özeldir ve kendi kişisel sunum tarzınıza katılmalıdır.

AKILDA KALICI

Yeni fikirleriniz olabilir ama izleyiciniz ne söylediğinizi hatırlayamazsa bu fikirlerin bir önemi yoktur. 7. bölümde, neden 18 dakikalık TED sunumlarının anlatmak istediğinizi iletmek için ideal uzunlukta olduğunu inceliyorum. Ve evet, bilim bunu destekliyor. 8. bölüm, izleyicilerin içeriği daha iyi hatırlayabilmesi için canlı, çoklu duyusal deneyimler yaratmanın önemini kapsıyor. 9. bölümde, kendi şeridinizde kalmanın önemini vurguluyorum; bu, insanların güvenebileceğini hissettiği, gerçek, otantik bir konuşmacı olmanın anahtarıdır.

Her bölüm, en sevilen TED konuşmacılarının çoğunun paylaştığı belli bir tekniği, örnekler, içgörüler ve sunumları yapan kişilerle söyleşiler eşliğinde işliyor. Ayrıca her bölüme bir "TEDnot" ekledim: sırları hemen bir sonraki iş teklifiniz ya da sunumunuzda uygulamanıza yardım edecek belirli ipuçları. Bu notlarda konuşmacının adını ve sunumunun başlığını bulacaksınız ki TED.com'da kolayca arayabilin. Ayrıca, her bölümde, anlatılan sırrın arkasındaki bilimi inceleyeceğiz – neden işe yarar ve bu tekniği sunumlarınızı daha üst düzeye çıkarabilmek için nasıl uygulayabilirsiniz. Son on yılda, insan zihni hakkında daha önce bildiğimiz her şeyden daha fazlasını öğrendik. Bu bulguların bir sonraki sunumunuza büyük etkileri olacak.

USTALARDAN ÖĞRENİN

Ustalık kitabının yazarı Robert Greene, hepimizin, insanın potansiyelinin sınırlarını zorlama yeteneğine sahip olduğumuzu savunur. Yeti, zekâ ve yaratıcılık, doğru kafa yapısı ve yeteneklerle ortaya çıkarabileceğimiz güçlerdir. Alanlarında (yani sanat, müzik, spor, topluluk önünde konuşma) usta kişilerin dünyayı görmekte farklı bir yöntemleri vardır. Greene, *dâhi* sözcüğünün gizeminden arınması gerektiğine inanır, çünkü bizim "geçmiş ustaların sadece hayal edebileceği istihbarat ve bilgiye erişimimiz" var.[5]

TED.com; iletişim, ikna ve topluluk önünde konuşma alanlarında ustalık kazanmak isteyenler için bir altın madenidir. *TED Gibi Konuş*, size araçları sağlayacak ve kendi sesinizi ve hatta belki servetinizi bulmanızda yardımcı olmak için onları nasıl kullanacağınızı gösterecek.

Ortalamadan daha iyi iletişimciler genellikle diğer insanlardan daha başarılıdır ama büyük iletişimciler hareket başlatır. Yalnızca soyadlarıyla hatırlanıp sayılırlar: Jefferson, Lincoln, Churchill, Kennedy, King, Reagan. İş dünyasında etkili iletişimde başarısız olmak, başarısızlığa hızlı gidiştir. Bu, yeni işler finanse edilmeyecek, ürünler satılmayacak, projeler desteklenmeyecek ve kariyerler ilerlemeyecek demektir. TED'e yaraşır bir sunum yapma becerisi, övgünün tadını çıkarmak ile çaresiz belirsizlik içinde didinmek arasındaki fark demek olabilir. Hâlâ hayattasınız. Bu, hayatınızın amacı var demektir. Büyük şeyler için yaratıldınız. Potansiyelinizi, fikirlerinizi iletemediğiniz için sabote etmeyin.

TED 2006'da, motivasyon gurusu Tony Robbins, "Etkili liderlerin kendilerini ve diğerlerini harekete geçirme yeteneği vardır, çünkü bizi şekillendiren görünmez kuvvetleri anlarlar," demişti.[6] Tutkulu, güçlü ve ilham veren iletişim, bize etki eden ve şekillendiren kuvvetlerden biridir. Uzun zamandır var olan sorunları çözmeye yeni bir yaklaşım, ilham veren hikâyeler, bilgiyi iletmenin ilginç yolları ve ayakta alkışlar "TED anları" olarak bilinir. Bu anları yaratın. İzleyicinizi büyüleyin. Onlara ilham verin. Dünyayı değiştirin. İşte böyle...

I. BÖLÜM

Duygusal

TED formatının ana kısmı, elimizde insanlarla doğrudan ve neredeyse savunmasız bir şekilde bağ kuran insanlar olmasıdır. Sahnede çıplaksınızdır, tabiri caizse. En etkili konuşmalar, insanların gerçekten o insanlığı hissedebildikleri konuşmalardır. Duygular, düşler, hayal gücü.

– CHRIS ANDERSON, YÖNETİCİ, TED

1

İçinizdeki Ustayı Çıkarın

Tutku, yeteneğinizin en coşkun dışavurumunu sağlayacak olan şeydir.

– LARRY SMITH, TEDx, KASIM 2011

AIMEE MULLINS'İN ON İKİ ÇİFT bacağı var. Çoğu insan gibi o da iki taneyle doğmuştu ama çoğu insandan farklı olarak, bir sağlık sorunu yüzünden iki bacağı da dizinden aşağı kesilmek zorunda kalmıştı. Mullins ilk doğum gününden beri alt bacakları olmadan yaşıyor.

Mullins, Pennsylvania'da, orta sınıf Allentown kasabasında orta sınıf bir ailede büyüdü, ancak başardıkları sıradan olmanın çok ötesinde. Mullins'in doktorları erken ampütasyonun ona makul derecede hareket edebilmesi için en iyi seçeneği vereceğini söylediler. Çocuk olarak Mullins'in bu karara hiçbir etkisi yoktu ama büyüdükçe kendini "engelli" olarak görmeyi ya da çoğu insanın ona verdiği bu etiketi kabul etmeyi reddetti. Bunun yerine, protez uzuvların ona başkalarının ancak hayal edebileceği süper güçler vereceği sonucuna vardı.

Mullins engelli olmanın anlamını yeniden tanımladı. Komedyen ve sohbet programı sunucusu Stephen Colbert'e, pek çok kadın oyuncunun göğüslerinde onun bütün vücudundakinden daha fazla protez malzemesi olduğunu söylemiş ve, "Hollywood'un yarısını engelli olarak adlandırmıyoruz," demişti.

Mullins kendi süper gücünü –protez uzuvlarını– Georgetown Üniversitesi'nde NCAA (Ulusal Üniversiteler Spor Kurumu) Birinci Lig'de koşmakta kullandı. 1996 Engelliler Olimpiyatı'nda atletizmde üç dünya rekoru kırdı, moda mankeni ve oyuncu oldu ve *People* dergisinin her yıl yapılan En Güzel 50 İnsan listesinde yer aldı.

2009'da 1,73'lük Mullins, TED sahnesine bu özel gün için seçtiği 1,85 boyunda çıktı. Mullins etkinliğe göre farklı bacaklar seçer. Daha fonksiyonel uzuvları Manhattan sokaklarında yürümek için ve daha modaya uygun olanları şık partiler için kullanır.

"TED tam anlamıyla beni, hayattaki en büyük keşfimin on yıl sonrasına gönderecek bir fırlatma rampasıydı,"[1] demişti Mullins. Mullins, TED'de çıkmasının toplumun engelli kişilere bakışını derinden değiştiren bir konuşma başlattığına inanır. Geleneksel protezle ilgilenen tıp çevreleri dışında, mucitler, tasarımcılar ve sanatçılar ne kadar yaratıcı ve gerçeğe yakın bacaklar yapabileceklerini görerek bundan ilham aldılar. "Bu artık eksikliğin üstesinden gelmeyle ilgili bir konuşma değil. Potansiyel hakkında bir konuşma. Bir protez uzuv, artık kaybın yerine geçme ihtiyacını temsil etmiyor... Böylece toplumun bir zamanlar engelli gördüğü insanlar artık kendi kimliklerinin mimarları olabilir ve o kimlikleri kendi bedenlerini, bir yetkinlik noktasından çıkışla tasarlayarak değiştirmeye devam edebilirler... Bizi güzel yapan, insanlığımız ve onun içindeki bütün potansiyeldir."

Mullins'in kararlılığı onu dünya çapında bir sporcu yaptı; tutkusu TED izleyicisinin kalbini kazandı.

Sır #1: İçinizdeki Ustayı Çıkarın

Sunum konunuza olan benzersiz ve anlamlı bağınızı belirlemek için derinlere inin. Tutku ustalığa yol açar ve sunumunuz onsuz hiçbir şeydir, ama aklınızdan çıkarmayın ki sizi ateşleyen şey açıkta görünen şey olmayabilir. Aimee Mullins protez konusunda tutkulu değildir, insan potansiyelini ortaya çıkarma konusunda tutkuludur.

Neden işe yarar: Bilim, tutkunun tam anlamıyla bulaşıcı olduğunu gösteriyor. Kendiniz ilham almamışsanız başkalarına ilham veremezsiniz. Konunuzla coşkulu, tutkulu ve anlamlı bir bağ kurarsanız dinleyicilerinizi ikna etmek ve ilham vermek için çok daha fazla şansınız olur.

EKİM 2012'DE CAMERON RUSSELL TEDx izleyicisine, "Görünüş her şey değildir," dedi.[2] Klişe? Evet, eğer bunu başkası söyleseydi. Fakat Russell başarılı bir moda mankeni. Sahneye çıkışının otuzuncu saniyesinde Russell kıyafetini değiştirdi. Hatlarını açığa çıkaran, bedenini sıkı sıkı saran siyah elbisesini, önden açık bir etek dolayarak kapattı, yirmi santimlik topuklularını düz ayakkabılarla değiştirdi ve başından boğazlı bir kazak geçirdi.

"Peki bunu neden yaptım?" diye sordu izleyiciye. "İmaj güçlüdür ama aynı zamanda yüzeyseldir. Benim hakkımda ne düşündüğünüzü altı saniyede tamamen değiştirdim."

Russell, Victoria's Secret podyumlarında yürümüş ve moda dergilerinin kapaklarında yer almış bir iç çamaşırı mankeni olduğunu anlattı. Mankenliğin ona faydalı olduğunu –üniversite parasını ödemişti– kabul etse de, aynı zamanda "genetik piyangoyu kazandığının" da kesinlikle farkındaydı.

Russell izleyiciye bir dizi önce-ve-sonra fotoğrafı gösterdi. "Önce" fotoğrafları bir çekim gününün başında nasıl göründüğünü ve "sonra" fotoğrafları da son reklamı görüntülüyordu. Elbette iki fotoğraf birbirine hiç benzemiyordu. Bir fotoğrafta

Russell –o zaman 16 yaşında– eli onun kot pantolonunun arka cebinde olan genç bir erkekle (Russell'ın çekim zamanında bir erkek arkadaşı bile olmamıştı) baştan çıkarıcı bir şekilde poz vermişti. "Umarım bunların benim resimlerim olmadığını görüyorsunuzdur. Bunlar bir grup profesyonelin kurgulamasıdır, kuaförlerin ve makyaj sanatçılarının ve fotoğrafçıların ve stilistlerin ve hepsinin asistanlarının ve yapım öncesi ve yapım sonrası ekibinin. Bunu kurgularlar. Bu ben değilim."

Russell sanatının –mankenliğin– ustasıdır. Ama onun tutku duyduğu şey mankenlik değil. Tutku duyduğu, genç kızlarda özgüveni artırmak ve izleyiciyle bu yüzden bağ kuruyor. Tutku bulaşıcıdır. "Manken oluşum, gerçekte bir genetik piyango kazanarak oldu; ben bir miras devraldım ve belki bu mirasın ne olduğunu merak ediyorsunuz. Son birkaç yüzyıldır güzelliği, biyolojik olarak beğenmeye programlandığımız sağlık, gençlik ve simetri olarak tanımlamanın ötesinde, uzun, ince figürler, dişilik ve beyaz deri rengi olarak da tanımladık. Bu da benim için oluşturulmuş ve faydalanmakta olduğum bir mirastır."

Russell'ın görünüşü onu manken yapmıştır; tutkusu başarılı bir konuşmacı.

Russell ve Mullins'e alanlarında usta oldukları için bir platform verildi ama izleyiciyle bağ kurmaları, konularına duydukları tutku yüzündendir. Bir konuşmacının tutkusunu ateşleyen şey her zaman gündelik çalışmalarıyla ilgili değildir. Russell fotoğraflar için poz vermekten söz etmedi ve Mullins atletizm yarışmalarını anlatmadı. Fakat her biri hayatlarının konuşmasını yaptı.

En sevilen TED konuşmacıları, bir alanda en çok ilgiyi çekmiş iletişimcilerle ortak bir şeyi paylaşırlar – bir tutku, diğerleriyle paylaşmaları gereken bir saplantı. En ünlü TED konuşmacılarının bir "işi" yoktur. Bir tutkuları, bir saplantıları, bir uğraşları vardır ama bir işleri yoktur. Bu insanlar fikirlerini paylaşmak için çağrılır.

İnsanlar kendileri ilham almadan başkalarına ilham veremez. "Bizim kültürümüzde, düşünme ve düşünsel güçleri başarı ve kazanmayla eş tutmaya yatkınızdır. Fakat pek çok bakımdan, bir alanda usta olanlarla sadece bir işte çalışanları birbirinden ayıran duygusal niteliktir,"[3] diye yazar Robert Greene *Ustalık* kitabında. "İstek, sabır, sebat ve güven; başarıda, bütün muhakeme güçlerinden daha büyük bir rol oynar. Motive olmuş ve enerji dolu hissederek hemen her şeyin üstesinden gelebiliriz. Sıkılmış ve huzursuz hissederek, zihinlerimiz kapanır ve artarak pasifleşiriz." Motive olmuş ve enerji dolu konuşmacılar, canı sıkılmış ve pasif olanlardan her zaman daha ilginç ve çekicidir.

Sıklıkla, büyük ürünlerin piyasaya sürülmesi ya da girişimlerinde CEO'larla çalışmam istenir, onlara marka hikâyelerini daha etkili ve ikna edici anlatmaları için yardım ederim. Dünyayı gezip, Intel, Coca-Cola, Chevron, Pfizer gibi markaları ve neredeyse her ürün grubunda pek çok başka şirketi ziyaret ederim. Her dilde, herhangi bir kıtada, her ülkede, konuya olan tutku ve şevklerini içtenlikle ifade eden konuşmacılar, ilham veren liderler olarak fark yaratırlar. Müşterilerin iş yapmak istedikleri onlardır.

Yıllarca müşterilerimle koçluk seanslarıma aynı soruyla başladım – neye tutkunuz var? Bir hikâye kurmanın erken döneminde, konuşmacının ürün ya da hizmet hakkında neden coşkulu olduğunu önemsediğim kadar ürünü önemsemem. Starbucks'ın kurucusu Howard Schultz, bir kez bana kahve konusunda, "iş ve ev arasında üçüncü bir yer, çalışanlara saygıyla davranılan ve olağanüstü müşteri hizmeti sunulan bir yer kurmak" konusunda olduğu kadar tutkulu olmadığını söylemişti. Kahve üründür ama Starbucks müşteri hizmeti işindedir. İnternet satış sitesi Zappos'un kurucusu Tony Hsieh ayakkabılara tutkulu değildir. Bana "mutluluk sunmak" konusunda tutkulu olduğunu söyledi. Kendine sorduğu sorular: Çalışanlarımı nasıl mutlu ederim? Müşterilerimi nasıl mutlu ederim? Sorduğunuz sorular çok farklı bir dizi sonuca varacaktır. Kendinize, "Ürünüm nedir?" diye sormak, "Gerçekten hangi işteyim? Neye gerçekten tutkum var?" diye sormak kadar etkili değildir.

Tony Hsieh müşteri hizmeti ve çalışan bağlılığı konusunda çok tutkuludur ve dünyanın çeşitli yerlerindeki etkinlikler ve konferanslarda aranan bir konuşmacıdır (kabul ettiğinden çok daha fazla talebi reddetmek zorunda kalır). Çoğu konuşmacı konuya tutkulu bir bağı olmadığı için kupkurudur ve bu yüzden coşkulu bir konuşmacıyı izlemek çölde buz gibi su içmek kadar tazeleyicidir.

İÇİNİZİ ŞENLENDİREN NEDİR?

Son zamanlarda daha iyi birer iletişimci olmak isteyen yönetici müşterilerime sorduğum ilk soruyu değiştirmeye başladım. Son büyük topluluk önündeki sunumunda, Steve Jobs, "İçimizi şenlendiren, teknolojiyle beşeri ilimlerin kesişimidir," demişti. Bu yüzden bugün, "Ne hakkında tutkulusunuz?" yerine "İçinizi şenlendiren nedir?" sorusunu koydum. İkinci sorunun yanıtı ilkinden daha derin ve heyecan vericidir.

Örneğin, Kaliforniya'nın tarım ticareti çevresinden bir müşteriyle çalışmıştım. Eyalet için önemli bir ürün olan çilek üreticileri derneğinin başındaydı. Sorularımı şöyle yanıtladı:

1. Soru: Ne iş yapıyorsunuz? "Kaliforniya Çilek Komitesi'nin CEO'suyum."

2. Soru: Ne konuda tutkulusunuz? "Kaliforniya çileklerini tanıtmak konusunda tutkuluyum."

3. Soru: Bu endüstride içinizi şenlendiren nedir? "Amerikan rüyası. Annem babam göçmendi ve tarlalarda çalıştılar. Sonunda 0.4 dönüm toprak alabildiler ve buradan iş büyüdü. Çilek için çok fazla toprağa ihtiyacınız yoktur ve sahip olmaya da gerek yoktur; kiralayabilirsiniz. Amerikan rüyasına bir atlama tahtasıdır."

Eminim üçüncü sorunun yanıtının ilk ikisinden çok daha ilginç olduğuna katılacaksınız. İçinizi ne şenlendirir? Bunu belirleyin ve başkalarıyla paylaşın.

TEDnot

İÇİNİZİ ŞENLENDİREN NEDİR? Kendinize sorun, "İçimi ne şenlendirir?" Tutkunuz geçici bir merak değildir, hatta hobi bile değildir. Bir tutku, yoğun olarak anlamlı bir şeydir ve kimliğinizin özüdür. Bir kez tutkunuzun ne olduğunu belirleyince, onun günlük aktivitelerinizi etkilediğini söyleyebilir misiniz? Onu profesyonel olarak yaptığınız şeye katabilir misiniz? Gerçek tutkunuz iletişimlerinizin konusu olmalı ve izleyicinize gerçekten ilham vermeye hizmet etmelidir.

DÜNYANIN EN MUTLU ADAMI

Matthieu Ricard dünyanın en mutlu adamıdır ve bundan mutlu değildir. Ricard 2004'te, Katmandu'daki Shechen manastırını geçici olarak bırakıp Monterey, Kaliforniya'ya TED izleyicisine mutluluk alışkanlıklarını öğretmek için geldi.

Ricard'a göre mutluluk "derinden bir huzur ve memnuniyet duygusudur." Ricard mutluluk nedir bilir. Sadece hayatından memnun olmakla kalmaz. Gerçekten, gerçekten mutludur. Bilimsel olarak ölçülemeyecek kadar mutludur. Ricard, Madison'da Wisconsin Üniversitesi'nde bir çalışmaya gönüllü olarak katıldı. Araştırmacılar Ricard'ın kafa derisine beyin dalgalarını ölçmek için 256 minik elektrot yerleştirdi. Çalışma, meditasyon uygulayan yüzlerce kişi üstünde yapıldı. Bir mutluluk ölçeğinde derecelendirildiler. Ricard ortalamanın üstünde çıkmakla kalmadı; araştırmacılar, sinirbilim literatüründe buna benzer bir şey bulamadı. Beyin görüntülerine göre, "beyninin sol alt lobunun ön kısmının zarı, sağ emsaline oranla aşırı aktivite gösteriyordu, bu da ona anormal büyük bir mutluluk kapasitesi ve olumsuzluğa karşı azalmış bir eğilim sağlıyordu."[4]

Ricard dünyanın en mutlu insanı olarak etiketlenmekten o kadar da mutlu değil. "Aslında, doğru yere bakan herkes mutluluğu bulabilir,"[5] diyor. "Otantik mutluluk sadece bilgelik, özgecilik ve merhametin uzun süreli geliştirilmesinden ve nefret, doyumsuzluk ve cehalet gibi zihinsel zehirlerin tamamen yok edilmesinden doğabilir."

Ricard'ın sunumu "Mutluluk Alışkanlıkları" TED.com'da iki milyondan fazla kez izlendi. Ricard'ın sunumunun, konusuna derinden bağlı birinin coşkusunu yaydığı için iyi karşılandığına inanıyorum. Gerçekte Ricard bana, "Bu fikirler benim için, sadece bana pek çok memnuniyet getirdiğinden dolayı değil, ayrıca topluma da yarar sağlayabileceklerine ikna olduğum için değerlidir. Özgecilik ve merhametin lüks olmadığını ama modern dünyamızın sorunlarını yanıtlamakta temel ihtiyaçlar olduğunu göstermek için özellikle tutkuluyum. Bu yüzden ne zaman bir konferansa katılmam istense bunu yapmaktan ve fikirlerimi paylaşabilmekten memnun olurum."[6]

Başarılı konuşmacılar fikirlerini paylaşmak için sabırsızlanır. Karizma sahibidirler ve karizma, konuşmacının konusuna ne kadar tutku duyduğuyla doğrudan ilintilidir. Karizmatik konuşmacılar coşku ve tutku yayar; deneyimlerini paylaşma coşkusu ve fikirlerinin, ürünlerinin ya da hizmetlerinin izleyicilerine nasıl fayda sağlayacağına olan tutkuları. "Bence biriyle iletişim kurmanın en iyi yolu önce motivasyonunuzun niteliğini kontrol etmektir: 'Motivasyonum bencilce mi özgeci mi? Yardımseverliğim sadece birkaç kişiyi mi yoksa çok sayıda insanı mı hedefliyor? Onlara kısa süreli iyilik mi yoksa uzun süreli iyilik mi sağlayacak?' Bir kez net bir motivasyonumuz oldu mu, o zaman iletişim kolayca sağlanır," der Ricard.

Eğer motivasyonunuz tutkunuzu izleyicinizle paylaşmaksa, topluluk önünde konuşmak ya da patronunuzun önünde o çok önemli sunumu yapmak sizi daha az endişelendirecek. Ricard'a geniş izleyici kitleleri önünde nasıl sakin ve rahat kaldığını sordum. O herkesin, isterse, kendini coşku, keyif ve mutluluk hissetmeye ikna edebileceğine inanıyor. Hepsi motivasyonunuza bağlı. Eğer tek amacınız bir satış yapmak ya da itibarınızı artırmaksa, izleyicinizle bağ kurmakta başarısız olabilirsiniz (ve kendinize çok fazla baskı uygularsınız). Ancak eğer amacınız daha özgeciyse –izleyicinize daha iyi hayatlar yaşamalarına yardım edecek bilgiler vermek– o zaman daha derin bir bağ kuracak ve rolünüzde daha rahat olacaksınız. "Fikirlerimi paylaşmaktan çok mutluyum ama bir birey olarak kaybedecek ya da kazanacak hiçbir şeyim yok," dedi Ricard. "İmajım umrumda değil, işimle ilgili menfaat peşinde değilim ve kimseyi etkilemeye çalışmıyorum. Sadece zihni değiştirmenin gücünü ne kadar çok küçümsediğimiz gerçeği hakkında birkaç sözcük söyleyebilmekten coşku doluyum."

NEDEN HARİKA BİR KARİYERİNİZ OLMAYACAK

Eğer yaptığınız işten mutlu değilseniz ve onun için bir tutkunuz yoksa büyük bir kariyere ulaşmakta başarısız olabilirsiniz ve eğer harika bir kariyerde harika zaman geçirmiyorsanız, sunumlarınızla şevk yaymanız daha zor olacaktır. İşte bu yüzden, kariyer, mutluluk ve insanlara ilham verme yeteneği birbirine bağlıdır.

Kariyer mutluluğu konusu Waterloo Üniversitesi ekonomi profesörü Larry Smith'i meşgul eder. Smith bugünün üniversite öğrencilerine dair hayal kırıklığı duyar. Üzgündür, çünkü çoğu üniversite öğrencisi, para, statü gibi yanlış nedenler yüzünden belli kariyerler peşinden gidecektir. Harika bir kariyere sahip olmanın tek yolu, der Smith, sevdiğiniz işi yapmaktır. Smith hayal kırıklığını, "Neden Harika Bir Kariyeriniz Olmayacak" adında ilham verici, tutkulu ve esprili bir TEDx konuşmasına kanalize etti.

Smith'le, o sırada iki milyondan fazla kez izlenmiş olan TED sunumunun popülerliği hakkında konuştum. Tepki onu şaşırtmıştı. Smith öğrencilerinin isteği üstüne konuşmayı yapmayı kabul etmişti. Dersleri genellikle üç saat sürdüğünden, fikirlerini 18 dakikaya damıtmayı kişisel bir zorluk olarak ele aldı. Konuşma çok sevildi çünkü izleyici, dizginlenmemiş bir tutku ve aciliyet duygusuyla konuşmasını sürükleyici kılan bir konuşmacı gördü. Smith'in sunumu esas olarak, otuz yıllık bastırılmış hayal kırıklığının kaynama noktasına varışıydı. "Boşa harcanan yetenek, dayanamadığım bir israftır,"[7] dedi bana Smith. "Öğrencilerim teknoloji yaratmak istiyor. Onların gerçekten 'süper' teknoloji yaratmasını istiyorum. Yaptıklarına tutkulu olmalarını istiyorum."

Smith'in önermesi basittir. Ortalıkta pek çok kötü iş var, der.

O "yüksek stresli, kan emici, ruh tüketici" işler. Harika işler de vardır ama ikisi arasında pek az iş vardır. Smith, çoğu insanın tutkularının peşinden gitmekten korktukları için harika bir iş bulmakta ya da harika bir kariyere sahip olmakta başarısız olacaklarını söyler. "Ne kadar çok kişi size, harika bir kariyer istiyorsanız tutkunuzun peşine düşün, hayallerinizin peşine düşün, derse desin... bunu yapmamaya karar vereceksiniz." Mazeretler insanı geride tutar, der. Tavsiyesi? "Tutkunuzu bulup kullanırsanız harika bir kariyeriniz olur. Yapmazsanız olmaz."

Smith tanıdığım en ilham verici TED konuşmacılarından biriydi, ancak biraz taraflı olduğumu kabul etmeliyim. Hukuk okuma planımı değiştirip gazetecilikte bir kariyer peşine düştüğüm günden beri aynı şeyi söylemekteyim. Başlangıçta, hukuk alanında kazanabileceğim paranın yanına bile yaklaşamadım ve seçtiğim kariyer yoluna dair ciddi şüphelerim oldu. Tutkunuzu izlemek cesaret ister, özellikle istediğiniz kadar çabuk sonuç almazsanız. Hayatım şimdi o yıllardakinden çok farklı ve fikirlerimi dünyanın her yerindeki izleyicilerle paylaşmaktan zevk alıyorum. Hepsinden iyisi, "çalışıyor" gibi hissetmiyorum. Bu sözcükleri yazmak, bu sunumları izlemek, arkalarındaki bilimi araştırmak, ünlü konuşmacılarla söyleşi yapmak ve onların düşüncelerini sizinle paylaşmak benim için coşkulu bir deneyim. Bunların da ötesinde, işlerinde coşkulu olanların genellikle en iyi konuşmacılar olduklarını öğrendim.

TEDx konuşmasında Smith, Steve Jobs'un Stanford Üniversitesi'ndeki ünlü diploma töreni konuşmasında öğrencileri gerçekten sevdikleri mesleğe teşvik edişinden alıntı yaptı. "İşiniz hayatınızın büyük bir bölümünü dolduracak ve gerçekten tatmin olmanın tek yolu, harika bir iş olduğuna inandığınız şeyi yapmaktır. Ve harika bir iş yapmanın tek yolu yaptığınız şeyi sevmektir. Henüz onu bulmadıysanız bakmaya devam edin. Yetinmeyin. Kalbin bütün meselelerinde olduğu gibi, onu bulduğunuzda bileceksiniz. Bütün iyi ilişkiler gibi, bu da yıllar geçtikçe daha da iyileşecektir. Bu yüzden buluncaya kadar aramaya devam edin. Yetinmeyin."

Smith, Jobs'la aynı fikirdedir ama bu tavsiyenin genellikle

> Tutkunuzun peşinden gitmelisiniz. Sevdiğiniz şeyin ne olduğunu bulmalısınız – gerçekten kim olduğunuzu. Ve onu yapmak için cesaret göstermelisiniz. İnsanın ihtiyacı olan tek cesaretin kendi düşlerinin peşinden gitme cesareti olduğuna inanıyorum.
>
> – Oprah Winfrey

sağır kulaklara düştüğüne inanır. "Steve J.in Stanford diploma töreni konuşmasını kaç kez indirdiğiniz fark etmez, ona bakar bakar yine de yapmamaya karar verirsiniz," dedi Smith TED izleyicisine. "Tutkunuzu izlemekten korkarsınız. Gülünç görünmekten korkarsınız. Denemekten korkarsınız. Başarısız olacağınızdan korkarsınız."

Gazetecilik, yazma, konuşma ve iletişimde çeyrek asır geçirdikten sonra, size tereddütsüz söyleyebilirim ki en ilham verici sunumlar, Larry Smith, Aimee Mullins gibi ve sonraki bölümlerde tanıyacağınız başka pek çok konuşmacı tarafından yapılanlardır. Bu kişiler yoğun deneyim birikimi ve başkalarının başarılı olması için fikirlerini paylaşma konusunda tutkulu bir sorumluluk taşırlar.

TEDnot

MUTLULUĞU BİR SEÇİM OLARAK KABUL EDİN. Yakın zamanda karşılaştığınız bir sorun neydi? Sorununuzu belirledikten sonra, bu sorunun sizin için bir fırsat olduğuna dair üç neden sıralayın. Görüyorsunuz, mutluluk bir seçimdir, bulaşıcı bir tavırdır ve ruh haliniz dinleyicilerinizin sizi kavrama yolunu olumlu etkileyecektir. Burada Matthieu Ricard'ın söylediklerini hatırlayalım. "Doğal ruh halimiz, olumsuz düşüncelerin etkisi altında yorumlanmadığı zaman kusursuzdur. Umut ve güveni aşılamak esastır, çünkü zamanımızda en eksik olan ve en çok ihtiyacımız olan budur."

YENİ TUTKU VE İKNA BİLİMİ

Tutku ve topluluk önünde konuşma birbiriyle yakından ilintilidir. Fransız filozof Denis Diderot bir keresinde, "Yalnızca tutkular, büyük tutkular, ruhu büyük şeylere terfi ettirebilir," demişti. Tarih boyunca başarılı liderler tutkuların –büyük tutkular– ruhu geliştirebildiğini düşünmüşlerdir. Bugün bilim onları haklı çıkarır. Sinirbilimciler, TED konuşmacıları ve büyük liderler gibi tutkulu insanların başkalarına neden ilham ve enerji verebildiklerini, etkileyebildiklerini keşfetmişler ve ölçmeyi başarabilmişlerdir.

Daha tutkulu sunumlar yaratıp yapabilmeden önce tutkunun ne olduğunu ve nasıl işlediğini anlamamız gerekir. On yıl boyunca Pace Üniversitesi işletme profesörü Melissa Cardon tutkuyu kendi tutkusu haline getirmiştir. Büyük bir buluş olan araştırması "Girişimcilik Tutkusunun Doğası ve Deneyimi"nde Cardon, saygın üniversitelerden dört araştırmacı meslektaşıyla birlikte, tutkunun bir girişimcinin başarısında kritik rol oynadığı sonucuna varmıştır. Bir kere, tutku bir insanın enerjisini harekete geçirip bir hedefe bağlılığını artırır. Tutku daha fazlasını da yapar. Cardon'a göre, "Girişimcilik tutkusu, beyin ve beden tepkilerinin katılımıyla halihazırda olgunlaşmış olan duygusal deneyimleri harekete geçirir."[8]

Cardon, araştırmasına, *girişimcilik tutkusu* için bir tanım geliştirerek başladı. *Tutku* için yapılmış genel tanımlama, akademik çalışma ve ölçümlere uygun değildi. Tutku, tipik olarak "güçlü aşk duygusu" ya da "cinsel arzu" olarak tanımlanır; bu, tam olarak Cardon'un akademik bir araştırmada izlemekle ilgilendiği tutku türü değildi. Ancak "tutku"dan başarının önemli bir bileşeni olarak her yerde sürekli söz edilir ve ben onun, bütün ilham verici sunumların önemli bir unsuru olduğunu savunurum.

Bir şeye karşı tutku sahibi olmak tam olarak ne demektir ve daha önemlisi, insanlar tutkularını hayatta, işte ve topluluk önünde konuşmada nasıl kullanabilirler? Cardon'u zorlayan, tutkunun ne demek olduğunu, ne yaptığını ve nasıl ölçüleceğini belirlemekti. Akademik olarak, bir şeyi ölçemezseniz gerçekte ne yaptığını niceliksel olarak ifade edemezsiniz. Tutkuyu sağlam bir inceleme alanı olarak kurmak için, Cardon'un çoğu biliminsanının hemfikir olabileceği bir tanım geliştirmesi gerekiyordu. Bugün Cardon'un girişimcilik tutkusu (EP) tanımı, akademik literatürde genellikle kabul görür: "Birey olarak, sizin için derin anlamı olan bir şeye duyduğunuz olumlu, yoğun bir duygu."

Cardon tutkunun, insanın öz kimliğinin nüvesi olduğunu söyler. Tutku kişiyi tanımlar. Tutkulu kişiler, uğraşlarını kim olduklarından ayıramazlar. *Tutku, varoluşlarının nüvesidir.* "Tutku, kimi girişimcilerde, bu duygulara doğal olarak eğilimli oldukları için değil, ama daha çok onlar için anlamlı ve önemli bir öz kimlikle ilişkili oldukları için ortaya çıkar."

Cardon'un analizi, neden en sevilen TED konuşmacılarının izleyiciyle bağ kurduğunu açıklar: Kendi öz kimlikleri için önemli konular hakkında konuşurlar. Örneğin kentsel çevre danışmanı Majora Carter'a bakın. Carter'ın en büyük ağabeyi Vietnam'da görev yaptı ama Güney Bronx'ta evlerinin yakınında vuruldu. Yoksulluk, umutsuzluk ve ırk ayrımları Carter'ı oluşturdu – kentsel dönüşümün tutkulu bir savunucusu. Deneyimi onu tanımladı ve işini tanımlıyor. TED.com'a göre, "Carter'ın güveni, enerjisi ve yoğun duygusal konuşma biçimi, konuşmalarını müthiş güçlü kılar." Majora Carter için, umudunu kaybedenlerin umudunu yükseltmek kimliğinin nüvesidir.

Girişimcilik, Sir Richard Branson'ın kimliğinin esasıdır. 2007'de Branson TED izleyicisine şunları söylemişti: "Şirketler doğru insanları bulmakla, o insanlara ilham vermekle ve insanların içindeki en iyiyi ortaya çıkarmakla ilgilenir. Ben öğrenmeyi seviyorum, inanılmaz meraklıyım ve statükoyu alıp baş aşağı etmeyi severim."[9] Virgin Atlantic gibi statükoya meydan okuyan şirketler kurmak onun kimliğinin esasıdır. Richard Branson'la 22 Nisan 2013'te bir gün geçirdim. Ona Virgin America'nın Los Angeles'tan Las Vegas'a yeni rotasında ilk uçuşunda eşlik etmeye davet edilmiştim. Yerde ve havada, Branson müşteri hizmetleri hakkında konuşurken ve bunun markasının başarısında fark yarattığından söz ederken çok mutluydu.

Branson ve Carter girişimci kimlikleriyle derinden ve anlamlı bir biçimde yoğun ilişki içindeler. Ve Cardon'a göre, kariyer başarılarında ve bir iletişimci olarak elde ettikleri başarılarda önemli rol oynayan şey işte tam da bu tutku.

"Konularında içtenlikle tutkulu olanlar daha iyi konuşmacı olur. İzleyicilerine, tutkusuz, enerjisi düşük insanların yapmayı başaramadığı biçimlerde ilham verirler," dedi Cardon bana. "Bir şeye tutkunuz varsa, onu düşünmekten, ona göre davranmaktan ve başkalarıyla onun hakkında konuşmaktan kendinizi alamazsınız." Cardon, yatırımcıların, müşterilerin ve diğer hissedarların "akıllı tüketiciler" olduğunu söyler: Birisi gerçek tutku sergilediğinde ya da taklit ettiğinde bunu anlarlar. İzleyiciyi sunumunuzun içeriğine yoğun, anlamlı bir bağ hissetmeden heyecanlandırmak çok zordur – neredeyse olanaksızdır.

TUTKU – NEDEN İŞE YARAR

Cardon için bir sonraki adım tutkunun neden önemli olduğunu belirlemekti. Tutkunun önemli davranışlara ve sonuçlara yol açtığını buldu. Alanındaki düzinelerce biliminsanıyla birlikte tutkulu iş liderlerinin daha yaratıcı olduğunu, daha yüksek hedefler koyduğunu, daha fazla sebat ettiklerini ve daha iyi şirket performansı sergilediklerini keşfetti. Cardon ve meslektaşları ayrıca, bir konuşmacının "algılanan tutkusu" ile yatırımcıların onun fikirlerini finanse etme olasılığı arasında doğrudan bir bağlantı buldular.

Melissa Cardon, Cheryl Mitteness (Northeastern Üniversitesi) ve Richard Sudek (Chapman Üniversitesi) önemli bir deney yaptı ve *Journal of Business Venturing*'in Eylül 2012 sayısında sonuçlarını yayımladılar. Araştırmacılar, tutkunun yatırımcının karar vermesinde oynadığı rolü anlamaya koyuldu.

Yatırımcıya yapılan iş teklifi, iş dünyasında en önemli sunumlardan biridir. Parasal kaynak bulmadan, çoğu girişim hiç başlayamaz. Google ve Apple gibi şirketler, yatırımcıların ilgisini çeken karizmatik, tutkulu liderleri olmasaydı hayatlarımızı hiç değiştirmeyecekti. Apple ve Google yatırımcılarının finansman kararını dayandırdıkları tek kriter tutku mudur? Elbette değil. Kurucuların (Steve Jobs, Steve Wozniak, Sergey Brin ve Larry Page) hissedilen tutkusu, yatırımcıların son kararında rol oynadı mı? Kesinlikle evet.

Cardon'un araştırma yeri, Amerika'nın en büyük melek yatırımcı organizasyonlarından, Kaliforniya'da Orange County'de yer alan Tech Coast Angels idi.[10] 1997'den beri bireysel yatırımcılar grubu yaklaşık 170 şirkete 100 milyon dolardan fazla yatırım yapmıştır. Yapılan örnekleme, grup olarak yatırım yapmayan yatırımcıları kapsıyordu – kararlarını bağımsız vermişlerdi.

Ağustos 2006'dan Temmuz 2010'a kadar 64 melek yatırımcı, 241 şirketi taramıştı. Tarama 15 dakikalık bir PowerPoint sunumu ve 15 dakikalık soru-yanıt oturumunu kapsıyordu (daha sonra 15-20 dakikanın, bir yatırımcıya sunum için neden ideal olduğunu öğreneceksiniz).

Şirketlerin 41 tanesi (yüzde 17) sonunda finanse edilmişti. Yeni kurulan şirketler; yazılım, tüketim malları, tıbbi cihazlar ve iş hizmetlerini içeren 16 kategoriye ayrılıyordu. Melek yatırımcılardan, konuşmacının tutku ve hevesini, beş puanlık bir ölçek kullanımıyla şu iki maddeyi değerlendirerek incelemeleri istendi: "CEO şirket hakkında tutkulu" ve "CEO çok hevesli". Araştırmacılar, pazar fırsatı, göreceli risk ve gelir potansiyeli gibi diğer faktörleri kontrol ederek, finanse etme kararında tutkuyu bir faktör olarak ayrı tuttular. Tutkuyu ayrı tutmak araştırmacıların tutkunun oynadığı rolü ölçebilmelerine izin verdi ve tutkunun bir yatırımcıya yapılan sunumun nihai başarısında gerçekten de çok önemli payı olduğunu keşfettiler.

Yatırımcılar, girişimcinin potansiyelini 13 kriter üstüne dayandırdı ve onlardan nihai kararlarındaki her bir kriteri önemlerine göre sıralamaları istendi. Fırsatın gücü ve girişimcinin gücü, birinci ve ikinci sıradaki en değerli kriterlerdi. "Hissedilen tutku" ise girişimcinin eğitimi, tarzı, şirketin kuruluş deneyimi ya da yaşı gibi kriterlerin üstünde üçüncü geliyordu.

Araştırmacılar, "Bulgularımız, algılanan tutkunun, meleklerin yeni girişimlerin finanse edilme potansiyelini değerlendirmelerinde büyük fark yarattığını kanıtlıyor .... algılanan tutku heves ve heyecanla ilintilidir ve bir girişimcinin girişimine ne kadar hazırlıklı ya da kendini adamış olduğundan farklıdır .... algılanan tutku, özsermaye yatırımcıları için önemlidir."

Cardon'un araştırması, neden bazı TED sunumlarının internet fenomeni haline geldiğini anlamamızı ve daha da önemlisi, topluluk önünde konuşma potansiyelimizi nasıl ortaya çıkaracağımızı anlamamız açısından önemlidir.

"Carmine, hani üniversite öğrencilerine anlattığımız ve asla dinlemedikleri o eski vecize var ya – sevdiğiniz şeyi yapın. İşte, bu doğru," der Cardon. "Eğer sizi zengin edeceğini düşündüğünüz bir alanda bir şirket kuruyorsanız, ama o üründen, endüstriden ya da onunla ilgili herhangi bir şeyden hoşlanmıyorsanız – bu hatadır." Cardon, sevmediğiniz –kimliğinizin nüvesi olmayan– bir konuda konuşmakla başkalarını etkileyip ilham verebileceğinize inanmanın da hata olduğunu düşünür.

KENDİ FELCİNİ ÖN SIRADAN İZLEMEK

Pek az TED konuşmacısının kendi konusuna, nöroanatomist Jill Bolte Taylor (Dr. Jill) kadar derinden bir duygusal bağı vardır. Dr. Jill, Harvard Beyin Dokusu Araştırma Merkezi'nin ulusal sözcüsüdür, bu da sunumunun neden bütün zamanların en sevilen TED konuşmalarından biri olduğunu kısmen açıklar.

Bir sabah Dr. Jill gözünün arkasında zonklayan bir ağrıyla uyandı, dondurma baş ağrısında [soğuk bir şey yenip içildiğinde beyinde bir sinirin uyarılmasıyla oluştuğu bilinen baş ağrısı] hissedeceğiniz türden keskin bir şok. Bir dondurma ısırığı kadar zararsız olsaydı keşke. Baş ağrısı kötüleşti. Dr. Jill dengesini kaybetti ve çok geçmeden, sağ kolunun tamamen paralize olduğunu fark etti. Felç geçiriyordu – beyninin sol tarafındaki damarlar tam anlamıyla patlıyordu.

Dr. Jill, felci bir talih kuşu olarak değerlendirdi. Görüyorsunuz, Dr. Jill nöroanatomisttir, ağır akıl hastalıkları ve beyin anatomisi ilişkisi üstüne ölüm sonrası incelemelerde uzmanlaşmıştır. "Farkına vardım, 'Aman Tanrım! Felç oluyorum! Felç oluyorum!' Beynimin sonra bana söylediği şey, 'Vay canına! Bu müthiş! Kaç beyin bilimcisi kendi beyinlerini içerden inceleme fırsatını bulmuştur,' oldu,"[11] demişti TED izleyicisine Mart 2008'de.

Dr. Jill'in felci onu fiziksel ve ruhsal olarak değiştirdi. Felç ciddiydi, onu konuşamaz ve hareket edemez halde bıraktı. Kısmen iyileşebilmesi yıllar süren rehabilitasyon gerektirdi. TED sunumunu felcinden sekiz yıl sonra yaptı.

Dr. Jill'in spiritüel uyanışı derindi. Dünyayla –ve başkalarıyla– kurduğu yeni bağ, "sol beyin" dünyasında, kendini büyük evrenden ayrı gördüğü daha önce hiç deneyimlemediği bir şeydi. Sol beyninin dırdırı olmayınca ve bedeninin nerede başlayıp nerede bittiğini hissedemeyince "ruhu özgürlüğe yükseldi". Geniş bir evrenin parçası olduğunu hissetti. Kısacası, Nirvana'ya erdi. "Kendi kocamanlığımı bu minik bedene tekrar sıkıştırabilmem artık mümkün olamaz, diye düşündüğümü hatırlıyorum."

Dr. Jill'in felci hayatını değiştirdi, TED sunumunun olduğu gibi. "Müthiş İçgörü Darbesi" 2008'de yayımlanan aynı adlı kitabına dayalı bir sunumdu ve 10 milyondan fazla kez izlendi. Sunumun doğrudan bir sonucu olarak Dr. Jill, *TIME* dergisinin 2008 yılında 100 En Etkili İnsan'ından biri seçildi. 2013'ün Ocak ayında Dr. Jill *Huffington Post*'ta bir blog için sunumun değiştirici etkisini açıkladı. "2008'de o konuşmayı yapmamın peşine haftalar içinde hayatım değişti ve etkileri hâlâ dünyamda yüksek sesle yankılanıyor. Kitabım *My Stroke of Insight* (Müthiş İçgörü Darbesi) 30 dile çevrildi. *TIME* ve *Oprah's Soul Series*'ten aradılar. Avrupa, Asya, Güney Amerika, Kanada'ya seyahat ettim; eyaletleri çaprazlama geçtim. Ve 2012 Şubatı'nda Başkan Yardımcısı Al Gore, 20 biliminsanı ve iklim konusunda ciddi olarak endişe duyan 125 küresel liderle birlikte Antarktika'ya geziye gittim."[12]

Dr. Jill'in, Larry Smith'in söyleyeceği gibi, harika bir kariyeri vardı, çünkü onu ilham veren bir konuşmacı yapan travmatik olaydan çok daha önce hayatının çağrısını keşfedip peşinden gitmişti. Dr. Jill beyin bilimcisi olmuştu, çünkü erkek kardeşine şizofreni teşhisi konmuştu. "Kız kardeş olarak, sonra da biliminsanı olarak anlamak istedim: Neden hayallerimi alıp onları kendi gerçekliğimle ilişkilendirebiliyorum ve hayallerimi gerçekleştirebiliyorum? Kardeşimin beyninde ve şizofrenisinde ne var ki o, hayallerini ortak ve paylaşılan bir gerçeklikle ilişkilendiremiyor ve hayalleri deliliğe dönüşüyor?"

Dr. Jill'le sunum tarzı –hikâyeyi nasıl kurduğu, prova ettiği ve sunduğu– hakkında konuştum. Dr. Jill'in eğitimci ve iletişimcilere tavsiyesi: Bir hikâye anlatın ve tutkunuzu ifade edin. "Harvard'da ödülleri kazanan bendim," dedi Dr. Jill bana. "Ödülleri, bilimim başkalarınınkinden daha iyi olduğu için kazanmıyordum. Ödülleri alıyordum, çünkü ilginç, etkileyici ve son ayrıntısına kadar benim olan bir hikâye anlatabiliyordum."

Dr. Jill'in konusuna derinden bağı, onun tutkulu bir şekilde iletişim kurma ve sonunda dinleyicilerinin dünyaya bakışını değiştirmeye dair etkileyici yeteneğinden ayrılamaz. Eğer konunuzu etkileyici, ilginç ve harika buluyorsanız izleyicinizin de öyle bulması büyük bir olasılıktır.

BEYNİNİZİN BÜYÜMESİ HİÇ DURMAZ

Nöroplastisite çalışmaları sayesinde, biliminsanları beyninizin gerçekte hayatınız boyunca büyüyüp değiştiğini bulmaktalar. Bir görevin yoğun olarak tekrar edilmesi, yeni, daha güçlü nöral yollar yaratır. Bir kişi belli bir alanda –müzik, spor, topluluk önünde konuşma– uzmanlaştıkça, beynin o yeteneklerle ilişkili alanları gerçekten büyür.

Washington Üniversitesi'nde yardımcı profesör olan Dr. Pascale Michelon'a göre, "Eğer bir şeyi tekrar tekrar yaparsak o işte daha iyi oluruz."[13] Michelon bana taksi şoförlerinden müzisyenlere kadar birçok kişi üstünde yapılan araştırmadan söz etti. Otobüs sürücülerine kıyasla, Londra taksi şoförlerinin beyinlerinin arka kısımlarında daha büyük hipokampus vardı. Hipokampusun, yol bulmada kullanılan yetenekleri geliştirmede özel bir rolü vardır; otobüs sürücülerinin hipokampusları her gün aynı rotada gidip geldiklerinden az stimüle oluyordu. Biliminsanları ayrıca müzik aleti çalmada etkin olan boz maddenin (motor bölgeleri, anteriyor parietal ve inferiyor temporal bölgeler) günde bir saat çalışan profesyonel müzisyenlerde en yüksek, amatör müzisyenlerde orta derece, müzisyen olmayanlarda en düşük olduğunu buldular. Yeni bir yetenek öğrenmek ve defalarca tekrar etmek beyinde yeni yollar oluşturur.

Michelon bu çalışmaların, tutkulu oldukları konular hakkında tekrar tekrar konuşan insanları da kapsadığına inanır. "Dille ilgili beyin alanları –konuşmanıza ve fikirleri daha açık ifade etmenize yardım eden alanlar– kullanıldıkça bu bölgelerde aktivite ve etkinlik artar. Topluluk önünde ne kadar çok konuşuyorsanız, beynin mevcut yapısı da değişiyor, dille ilgili alanları da o kadar gelişiyordur."

En çok izleyici çeken TED konuşmacıları gibi, ilgi uyandıran iletişimciler de belli bir konuda ustadır, çünkü temel olarak ateşli bir tutkuyla beslenen uğraşlarına kaçınılmaz şekilde kendilerini adamış, zaman ve çaba yatırımı yapmışlardır.

BULAŞICI KİŞİLİKLERİN SIRLARI

Psikolog Howard Friedman, niteliklerin en zor bulunanını inceler: Karizma, tutkuyla yakından ilişkili bir kavram. *Uzun Ömür Projesi*'nde Friedman, konu üstünde çığır açan bir çalışmanın hayret verici sonuçlarını açıklar.

Friedman önce, düşük karizmalı insanlar ve yüksek karizmalı insanları sınıflandırmak istedi. Ankette şöyle sorular vardı: "İyi müzik duyduğumda bedenim otomatik olarak ritimle hareket etmeye başlar"[14] ya da "Partilerde ilgi odağı benimdir" ve "Yaptığım işe tutkuluyum." Yanıtlayanların "pek doğru değil"den "çok doğru"ya değişen seçenekleri vardı. Ortalama skor 71 puandı (en yüksek skor yapanlar 177 puan civarında almıştı). Çalışma, çekici kişilikleri çekingenlerden ayırıyordu. Friedman buna Affective Communication Test (ACT, Duygusal İletişim Testi) der ve amaç insanların duygularını başkalarına ne kadar iyi iletebildiklerini ölçmektir. Ancak Friedman bunu bir adım ileri taşımıştır.

Friedman testte çok yüksek ve çok düşük puan alan düzinelerce kişi seçti. Onlara bir anket verdi ve o anda nasıl hissettiklerini sordu. Sonra yüksek puan alanlarla düşük alanlar aynı odaya yerleştirildi. Süre dolunca ruh hallerini değerlendirmek üzere başka bir anket doldurmaları istendi. Yüksek karizmalı kişiler düşük karizmalıların ruh halini tek söz etmeden etkileyebildiler. Eğer yüksek karizmalı kişi mutluysa düşük karizmalı da mutlu olduğunu bildiriyordu. Ancak tersi durum işlemedi. Karizmatik insanlar daha çok gülümsedi ve beden dilleri daha enerjik görünüyordu. Coşku ve tutku yayıyorlardı.

Friedman'ın çalışması tutkunun gerçekten de başkalarına bulaştığını gösterdi. Duygusal olarak iletişim kurmayan insanlar (az göz teması, kaskatı oturuş, el hareketleri yok) diğerlerini etkileyip ikna etmekte yüksek karizmalılara hiç yakın değildi.

TUTKU BULAŞICIDIR, TAM ANLAMIYLA

Ralph Waldo Emerson, bir keresinde, "Hiçbir büyük şey şevk olmadan başarılmamıştır," demişti. Minnesota Üniversitesi'nde profesör Joyce Bono ve Michigan State Üniversitesi'nde profesör Remus Ilies, Emerson'ı haklı çıkardı. İşletme profesörleri karizma, olumlu duygular ve "ruh hali bulaşıcılığını" ölçmek için yüzlerce katılımcıyla dört ayrı çalışma yaptı.

Araştırmacıların keşfine göre, "Karizması yüksek olarak değerlendirilen kişiler, yazılı ve sözlü iletişimlerinde daha olumlu duygular ifade etmeye eğilimlidir."[15] Olumlu duygular tutku, şevk, heyecan ve iyimserlik içerir. Bono ve Ilies ayrıca olumlu duyguların, katılımcıların ruh halini iyileştirerek bulaşıcı olduğunu keşfetti. Olumlu liderleri şahsen ve videoda dinleyip seyreden katılımcılar, olumlu duygular bakımından düşük not alan liderleri seyredenlerden daha olumlu bir ruh hali deneyimlediler. Dahası, olumlu liderler daha etkili ve bu yüzden izleyenlerini istedikleri şeye ikna etmeye daha yatkın olarak algılandı.

"Çalışmamızın sonuçları açıkça, liderlerin duygusal ifadelerinin; izleyenlerin lider etkisini algılamaları, liderlere çekim duymaları ve izleyen ruh halinin oluşmasında önemli bir rol oynadığını gösteriyor. Sonuçlarımız ayrıca, karizmatik liderliğin organizasyonel başarıyla ilişkilendiğini söylüyor, çünkü karizmatik liderler izleyicilerinin daha olumlu duygular deneyimlemelerini sağlıyor. Daha önemlisi, sonuçlarımız liderlerin davranışlarının izleyenlerin duygusal hayatlarını etkileyerek mutluluk ve iyiliklerinde fark yaratabileceğini gösteriyor."

Başarının mutluluğa götürmediği, mutluluğun başarıyı yarattığı söylenir. En sevilen TED konuşmacıları bu özdeyişin doğruluğunu yansıtır. Nasıl düşündüğünüz –uzmanlığınıza olan güveniniz, konunuza olan tutkunuz– iletişimde duruşunuzu doğrudan etkiler. Düşünceler beyin kimyanızı değiştirerek ne söylediğinizi ve nasıl söylediğinizi şekillendirir.

Konunuz hakkında tutkulu –saplantılı derecede tutkulu– olduğunuzda, sergilediğiniz enerji ve şevk izleyicilerinize bulaşacaktır. Kendinizi –otantik benliğinizi– ifade etmekten korkmayın. Dr. Jill gibi, ilham aldıysanız bunu paylaşın. Larry Smith gibi, hayal kırıklığına uğradıysanız bunu söyleyin. Matthieu Ricard gibi, mutluysanız bunu ifade edin.

> Büyük bir amaç, olağanüstü bir proje için ilham duyduğunuzda bütün düşünceleriniz zincirlerini koparır. Beyniniz sınırları aşar, bilinciniz her yöne genişler ve kendinizi yeni, büyük ve harika bir dünyada bulursunuz. Uyuyan kuvvetler, beceriler ve yetenekler uyanır ve olmayı düşlediğinizden çok daha harika biri olduğunuzu keşfedersiniz.
>
> – Patanjali, sıklıkla Yoganın Babası olarak anılan Hintli öğretmen

TEDnot

HAYATINIZA TUTKULU İNSANLARI DAVET EDİN. Starbucks'ın kurucusu Howard Schultz bir keresinde bana, "Ortak bir amaç için kolektif bir tutkuyu paylaşan insanlarla çevrelendiğiniz zaman her şey mümkündür," demişti. Tutkunuzu belirlemek bir adımdır ama bunu paylaşmalısınız, ifade etmelisiniz ve meslektaşlarınızla, müşterilerinizle, hayatınızdaki diğer insanlarla sizi motive eden şey hakkında konuşmalısınız. En önemlisi, tutkunuzu paylaşan diğerleriyle bağ kurun. Liderler tutkuyu işe alma kriteri olarak kullanır. Richard Branson, işe aldığı kişilerin Virgin tavrına sahip olmasını ister: çok gülümseyen, olumlu ve hevesli kişiler. Sonuç olarak, bunlar daha iyi iletişimcidirler. Kendi başınıza tutkulu olmak yetmez. Ayrıca etrafınıza işinde ve çalıştıkları alanda tutkulu kişiler toplamalısınız. Lider ve iletişimci olarak nihai başarınız buna bağlıdır.

500 TED'Cİ YANILMIŞ OLAMAZ

Richard St. John bir TED konferansına uçakta giderken, yanında işini merak eden bir ergen oturuyordu ve, "Başarıya götüren şey gerçekten nedir?" diye sordu. St. John'un iyi bir yanıtı yoktu ama iyi bir fikri vardı – TED konferansına katılan ve konuşan başarılı liderlere soracaktı. Sonraki on yılda 500 TED'ciyle söyleşi yaptı ve onları ultra-başarılı yapan özellikleri ortaya çıkardı. St. John bulduklarını 2005'te TED Monterey'de üç dakikalık bir sunumla açıkladı.

Dört milyondan fazla kez izlenmiş bir sunumda, St. John "Başarının 8 Sırrı"nı anlattı. Bir numaralı "sır"? Bildiniz – tutku. "TED'ciler sevdikleri için bunu yapıyor, para için değil,"[16] dedi St. John.

Aynı başlıklı kitabında St. John, benim bu bölümün başında söz ettiğim Mullins hakkında yazar. "Tutku, Aimee Mullins'in, her ne kadar koşmak için iki ana uzvu –bacakları– olmasa da koşu rekorları kırmasını sağlamıştır... Fransızca 'sevmek'ten gelen 'Aimee' adı ona çok uygundur ve koşuda ve hayatındaki başarısında büyük bir nedendir. Boşuna, 'Eğer bu tutkunuzsa başarmanız kaçınılmazdır,' dememiştir."

BİRİNE YARDIM ETMEK Mİ İSTİYORSUN? KAPA ÇENENİ VE DİNLE

Sirolli Enstitüsü'nün kurucusu ve dünyaca tanınan ekonomik gelişme uzmanı Dr. Ernesto Sirolli, *biz* sözcüğünün *ben* sözcüğünden daha güçlü bir sözcük olduğunu zor yoldan öğrendi. 1970'lerin başlarında Afrika'da yardım çalışmaları yaparak sürdürülebilir gelişme konusunda çalışmaya başlayan Sirolli, 2012'de TEDx izleyicisine sürdürülebilir gelişme hakkında pek çok "uzmanın" bildiğinin yanlış çıktığını anlattı.

Sirolli 21 yaşındayken bir İtalyan sivil toplum örgütü için çalışmıştı ve, "Afrika'da kurduğumuz her proje başarısız oldu,"[17] dedi. Sirolli'nin ilk projesi güney Zambiya'da köylülere domates yetiştirmeyi öğretmekti. "Afrika'da her şey çok güzel büyüyordu. Böyle muhteşem domateslerimiz vardı. .... Zambiyalılara, 'Bakın tarım ne kadar kolay,' diyorduk. Domatesler güzel, olgun ve kırmızı olunca, bir gecede, nehirden 200 kadar suaygırı geldi ve her şeyi yedi. (Kahkahalar) Biz de Zambiyalılara, 'Aman Tanrım, su aygırları!' dedik. Zambiyalılar da, 'Evet işte bu yüzden burada tarım yok,' dediler. (Kahkahalar)

'Neden bize söylemediniz?' 'Hiç sormadınız ki.'"

Eğer birine yardım etmek istiyorsanız susun ve dinleyin. Sirolli sürdürülebilir tarımda başlangıçtaki deneyiminden bunu öğrendi.

"Bir topluma asla fikirlerle gitmeyin," dedi. Bunun yerine, Sirolli, o toplumda yaşayan insanların tutkusunu, enerjisini ve hayal gücünü yakalamaya çalışmayı önerir.

Tartıştığımız gibi, tutku, işte, kariyerde ve topluluk önünde konuşmada başarının temelidir. Ve anlaşılmıştır ki, tutku,

Sirolli'nin çalışmasında da başarının ana içeriğidir. "Birine bir fikir verebilirsiniz. Peki o kişi onu yapmak istemezse ne yapacaksınız? Kişinin, kendi bireysel gelişimine tutkusu en önemli şeydir. Sonra da biz onların gidip bilgiyi bulmasına yardım ederiz, çünkü dünyada kimse tek başına başaramaz. Fikri olan kişinin bilgisi olmayabilir ama bilgi vardır." Bunu okuyorsunuz, çünkü kişisel gelişim için bir tutkunuz var. Konuştuğunuz konuda ustalaşmış (ya da ustalaşmaya yakın) olmanız olasıdır. Heyecanınızı paylaşmaktan korkmayın. İzleyicinize bulaşacaktır.

> Deneyimimize göre, en iyi yöneticiler yaptıkları işte en tutkulu olanlardır.
>
> – Ron Baron, milyarder yatırımcı

Sır #1: İçinizdeki Ustayı Çıkarın

Size nasıl hikâye anlatacağınızı öğretebilirim. Size nefis bir PowerPoint slaytını nasıl tasarlayacağınızı öğretebilirim. Etkili hikâyeler, slaytlar ve beden dili, ikna edici bir sunumun önemli bileşenleridir, ama eğer konuşmacı konusu hakkında tutkulu değilse bunlar pek az şey ifade eder. Başkalarına ilham vermenin ilk adımı önce kendinizin ilham almış olduğunuzdan emin olmaktır. Gerçekten tutkulu olduğunuz şeyi belirlemenin en basit yolu, kendinize, bu bölümde daha önce söz ettiğim soruyu sormaktır: "İçimi ne şenlendirir?" Bir kez içinizi şenlendiren şeyi buldunuz mu, anlatacağınız hikâyeler, kullandığınız slaytlar ve içeriğinizi sunuş şekliniz canlanacaktır. Mümkün olduğunu düşündüğünüzden çok daha fazla kişiyle bağ kuracaksınız. Öğrendiğinizi gerçek bir usta olarak paylaşma güvenini duyacaksınız. Hayatınızın konuşmasını yapmaya o zaman hazır olacaksınız.

2

Hikâye Anlatma Sanatında Ustalaşın

Hikâyeler ruhu olan verilerdir sadece.

– BRENÉ BROWN, TEDx HOUSTON 2010

BRYAN STEVENSON'IN BÜYÜKANNESİ ailedeki her tartışmanın sonuydu. Aynı zamanda pek çok tartışmanın başlangıcıydı da! Hepsinden öte, Stevenson'a kimliğin gücünü öğretti. Stevenson bir vatandaşlık hakları avukatı ve adalet sistemi içinde adil tutumdan yoksun bırakılan yoksul sanıklara hukuki vekalet sağlayan Eşit Adalet Girişimi'nin yöneticisi. Stevenson, eyaletlerin, ağır suçtan mahkum olmuş gençlere şartlı tahliye olmaksızın zorunlu müebbet hapis uygulamasını engelleyen önemli bir Anayasa Mahkemesi davasını kazandı. Yargıçlar, bu cezaların anayasaya aykırı olduğuna, acımasız ve sıradışı cezayı yasaklayan Sekizinci Yasa Değişikliği'ni ihlal ettiğine beşe dört oyla karar verdiler.

Eylül 2011'de, Roosevelt Enstitüsü, Stevenson'a sosyal adalet alanındaki çalışmalarından ötürü Özgürlük Madalyası verdi. TED konferansından bir temsilci, izleyicilerin arasındaydı ve Stevenson'dan Long Beach'teki Mart 2012 etkinliğinde bir sunum yapmasını istedi. Stevenson bana o zaman TED hakkında fazla bir şey bilmediğini ve daveti geri çevirmeye eğilimli olduğunu, çünkü Mart sonunda iki Anayasa Mahkemesi davası olduğunu söyledi. Bunu duyan elemanları "çıldırmış" ve Stevenson'a TED'de konuşması gerektiğini söylemişler. Stevenson bunu yaptığına memnun. TED izleyicisi de Stevenson'ın sunumundan o kadar etkilenmiş ki organizasyonuna toplam 1 milyon dolar bağışlamış.

18 dakika boyunca Stevenson, hayatını etkileyen birkaç insanın hikâyesini anlatarak izleyiciyi büyülemişti: büyükannesi, Rosa Parks ve bir hademe. Stevenson, büyükannesinin köleliğe doğan anne babası ve köleliğin büyükannesinin dünyaya bakışını nasıl etkilediği hakkında bir hikâyeyle başladı. Büyükannenin on çocuğu varmış ve onunla zaman geçirmek zormuş. Bir gün, Stevenson sekiz ya da dokuz yaşındayken, büyükannesi odanın karşısından gelip onun elini tutmuş ve, "Gel Bryan. Senle ben konuşacağız,"[1] demiş. Stevenson bunu izleyen konuşmayı asla unutmayacağını söyledi.

> Beni oturttu ve bana bakıp şöyle dedi: "Seni izlediğimi bilmeni istiyorum." Ve dedi ki, "Bence sen özelsin." Dedi ki, "İstediğin her şeyi yapabileceğini düşünüyorum." Hiç unutmayacağım. Sonra, "Sadece bana üç şey için söz vermeni istiyorum Bryan," dedi. Ben de, "Peki nine," dedim. "Bana söz vermeni istediğim ilk şey, anneni her zaman seveceksin," dedi. "O benim kızım ve bana şimdi, her zaman ona bakacağına söz vermelisin." Eh, anneme bayılırdım, bunun için, "Evet nine. Yapacağım," dedim. Sonra, "Bana söz vermeni istediğim ikinci şey, her zaman doğru olanı yapacaksın, doğru zor olsa da," dedi. Ben de düşündüm ve, "Evet nine. Yapacağım," dedim. En sonunda, "Bana söz vermeni istediğim üçüncü şey, asla alkol kullanmayacaksın."

Eh, dokuz yaşındaydım, böylece, "Evet nine. Yapacağım," dedim. (Kahkahalar)

Birkaç yıl sonra Stevenson evinin yakınındaki ağaçlık arazide kardeşlerinden ikisiyle berabermiş ve ona biradan bir yudum alması için ısrar etmişler. Stevenson birayı geri itip doğru olduğunu hissetmediğini söylemiş. "Sonra erkek kardeşim bana gözünü dikti. 'Neyin var senin? Biraz iç,' dedi. Sonra bana gerçekten dik dik baktı ve, 'Ninemin seninle yaptığı o konuşmaya takılmıyorsun herhalde hâlâ,' dedi. Ben de ona neden söz ettiğini sorduğumda, 'Eh, ninem bütün torunlarına özel olduklarını söyler,' dedi."

(Kahkahalar.)

Yıkılmıştım.

(Daha fazla kahkaha.)

Stevenson sesini alçalttı ve şöyle dedi: "Size herhalde söylememem gereken bir şey söyleyeceğim. Bunun yaygın olarak

2.1. Bryan Stevenson, TED 2012'de konuşurken. James Duncan Davidson/TED izniyle. (http://duncandavidson.com)

yayınlanabileceğini biliyorum. Ama 52 yaşındayım ve size hayatımda bir damla bile alkol almadığımı itiraf edeceğim. Bunu erdemli olduğunu düşündüğüm için söylemiyorum; bunu söylüyorum, çünkü kimlikte güç vardır. Doğru türden bir kimliği yarattığımız zaman, etrafımızdaki dünyaya gerçekte inanmadıkları şeyin anlamlı olduğuna dair şeyler söyleyebiliriz. Onları yapabileceklerini sanmadıkları şeyleri yapmaya ikna edebiliriz."

İzleyicilerden, Stevenson'ın büyükannesi hakkındaki hikâyeye gülenlerin çoğu sözlerini anlayınca birden sessizleşti. Stevenson zihinlerine ulaşıyordu ama bunu ancak kalplerine dokunduktan sonra yapabilirdi.

Sır #2: Hikâye Anlatma Sanatında Ustalaşın

İnsanların yüreklerine ve akıllarına ulaşacak hikâyeler anlatın.

Neden işe yarar: TED tarihinde en uzun süre ayakta alkış alan konuşmacı Bryan Stevenson, sunumunun yüzde 65'ini hikâye anlatarak geçirdi. Beyin taramaları, hikâyelerin insan beynini stimüle edip meşgul ettiğini, konuşmacının izleyiciyle bağ kurup izleyicinin konuşmacının görüşüne katılmasını çok daha olası kılacağını gösterir.

DUVARI HİKÂYELERLE YIKIN

Stevenson ABD hapishanelerinde kaç kişinin hapsolduğunu ve bunların yüzde kaçının yoksul ve/ya da Afrikalı-Amerikalı olduğuna dair istatistikleri sunmadan önce beş dakika konuştu. Veriler tezini destekliyordu ama sunumunun üçte birini bir hikâye kapladı. Bu herhangi bir hikâye de değildi. Stevenson kasıtlı olarak izleyicisinin onunla kişisel ve duygusal düzeyde bağ kurmasını kolaylaştıracak bir hikâye anlatmayı seçmişti.

"İnsanların size güvenmesini sağlamalısınız,"[2] dedi bana Stevenson. "Eğer çok belli bir gruba hitap eden ve sıradan insanların hayatından kopuk bir şeyle başlarsanız insanların konuya katılması zorlaşır. Ben genellikle aile fertlerinden bahsederim, çünkü çoğumuzun ilişkide olduğumuz aile fertleri vardır. Çocuklar ve korunmasız ya da mücadele eden insanlar hakkında konuşurum. Bütün bu anlatılar sorunları anlamaya yardım etmek için tasarlanmıştır."

Stevenson, daha tek sözcük etmeden çok önce ona karşı çıkmaya kararlı pek çok insanla konuşur. Anlatı –hikâye anlatmak– onunla ikna etmesi gereken insanlar arasındaki duvarı yıkmasına yardım edebilir. Stevenson, onun bakış açısına karşı çıkmaya eğilimli yargıçların, jüri üyelerinin ve diğer karar vericilerin ilgisini çekecek hikâyeler anlattığını söyler. Stevenson, anlatının, direnci kırmanın en güçlü yolu olduğunu keşfetmiştir.

Stevenson'ın TED konuşması, hikâye anlatmanın parlak bir örneğidir, çünkü her hikâyeyi "kimlik" merkezi temasına bağlar. Son hikâyesi, bir mahkeme görevine giderken ayaküstü karşılaştığı bir hademeyle ilgilidir. Mahkemeye girince Stevenson'la yargıç arasındaki konuşma özellikle ateşlenir. Stevenson hikâyeye şöyle devam ediyor:

> Gözucuyla, bu hademenin ileri geri adımlar attığını görebiliyordum. İleri geri gidip durdu. Ve sonunda bu yaşlı zenci bey, yüzünde çok endişeli bir bakışla mahkeme salonuna girdi ve arkama, neredeyse avukat masasına oturdu. On dakika sonra yargıç bir ara vereceğimizi söyledi. Ara sırasında, hademenin içeri girmesine kızan bir şerif yardımcısı vardı. Ve bu yardımcı şerif hemen bu yaşlı zenci adama koştu. "Jimmy, mahkeme salonunda ne işin var?" dedi. Yaşlı zenci adam da ayağa kalktı. Şerif yardımcısıyla bana baktı ve, "Buraya, bu genç adama, hedeften şaşma, dayan, demeye geldim," dedi.

Stevenson sunumunu, TED izleyicisine, insan hakları ve temel saygınlık konusunda duyarlı olmadıkları sürece tam olarak gelişmiş insanlar olamayacaklarını söyleyerek bitirdi. "Teknoloji, dizayn, eğlence ve yaratıcılık vizyonlarımız, insanlık, merhamet ve adalet vizyonarımızla bağlantılı olmalıdır. Ve her şey-

Ben Affleck: Yönetmenin Notları

Oyuncu ve yönetmen Ben Affleck, Stevenson'ın sunumunu en sevdiği TED konuşmaları arasında sayar. Sosyal adalet konusunda pek çok sunum, ders ve konuşma izlemiş olan Affleck üstünde kalıcı etki bırakan Stevenson'ın söyleşisiydi – bu, resmi bir sunumdan çok bir söyleşiydi. "İnsan hakları avukatı Bryan Stevenson Amerika'nın adalet sistemi hakkında bazı katı gerçekleri paylaşıyor... Amerika'nın incelenmemiş tarihinde özetlenen bu sorunlar hakkında ender olarak bu düzeyde açıklık, içgörü ve ikna gücüyle konuşulmuştur."[3]

– Ben Affleck

den çok, bunu paylaşanlarınız için, size hedeften şaşmamanızı, dayanmanızı söylemeye geldim." Stevenson'ın izleyicisi ayağa kalktı, çünkü hikâyeleri onlarla bağ kurmuştu. Ruhlarına dokunmuştu.

Stevenson'la konuştuğumda, "Konunuz hassas, tartışmalı ve karmaşık," dedim ve, "Başarınızın ne kadarını hikâyenizin etkili iletimine borçlusunuz?" diye sordum.

"Hemen hepsini. Önem verdiğim müşterilerimi mahkûm edecek o kadar çok varsayım var ki, benim işim evrimleşen anlatıların üstesinden gelmek. Yapmaya çalıştığımız şeyin neredeyse tamamı etkili iletişime dayanır. İnsanlara meydan okumak için verilere, gerçeklere ve analize ihtiyacınız vardır, ama aynı zamanda insanları, savunmasını yaptığınız topluluğu önemsemeleri için yeterince rahat hissettirecek bir anlatıya da ihtiyacınız vardır. İzleyiciniz sizinle bir yolculuğa çıkmaya istek duymalıdır."

Stevenson onunla söyleşimde, iletişim koçluğumdaki esas kavramı onayladı – hikâye anlatmak en temel ikna aracıdır. Hikâye –duygusal ve gerçek hikâyeler– anlatan kişiler gibi, markalar da müşterileri ve izleyicileriyle rakiplerinden çok daha derin ve daha anlamlı biçimde bağ kurar. Stevenson'ın gözlemi size güven de vermelidir. Pek çok profesyonel, bir PowerPoint sunumunda kişisel hikâyeler anlatmaktan çekinir, özellikle içerikte veriler, tablolar ve grafikler varsa. Ama eğer Anayasa Mahkemesi yargıçları önünde davaları başarıyla savunan bir konuşmacı olan Stevenson hikâyelerden güç alıyorsa, biz de onun bu deneyimindeki ipuçlarını yakalamalıyız.

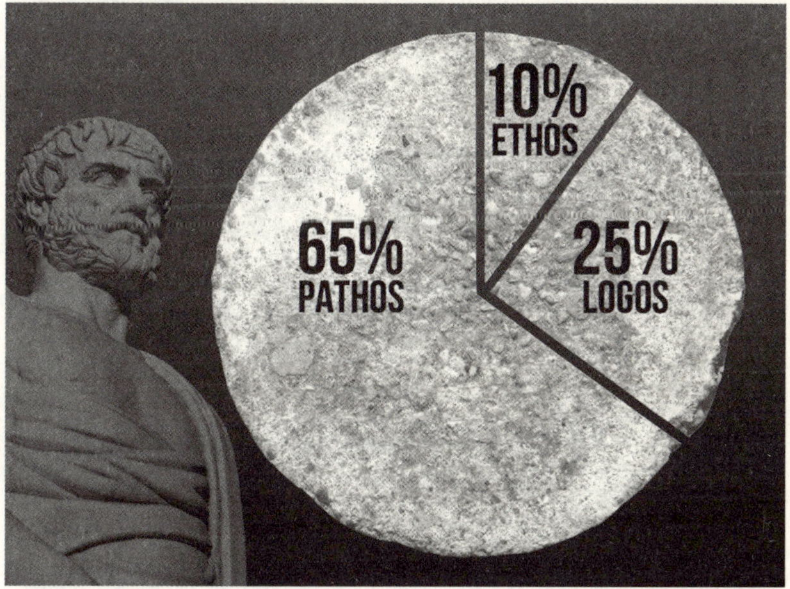

2.2. Dilim grafik: Ethos, Logos ve Pathos'un yüzdeleri, Bryan Stevenson'ın TED 2012 sunumunda gösterilmiştir. Empowered Presentations @empoweredpres tarafından oluşturulmuştur.

PATHOS'UN GÜCÜ

Stevenson'ın pathos'u var. İletişim teorisinin kurucularından biri olan Yunan filozofu Aristoteles iknanın, üç unsurun temsil edilmesiyle oluştuğuna inanırdı: ethos, logos ve pathos. Ethos güvenilirliktir. Bizler; başarılarına, sıfatlarına, deneyimlerine vb. saygı duyduğumuz insanlarla hemfikir olmaya eğilim gösteririz. Logos, mantık, veriler ve istatistik aracılığıyla ikna aracıdır. Pathos ise duygulara hitap etme eylemidir.

Bryan Stevenson'ın sunumu 4057 sözcükten oluşuyordu. O sözcükleri inceledim ve her birini üç sınıfa ayırdım. Stevenson hapishanelerdeki çalışmalarından söz ettiyse, o cümleyi ya da paragrafı Ethos sınıfına koydum. Stevenson istatistik sunduysa, o cümleleri Logos sınıfına ayırdım. Stevenson bir hikâye anlattıysa, içeriği Pathos'un altına koydum. Sonuçlar şekil 2.2'deki dilim grafikte gösterilmiştir.

Gördüğünüz gibi, Ethos, Stevenson'ın içeriğinin sadece yüzde 10'unu ve Logos sadece yüzde 25'ini oluşturuyordu. Dikkate değer şekilde, Stevenson'ın konuşması TED.com'da en "ikna" edici konuşmalardan birisi seçilmiştir. "İkna etmek" birini eyleme geçirmek için mantık kullanarak etkilemek olarak tanımlanır. Tanımda duygu yoktur, ancak hikâyelerin duygusal etkisi olmadan Stevenson'ın konuşması aynı etkiyi bırakamazdı.

Sadece mantıkla ikna edemezsiniz. Bunu kim diyor? Dünyadaki en mantıklı zihinlerden bazıları.

TEDnot

ARİSTOTELES'İN İKNA BİLEŞENLERİNİ NASIL KULLANIRSINIZ? En son sunumlarınızdan birini alın ve içeriği henüz incelediğimiz üç sınıfa ayırın: Ethos (güvenilirlik), Logos (kanıt ve veriler) ve Pathos (duygulara hitap). Pathos'unuz diğerlerine göre nasıl? Eğer duygulara hitabınız minimal ise, bu sunumu tekrar yapmadan önce içeriği yeniden düşünseniz iyi olur, daha çok hikâye, anekdot ve kişisel içgörüler eklemek gibi.

HİKÂYELER VE BEYNİNİZ

Dale Carnegie izleyicilere ilham vermek için hikâyelerin gücüne inanırdı. "Dünyanın büyük doğruları, genellikle büyüleyici hikâyelerde saklanmıştır," diye yazmıştı Carnegie. Bir keresinde de, "Savunduğum fikirler benim değil. Onları Sokrates'ten ödünç aldım. Chesterfield'dan arakladım. İsa'dan çaldım. Ve onları bir kitaba koydum. Onların kurallarını beğenmiyorsanız kiminkini kullanacaksınız," demişti.

Bu kitaptaki fikirlerin çoğu bana ait değil. TED'e ait değil. Sunumları yapan hayranlık uyandıran konuşmacılara ait değil. Bu teknikler işe yarar, çünkü insan beyninin nasıl çalıştığı, bilgiyi işlemden nasıl geçirdiği, nasıl hatırladığı ve o bilginin beyinlerimize nasıl damgalandığı üstüne kuruludurlar. Carnegie önerisini sezgiye dayandırmıştı. Bugün onu haklı çıkaracak beyin taramalarımız var. Fonksiyonel MRI (fMRI) görüntüleri kullanan biliminsanları, kan akışındaki değişiklikleri izleyerek beyin aktivitesini inceliyorlar. Son on yılda insan beyni hakkında, insanoğlunun dünya üstünde geçirdiği toplam yıllardan daha çok şey öğrendik ve bu araştırmaların çoğunun topluluk önünde konuşma ve iletişim alanında ustalaşmayı isteyenler üstünde doğrudan etkileri var.

HİKÂYELER, DİNLEYENİN BEYNİNE FİKİR VE DUYGU İŞLER

Princeton Üniversitesi'nin kampüsünde karanlık bir konferans odasında, birisi, beynin bilgiyi nasıl işlediğine dair başkalarında derin bir içgörü uyandırmak için bir Charlie Chaplin filmi izliyor. Princeton'da psikoloji yardımcı profesörü Uri Hasson, Princeton Sinirbilimi Enstitüsü için deney yapıyor.

Hasson'ın deneyleri, özneleri fMRI makinelerine bağlıyken film izlemek ya da hikâye dinlemek gibi etkinlikler içerir. Hasson beynin kompleks bilgileri nasıl işlemden geçirdiğini öğrenmek ister. Hasson ve meslektaşları, kişisel hikâyelerin hem hikâye anlatanın hem de dinleyenin beyinlerinin eşzamanlanmasına sebep olduğunu keşfettiler. *Eşzamanlanma* benim deyimim; Hasson buna "beyinden beyne eşleşme" der.

Hasson ve meslektaşları, bir konuşmacının prova edilmemiş hikâyeler anlatırken beyin aktivitesini kaydetti. Sonra, hikâyeyi dinleyen kişinin beyin aktivitesini değerlendirdiler ve kavramayı ölçmek için dinleyiciden ayrıntılı bir anket doldurmasını istediler. Sonuçlar sinirbilimi alanında türünün ilk örneklerindendir. Araştırmacılar, konuşmacının ve dinleyicinin beyinlerinin "ortak, zamansal olarak eşleşmiş tepki kalıpları sergilediğini"[4] buldular. Basitçe ifade etmek gerekirse, "Dinleyicinin beyin tepkileri konuşmacının beyin tepkilerini aynalıyordu." Konuşmacıyla dinleyici arasında gerçekten bir beyin birleşmesi oluyordu.

Hasson konuşmacı olarak bir lisansüstü öğrencisini seçti. Lauren Silbert, mezuniyet balosuna gitmesi hakkında kişisel bir hikâye anlattı. Araştırmacılar, onun ve dinleyen 11 öğrencinin beyinlerini taradılar. Herkesin beyninin aynı kısmı "etkinleşme" gösterdi, yani konuşmayı yapan kişiyle dinlemeyi yapan kişi arasında derin bir bağlantı vardı. Ayrıca, odadaki herkesin –bütün dinleyenlerin– benzer bir tepki deneyimlediğini ileri sürdü! "Eşleşme", dinleyicilere bilmedikleri bir dil olan Rusça bir hikâye anlatılınca olmadı.

"Kadın İngilizce konuşunca gönüllüler hikâyesini anladı ve beyinleri senkronize oldu. Konuşmacının, beyinde duygudan sorumlu bölge olan insulasında aktivite olunca dinleyicilerde de oluyordu. Konuşmacının ön korteksi aydınlanınca onların da aydınlanıyordu. Sadece bir hikâye anlatmakla kadın, dinleyicilerin beyinlerine fikirler, düşünceler ve duygular işleyebiliyordu,"[5] diye açıklar Hasson.

Araştırmacılar, hikâyeler duyduğumuzda beyinlerimizin daha aktif olduğunu keşfetmiştir. Madde işaretleriyle dolu çok sözcüklü bir PowerPoint slaytı, beynin, sözcükleri anlama dönüştürdüğümüz dil işleme merkezini aktive eder. Hikâyeler daha fazlasını yapar, bütün beyni kullanıp dil, duyusal, görsel ve motor alanlarını harekete geçirir.

Hasson'ın bulgularının davranışa etki etmek amacıyla sunum yapan herkes için büyük önemi vardır. Eğer hikâyeler beyinden beyne "eşleşmeyi" tetikliyorsa, o zaman savınıza insan kazanmanın çözümünün bir kısmı daha çok hikâye anlatmaktır.

HİKÂYELER RUHU OLAN VERİLERDİR YALNIZCA

2010 Temmuzu'nda, TEDx Houston'da Brené Brown "Savunmasızlığın Gücü" adında bir konuşma yaptı. Houston Üniversitesi'nde araştırma profesörü olan Brown, savunmasızlık, cesaret, sahicilik ve utanç üstüne çalışır. Bu, 18 dakikaya sıkıştırmak için büyük bir konudur, ancak Brown bunu o kadar iyi yaptı ki sunumu yedi milyondan fazla kez izlendi. Brown sunumuna kısa bir anekdotla başladı.

> Birkaç yıl önce, bir etkinlik organizatörü beni aradı, çünkü bir konuşma etkinliği yapacaktım. Arayıp şöyle dedi: "Sizin hakkınızda o küçük broşüre ne yazacağım konusunda sıkıntılıyım." Ben de, "Sıkıntı nedir?" diye sordum. O da, "Sizi konuşurken gördüm ve sanırım size araştırmacı diyeceğim, ama korkarım size araştırmacı dersem kimse gelmez, çünkü sıkıcı ve ilgisiz olduğunuzu düşünürler." Ben de, "Peki," dedim. O da, "Ama konuşmanız hakkında hoşuma giden, hikâye anlatıcısı olmanız. Bu yüzden sanırım size hikâye anlatıcısı diyeceğim,"[6] dedi.

Brown "güvensiz" tarafının bu sıfatı kabul etmekte çekimser olduğunu, çünkü ciddi bir akademik araştırmacı olduğunu söyledi. "Düşündüm de, yani ben bir hikâye anlatıcısıyım. Niteliksel bir araştırmacıyım. Hikâyeler toplarım; bunu yaparım. Belki hikâyeler ruhu olan verilerdir yalnızca. Ben de belki yalnızca bir hikâye anlatıcısıyım." Brown'un önerdiği gibi, hepimiz hikâye anlatıcısıyız. Her gün hikâye anlatıyorsunuz. Bir iş sunumunda, kampanyanız, şirketiniz ya da ürününüzün arkasındaki hikâyeyi anlatırsınız. Bir iş görüşmesinde, kendi kişisel markanızın arkasındaki hikâyeyi anlatırsınız. Bir pazarlama sunumunda fikriniz hakkındaki hikâyeyi anlatırsınız. Evet, hepimiz hikâye anlatıcısıyız ve işyerimizde her gün hikâyeler anlatırız.

Northwestern'da Medill Gazetecilik Okulu'nda profesörümden ciddi azar işittiğim zamanı hiç unutmayacağım. Bir görevden elim boş dönmüştüm. "Hikâye yoktu," demiştim hocama.

O kadar kızdı ki alnında bir damar patlayacak sandım. "Her zaman bir hikâye vardır!" diye bağırdı. Ne zaman birinin, "Bir hikâyem yok," dediğini duysam hep o karşılaşmayı hatırlarım. Elbette bir hikâyeniz vardır. Her zaman bir hikâye vardır. Bütün yapmanız gereken bakmaktır ve eğer yeterince kuvvetli ve akıllıca bakarsanız kesinlikle iyi bir tane bulursunuz.

> Hepimiz hikâye severiz. Onlar için doğmuşuz. Hikâyeler kim olduğumuzu doğrular. Hepimiz hayatımızın anlamı olduğuna dair bir doğrulama isteriz. Ve hiçbir şey hikâyelerle bağ kurduğumuzdakinden daha büyük bir doğrulama yapmaz. Hikâye; zamanın, geçmiş, şimdi ve geleceğin engellerini geçebilir ve kendi aramızdaki benzerlikleri ve başkaları aracılığıyla gerçekle hayal edileni deneyimlememizi sağlar.[7]
>
> – Andrew Stanton, *Oyuncak Hikâyesi*'nin yazarı, TED Şubat 2012

ÜÇ BASİT, ETKİLİ HİKÂYE TÜRÜ

Etkili iletişimciler ve en iyi TED konuşmacıları üç tür hikâyeden birine bağlı kalır. İlki, konuşmanın ya da sunumun temasıyla doğrudan ilişkili kişisel hikâyelerdir; ikincisi, izleyicinin ilişki kurabileceği başkalarının hikâyeleridir; üçüncüsü de ürünlerin ya da markaların başarısını ya da başarızlığını anlatan hikâyelerdir.

Kişisel Hikâyeler

Hikâyeler kim olduğumuzun esasıdır. Çoğu sevilen TED sunumu kişisel bir hikâyeyle başlar. Bryan Stevenson'ın büyükannesi ve "hedeften şaşma" diyerek onu destekleyici bir öğüt veren hademe hakkında anlattığı dokunaklı hikâyeleri hatırlayın. Kişisel bir hikâye anlatma yeteneği otantik liderliğin –sıradışı çabayı teşvik eden insanlar– temel bir özelliğidir. Öyleyse kişisel hikâyeler anlatın. Sevdiğiniz biriyle ilgili en sevdiğiniz anılar nelerdir? Belki o kişi hakkında bir hikâyeniz vardır. Kızlarım, İkinci Dünya Savaşı'nda esir düşen büyükbabaları hakkında, nasıl kurtulmaya çalıştığı, annemle sonunda ceplerinde 20 dolarla nasıl Amerika'ya göç ettikleri hakkında hikâyeler duymaktan hoşlanırlar. Bunun gibi hikâyeler aile kimliğimiz için esastır. Eminim sizin için de öyledir.

Eğer "kişisel" bir hikâye anlatacaksanız onu kişiselleştirin. İzleyiciyi bir yolculuğa çıkarın. Betimlemeler ve imgelerle öyle zengin kılın ki kendilerini olayın içinde sizinle hayal etsinler.

Bir Yanık Ünitesi Kariyere ve Çığır Açan Bir Sunuma İlham Verir

Duke Üniversitesi'nde psikoloji profesörü ve davranışsal ekonomist ve çoksatar kitapların yazarı olan Dan Ariely, insanların neden önceden tahmin edilebilir mantıksız kararlar aldığını göstermek için zekice çalışmalar geliştirir. Konuya ilgisi, kendi hikâyesiyle yanık ünitesinde başlar. "Çok kötü yanmıştım. Eğer hastanelerde çok zaman geçirirseniz, bir sürü mantıksızlık görürsünüz. Yanık departmanında beni özellikle rahatsız eden mantıksızlıklardan biri, hemşirelerin benden bandajı çıkarma işlemleriydi,"[8] dedi Ariely TED izleyicisine 2009'da.

Bandajların nasıl hızlı ya da yavaş çıkarılabildiğini oldukça ayrıntılı anlattı. Eğer çoğu insan –ve Ariely'nin hemşireleri– gibiyseniz, bandajları hızlı çıkarıp acıdan kurtulmanın daha iyi olduğunu düşünürsünüz. Hemşirelerin bandajları çıkarması bir saat sürmüş. Ariely, çok büyük acı içinde, hemşirelere bir yerine iki saat geçirip acıyı biraz hafifletmeleri için yalvarmış. Hemşireler bu işi iyi bildiklerini söylemiş ve Ariely acıya dayanmak zorunda kalmış.

Ariely üç yıl sonra hastaneden ayrılmış (bedeninin yüzde 70'i yanmış) ve bir Tel Aviv üniversitesine girmiş. Orada hastalardan bandajları nasıl çıkarmalı sorusunu incelemiş. "Öğrendim ki hemşireler yanlış biliyormuş. İyi niyetli ve çok deneyimli harika insanlardı, ancak işlerini neredeyse her zaman yanlış yapıyorlardı. Ortaya çıktı ki, süreyi yoğunluğu kodladığımız gibi kodlamıyoruz, eğer süre daha uzun ve yoğunluk daha düşük olsaydı daha az acı duyacaktım."

Ariely ayrıca çok etkili bir hikâye anlatma tekniği kullanır – umulmadık olma. *İşte Bu Fikir Tutar*'da Dan ve Chip Heath, insanların hatırladığı "tutacak" bir fikrin birkaç unsurunu açıklar. Heath'lere göre, "Birinin dikkatini çekmenin en temel yolu şudur: Bir kalıbı kırın."[9] Merak ve gizem, ilgimizi çekmek için güçlü yöntemlerdir. Kanıt için, Heath'ler, George Loewenstein'ın Carnegie Mellon Üniversitesi'ndeki çalışmasından söz ederler. "Merak, der Loewenstein, bilgimizde bir boşluk hissettiğimizde olur... boşluklar acı verir. Bir şeyi bilmek isteyip de bilmediğimizde kaşımayı istediğimiz bir kaşıntı gibidir. Acıyı yok etmek için boşluğu doldurma ihtiyacı duyarız. Kötü filmlerde, seyretmesi acı verse bile sabırla otururuz, çünkü nasıl biteceklerini bilmemek çok ıstırap verir."[10]Ariely'nin kişisel hikâyesi daha etkilidir, çünkü sonucu umulmadıktır. Kişisel hikâyeler anlatın ama onları dikkatle seçin. Umulmadık bir sonuca varan bir kişisel deneyim genellikle merak uyandıran bir hikâye çıkarır.

Annemin Kişisel Mali Uçurumu

Kişisel hikâyeler neredeyse her iletişim formatında –sunumlar, sosyal medya ve televizyon söyleşileri– dikkat çeker. Gazetecilik kariyerime 1989'da, Ronald Reagan'ın görevde olduğu son yıl başladım. Reagan, Büyük İletişimci olarak anılırdı, çünkü mesajını bir hikâyede toplayabilirdi. Günlük gazeteciliği bırakıp kendi iletişim işime başlayınca Reagan'a karizmasını sağlayan özelliği hatırladım – hikâye anlatabilme yeteneği.

Bugün CEO'lara ve politikacılara aynı tavsiyede bulunurum: Eğer anılmak istiyorsanız, bir hikâye anlatın ve bu ne kadar kişisel olursa o kadar iyi. Neredeyse her zaman işe yarar. Örneğin, Aralık 2012'de ABD medyası, eğer kanun yapıcılar bir bütçe anlaşmasına varamasaydı uygulamaya geçecek olan otomatik harcama kesintileri ve vergi artışlarının birleşimi olan "mali uçuruma" kafayı takmıştı. Temsilciler Meclisi'nden bir üye, programlanmış bir televizyon söyleşisinden bir saat önce beni aradı. Mesajlarını benim dinlememi istiyordu. Bütün duyduğum "üstünde durulacak noktalar" idi, kibarca bunların yerine hikâyeler anlatmasını önerdim. Bir hemşire olan annesi ve mali uçurumun onu nasıl etkileyeceği hakkında bir hikâye anlatmasına karar verdik. Meclis üyesi hikâyeyi anlattı, sunucu hikâyeyi yayınladı ve politikacı bunu sonraki her söyleşisinde kullandı. Meclis üyesi mesajlarını karşıya aktarmakta bazen başarılıydı, bazen değil. Ancak annesi her zaman kabul gördü.

İnsanlar hikâyeleri sever. Profesyoneller nadiren kişisel hikâyeler anlatır, bu yüzden de anlattıklarında bunun etkisi büyük olur. Bugün CEO'lara basın söyleşileri ya da büyük sunumlar için koçluk ederken, onları her zaman kişisel bir hikâye anlatmaya teşvik ederim. Etkinliği sonradan aktaran sunucular ve blogcular hemen her zaman hikâyeyi de anlatırlar. Hiçbir teknik yüzde yüz garanti değildir ama hikâye anlatmak buna yaklaşabilir.

Başkalarının Hikâyeleri

Doktora sahibi, eğitim ve iş dünyasında yaratıcılık ve yenilik alanlarında lider Sir Ken Robinson, okulların yaratıcılığı öldürdüğünü söyler. Milyonlarca insan açıkça ona katılıyor, ya da savının kışkırtıcı olduğunu düşünüyor olmalı ki, 2006 TED konuşmasını izleyip paylaşmak için kendilerini zorunlu hissediyor. Bu, bütün zamanların en sevilen TED konuşmasıdır (bu bölümün yazıldığı sırada 14 milyon kez izlenmiştir). Robinson'ın sunumundan büyülendim, çünkü PowerPoint, görsel ya da sahne dekoru kullanmaz, ancak yine de izleyiciyle bağ kurar. Bunu analizin, verilerin, mizahın ve hikâyenin ustaca kullanımıyla yapar.

Yaratıcılığı Besleyen (Baltalamayan) Okullar

Robinson'ın en ilginç ve heyecanlı hikâyesi kendisiyle ilgili değil. Merkezdeki karakter, Robinson'ın söyleşi yaptığı birisi. Adı Gillian Lynne idi ve izleyicilerden birkaçı adını duymuştu. Asıl duydukları onun çalışmalarıydı. Lynne, *Kediler* ve *Operadaki Hayalet* müzikallerinin arkasındaki koreograftı. Robinson, Lynne'e nasıl dansçı olduğunu sormuş. O da, 1930'larda okula giderken, okul yöneticilerinin onun öğrenme bozukluğu olduğuna inandıklarını, çünkü konsantre olamadığını ve her zaman kıpır kıpır olduğunu söylemiş. "Sanırım şimdi olsa Dikkat Eksikliği ve Hiperaktivite Bozukluğu (DEHB) derlerdi. Siz demez miydiniz? Ama 1930'lardaydık ve o zaman DEHB icat edilmemişti. Adı konmuş bir durum değildi. İnsanlar böyle bir durumla karşılaşabileceklerini bilmiyorlardı,"[11] dedi Robinson kuru bir edayla, izleyiciler gülerken.

Robinson hikâyeye, Lynne'in annesi tarafından bir uzmana götürülmesiyle devam etti. Doktor, Lynne'i ve annesini yirmi dakika kadar dinledikten sonra, Lynne'e annesiyle özel olarak konuşmak istediğini söylemiş. "Ama onlar odadan çıkarken, masasındaki radyoyu açmış. Odadan çıktıklarında annesine, 'Sadece durup seyredin,' demiş. Bu sırada Lynne ayağa kalkıp müziğe göre hareket etmeye başlamış. Onu birkaç dakika seyretmişler ve doktor anneye dönüp, 'Bayan Lynne, Gillian hasta değil, dansçı,' demiş. 'Onu bir dans okuluna götürün.' Lynne dans okuluna gitmiş. Kraliyet Balesi'nde kariyer yapmış, Sir Andrew Lloyd Webber'le tanışmış ve tiyatro tarihindeki en önemli müzikallerden bazılarının koreografisinden sorumlu olmuş."

Robinson hikâyeyi, sunumunun sonucuna bir hazırlık olarak ve temasını güçlendirmek için kullanır: "TED'in kutladığı, insanın hayal gücü yeteneğidir. Bu yeteneği akıllıca kullanmaya ve konuştuğumuz senaryolardan bazılarını önlemeye dikkat etmeliyiz. Ve bunu yapabilmemizin tek yolu, yaratıcı kapasitelerimizin zenginliklerini ve çocuklarımızın verdiği umutları görerek olur. Görevimiz onların bütünsel benliklerini eğitmektir ki geleceği karşılayabilsinler."

Robinson, Gillian Lynne'in hikâyesini anlatmamış olsaydı izleyicinin, "bütünsel benlikleri eğitmek" çağrısını tam olarak anlaması zor olurdu. İnsanların soyut kavramları anlaması zordur. Hikâyeler soyut kavramları elle tutulur, duygusal ve hatırlanır fikirlere çevirir.

TED'e Yaraşır Bir Vaiz Kürsüde Hikâyeler Anlatır

Lakewood Kilisesi rahibi Joel Osteen hiç TED konuşması yapmamıştır, fakat her hafta vaazlarına şahsen katılan 40.000 kişiye ve televizyonda seyreden yedi milyona TED'e yaraşır bir performans sunar.

Osteen, TED tarzına uygun olarak, vaazına her zaman bir temayla başlar. Bir vaazına, "Sizinle bugün nasıl 'Geleceğinizde Evet Var',[12] bunu konuşacağım," diyerek başladı. Bir arkadaşı hakkında kısa bir anekdotla devam etti. Arkadaşı yıllardır çok çalışıyormuş. Bir gün bir şef emekli olmuş ve işe birkaç kişi aday olmuş. Osteen'in arkadaşının kıdemi varmış, fakat daha genç ve deneyimsiz biri için terfiden geri çevrilmiş. Arkadaşı kendisini aldatılmış hissetmiş ama gücenik davranmamış, ya da elinden gelenin en iyisini yapmaktan vazgeçmemiş. İki yıl sonra, bir kıdemli başkan yardımcısı emekli olmuş ve Osteen'in arkadaşı hak ettiği terfiyi almış. "Şimdi onun pozisyonu diğer eski şef pozisyonundan çok daha üst seviyede," dedi Osteen. "Şu anda bir 'hayır'da olabilirsiniz ama yardım yoldadır. İyileşme yoldadır. Terfi yoldadır. Kendinize, 'Hayır'da kalmayacağım. Evet geliyor, biliyorum,' deyin."

İzleyiciyle pathos kurduktan sonra, Osteen logos'a döndü ve izleyiciyle şu istatistikleri paylaştı: İlk işlerin yüzde 90'ının başarısız olduğunu söyledi. İkinci işlerin yüzde 90'ı başarılı olur, ancak iş sahiplerinin yüzde 80'i asla ikinci kez denemez. "İşlerinin başarılı olacağını görmekten birkaç 'hayır' uzakta olduklarını fark edemediler."

Osteen istatistiklerin peşinden daha pek çok hikâye anlattı. Karakterlerde *İncil*'den figürler, Lakewood ayinlerine katılan kişiler, tarihi kişilikler (Albert Einstein 2000 kez başarısız olmuştu) ve ön sırada oturan annesi vardı. Osteen makul derecede başarılı küçük bir işi olan arkadaşı hakkında bir hikâye anlattı. Arkadaşı işini büyütmek istiyormuş ve yıllardır çalıştığı bankaya gitmiş. Bir iş planı ve kanıtlanmış sonuçları varmış. Banka onu reddetmiş. İkinci bir banka da onu reddetmiş. "On banka, sonra yirmi banka... sanırsınız mesajı anladı," dedi Osteen. "Otuz banka onu reddetti. Sonra bir tane daha. Otuz bir banka hayır dedi. Sonra otuz ikinci banka geldi ve, 'Fikrinizi beğendik. Size bir şans tanıyacağız,' dedi. Tanrı kalbinize bir hayal koyarsa, başaracağınızı bilirsiniz. Her 'hayır'da, 'evet'e bir adım daha yakınsınız demektir."

Kişisel hikâyeler kendiniz hakkındaki hikâyelerdir, ama aynı zamanda izleyicinin sempati duyabileceği diğer insanlar hakkındadır. Osteen sevilen TED konuşmacılarıyla bir niteliği paylaşır: empati yaratmadaki ustalık. Empati, bir başkasının deneyimlediği duyguları tanıyıp hissetme kapasitesidir. Kendimizi başkalarının yerine koyarız. Hikâyelerin başka birisinin duygularını "deneyimlememize" nasıl yardım edebileceğini gördük. Kimi ünlü sinirbilimciler empati için donanımlı olduğumuza, bunun toplumu bir arada tutan sosyal bir yapıştırıcı olduğuna inanırlar. Bir sunumda, kendiniz *ya da* başka birisi hakkında konuşarak empati yaratabilirsiniz.

> Hemen herkesin hayatının gerçek, içsel hikâyesi –alçakgönüllülükle ve egoist davranmadan anlatıldığında– çok eğlencelidir. Konuşmayı ateşleyen malzemeler neredeyse hep buradan çıkar.
>
> – Dale Carnegie

Marka Hikâyeleri

Bir açılış konuşması yaptığım zaman, kişisel hikâyeler, şahsen tanıdığım, söyleşi yaptığım ya da hakkında bir şeyler okuduğum başka kişilerle ilgili hikâyeler ve müzakere ettiğim iş stratejisinden başarıyla faydalanmış markaların hikâyelerini anlatırım.

Her zaman kendi köşe yazılarım ve sunumlarım için hikâyeler ararım. Onları her yerde bulurum. Bir Virgin America uçağına bindiğimde pilotlarla konuştum ve markanın Twitter akışını takip ettiklerini öğrenince şaşırdım. Bu, müşterileriyle iletişim kurmak için sosyal medya kullanan markalar hakkında bir hikâyeye yol açtı. Bir Ritz-Carlton otelinde kaldığımda bir garsona neden bana ücretsiz meze verdiğini sordum. "İyi bir müşteri hizmeti sunmaya yetkim var," dedi. Bu, eleman sorumluluğu ve müşteri hizmeti üstüne birkaç hikâyeye yol açtı. Bir Apple mağazasına girdiğimde, elemanların bir müşteriyi ya satışa ya da marka bağlılığına götüren beş adımdan geçirdiklerini keşfettim. Bu deneyim yalnızca bir hikâyeye yol açmakla kalmadı, bunun hakkında bir kitap yazdım. Marka hikâyeleri her yerdedir.

Sevilen blogcu ve TED konuşmacısı Seth Godin de marka hikâyeleri anlatır ve bunu olağanüstü bir şekilde yapar. Şubat 2003'te Godin TED izleyicisine fikirlerini nasıl geliştireceklerini öğretti. Video çok başarılı oldu ve 1,5 milyondan fazla kez izlendi. U2'nun solisti bunun en sevdiği TED sunumu olduğunu söyledi. "Bu konuşma, medyada bir devrimi, hiç devrimci olmayan bir şekilde tanımlayarak, olduğundan daha hafif gösteriyor,"[13] dedi Bono. "Godin akıllı, komik bir adam."

Anlatacak Bir Hikâyesi Olan Akıllı, Komik Bir Adam

Godin, temasını destekleyen üç hikâye anlatır: Akıllı pazarlamacılar ürünlerini farklı tanıtır; sıradan olan sıkıcıdır. Godin yapılacak en riskli şeyin "güvenli" ya da ortalama olmak olduğunu ikna edici bir biçimde savunur ve bunu yaparken kısa ve basit hikâyeler kullanır.

Wonder Bread hakkında bir hikâyede, Godin şöyle anlatır:

Otto Rohwedder adında bu adam dilimlenmiş ekmeği keşfetti ve çoğu yatırımcı gibi patent kısmına ve üretim kısmına yoğunlaştı. Dilimlenmiş ekmeğin keşfinde önemli şey şudur – dilimlenmiş ekmek ortaya çıktıktan sonraki ilk on beş yıl kimse onu almadı; kimse varlığını bilmiyordu; tam bir başarısızlıktı. Ve sebebi şudur ki, Wonder ortaya çıkıp da dilimlenmiş ekmek fikrini nasıl yayacağını bulana kadar kimse onu istemedi. Dilimlenmiş ekmeğin başarısı, bu konferansta konuştuğumuz neredeyse her şeyin başarısı gibi, her zaman patentin nasıl olduğuna ya da fabrikanın nasıl olduğuna bağlı değildir – fikrinizi yayabiliyor musunuz yayamıyor musunuz ona bağlıdır.

Bir başka hikâyede Godin, Frank Gehry tasarımı, ünlü bir binanın fotoğrafını gösterdi. "Frank Gehry sadece bir müzeyi değiştirmekle kalmadı; dünyanın her yerinden insanların görmeye geldiği bir bina tasarlayarak bütün bir şehrin ekonomisini değiştirdi. Şimdi, Portland Belediye Meclisi'nde ya da kim bilir

Büyük şirketler, hikâyelerin, yüzü olmayan holdinglere bir insan yüzü sağladığını keşfediyorlar. Tostitos, Taco Bell, Domino's Pizza, Kashi, McDonald's ve Starbucks, ürünlerinin arkasındaki malzemeleri üreten çiftçileri öne çıkaran reklamlara dönüyor. İnsanlar, o ürünlerin nereden geldiğini bilince ve arkalarındaki gerçek insanları tanıyınca ürünlerle daha fazla ilgileniyor. Lush sabun mağazalar zinciri her ürünün üstüne gerçek bir çalışanının küçük bir resmini koyuyor – yüzler, o ürünü yapan kişilere ait. Lush her ürünün bir hikâyesi olduğuna inanıyor. Birçok başarılı markanın gerçek yüzler, gerçek insanlar ve gerçek hikâyeler içeren reklamlara milyonlar harcamasının bir nedeni var.

neredeki sayısız toplantıda, bir mimara ihtiyacımız var –Frank Gehry'yi getirebilir miyiz?– diyorlar. Çünkü o uçlarda bir şey yaptı."

Son olarak, Godin, Silk soya sütünün arkasındaki hikâyeyi anlattı: "Silk. Buzdolabı kısmındaki sütün yanına, buzdolabına konması gerekmeyen bir ürün koydu. Satışlar üçe katlandı. Neden? Süt, süt, süt, süt, süt – süt değil. Orada olan ve bu kısma bakan insanlar için dikkat çekiciydi. Satışlarını reklamla üçe katlamadılar; dikkat çekici bir şey yaparak üçe katladılar."[14]

Godin'in hikâyelerinin hepsi dikkat çekici markaları anlatır. Bir daha markette Silk ya da Wonder Bread gördüğünüz zaman, marka hakkında ve fikirler pazarında dikkat çekmek için kullandığınız mesajlar hakkında farklı düşüneceksiniz.

Zengin Bir Adam İçin Kolaylık ve Yoksul Bir Adam İçin Hayat Kurtarıcı

Her ürünün bir hikâyesi vardır, o ürünleri oluşturan her yeni girişimcinin olduğu gibi. Güney Afrika, Capetown'lu yirmi bir yaşındaki Ludwick Marishane 2011'de yılın küresel öğrenci girişimcisi seçilmişti, çünkü banyo yapmak istemiyordu. Marishane, dünyanın ilk su bazlı olmayan banyo losyonu DryBath'i keşfetti.

Marishane, icadı için bir asansör konuşması yaratsaydı, şunun gibi bir şey olurdu: "DryBath dünyanın banyo yerine geçecek ilk ve tek cilt jelidir. Cildinize uygularsınız ve yıkanmanıza gerek kalmaz." Burada ne eksik? Neden ve ne. Neden bunu icat etti ve faydası ne? Hikâyeler boşlukları doldurur.

Mayıs 2012'de TED Johannesburg'da Marishane neden ve neyi açıklayan bir hikâye anlattı. "Limpopo'da, Motetema adında küçük bir kasabada büyüdüm. Orada hava gibi su ve elektrik kaynağı da belirsizdir ve koşullar zordur. 17 yaşındayken kış mevsiminde birkaç arkadaşımla dinlenip güneşleniyorduk. Güneşlenirken yanımdaki en iyi arkadaşım, 'Yahu, birisi cildine süreceğin bir şey icat etse ve yıkanmana gerek kalmasa,' dedi. Otururken, 'İşte ben bunu alırdım!' diye düşündüm."[15]

Marishane eve gitti, araştırma yaptı ve "şok edici" istatistikler buldu. Dünyada 2,5 milyar insanın temizlik için uygun erişimi olmadığını, bunun 5 milyonunun da Güney Afrika'da olduğunu öğrendi. Bu ortamlarda korkunç hastalıklar gelişir. Örneğin her yıl trahom 8 milyon kişiyi kör eder. "Şok edici kısımsa şu; trahoma yakalanmayı önlemek için yapmanız gereken tek şey yüzünüzü yıkamaktır," dedi Marishane. Cep telefonundan ve internete kısıtlı erişimden başka bir şeyi olmayan Marishane araştırmayı yapıp 40 sayfalık bir iş planı hazırladı. Dört yıl sonra bir patent aldı ve DryBath doğdu. Ürünün değer önermesi: "DryBath zengin bir adam için kolaylık ve yoksul bir adam için hayat kurtarıcıdır." Her markanın, her ürünün bir hikâyesi vardır. Onu bulun ve anlatın.

Bir hikâye nedir? Jonah Sachs, *Winning the Story Wars*'da (Hikâye Savaşlarını Kazanmak) şu tanımı sunar: "Hikâyeler, bir hikâye anlatıcısının izleyicisini ikna etmesi için tasarlanmış belli bir tür insan iletişimidir. Hikâye anlatıcısı, bunu bir sahneye gerçek ya da kurgu karakterler yerleştirerek ve bir süre içinde bu karakterlere ne olduğunu göstererek yapar. Her karakter kendi değerlerine uygun olarak çeşitli hedefler peşinde koşar, yol boyunca zorluklarla karşılaşır ve hikâye anlatıcısının dünyanın nasıl işlediğine dair görüşüne göre başarılı ya da başarısız olur."[16] Sachs fikirlerin savaş alanında pazarlamacıların gizli bir silahı olduğuna inanır – iyi anlatılan bir hikâye. Sachs, çağdaş izleyicinin mesaj bombardımanına tutulduğunu ve tarihteki herhangi bir zamandan daha dirençli ve kuşkucu olduğunu söyler. Ancak, "Aynı izleyiciler, ilham aldıklarında, en sevdikleri mesajları yaymaya istekli ve kabildirler ve sevgilerini kazananlar için büyük bir viral etki yaratırlar."

Gladwell, Mutluluk ve Spagetti Sosu

Şubat 2004'te Monterey TED konferansında, *Kıvılcım Ânı* adlı kitabın yazarı Malcolm Gladwell, spagetti sosunu yeniden icat ederek ünlenen Howard Moskowitz adında bir adam hakkında basit bir hikâye anlattı. Sunumun başlığı, "Seçenek, Mutluluk ve Spagetti Sosu"ydu.

Hikâye şöyleydi: Campbell's Soup, Moskowitz'e, şirketin 1970'ler ve 1980'lerin dominant sosu Ragu'yla rekabet edecek bir spagetti sosu yapmasına yardım etmesi için başvurdu (Campbell's, Prego'yu yapmıştı). Prego daha kaliteli bir ürün olmasına karşın zorlanıyor gibi görünüyordu. Moskowitz şirketle 45 çeşit spagetti sosu yapmak üzere anlaşarak çalıştı. Her birinin tadım testleri için sosları yola çıkardı.

> Oturup spagetti sosu üstüne bütün bu verileri incelerseniz, bütün Amerikalıların üç sınıftan birine düştüğünü görürsünüz. Spagetti sosunu düz seven insanlar var; spagetti sosunu baharatlı seven insanlar var ve sosunu ekstra iri parçalı sevenler var. Bu üç olgudan üçüncüsü en önemlisiydi, çünkü o zaman, 1980'lerde süpermarkete gittiğinizde ekstra iri parçalı spagetti sosu bulamazdınız. Böylece Prego dönüp Howard'a, "Bana Amerikalıların üçte birinin canının ekstra iri parçalı spagetti sosu çektiğini ve kimsenin ihtiyaçlarına cevap vermediğini mi söylüyorsun?" dedi. O da evet dedi! Sonra Prego dönüp spagetti sosunu tamamen yeniden formüle etti ve ekstra iri taneli bir ürünle ortaya çıkıp ülkedeki spagetti sosu işini hemen ve tamamen ele geçirdi. Sonraki on yılda, ekstra iri parçalı soslarıyla 600 milyon dolar kazandı.[17]

Tüm gıda endüstrisi Moskowitz'in analizini fark etti. Gladwell'e göre, "14 değişik çeşit hardal ve 71 değişik çeşit zeytinyağı" olmasının sebebi buymuş. Ragu bile Moskowitz'i işe aldı ve bugün 36 çeşit Ragu spagetti sosu var. Gladwell, Moskowitz hikâyesini 10 dakikada anlattı. Kalan yedi dakikayı hikâyenin bize anlattığı dersleri sunarak geçirdi. Örneğin, insanların ne istediğini bilmediği ve bildiklerinde gerçekten istediklerinin ne olduğunu dile getirmekte zorlandıklarını söyledi.

> Gıda endüstrisinde bir numaralı varsayım, insanların ne yemek istediğini –insanları neyin mutlu edeceğini– bulmanın yolunun onlara sormak olduğuydu. Yıllar, yıllar ve yıllar boyunca Ragu ve Prego'nun odak grupları vardı ve insanları oturtup, "Bir spagetti sosunda ne ararsınız?" derlerdi. Bütün o yıllar boyunca –yirmi otuz yıl– bütün o odak grup oturumlarında kimse, ekstra iri parçalı istiyorum, demedi. Her ne kadar üçte biri, kalplerinin derinliklerinde gerçekte bunu dediyse de.

Gladwell sunumunu en güzel ders olarak adlandırdığı bir şeyle bitirdi: "İnsanların çeşitliliğini kucaklamakla gerçek mutluluğa giden daha kesin bir yol bulacağız."

Gladwell başarılı olur, çünkü belli bir kişi hakkında bir "kahraman" hikâyesiyle (bu bölümün devamında daha fazlasını öğreneceksiniz) başarılı bir marka hikâyesini birleştirir. İzleyiciniz tezahürat edecek birini ya da bir şey ister. İlham almak ister. Kendiniz, başkaları ya da başarılı markalar hakkında hikâyelerle onların hayal gücünü cezbedin.

TEDnot

NASIL BİR HİKÂYE ANLATABİLİRSİNİZ? İletişiminizde ya da bir sonraki sunumunuzda anlatabileceğiniz bir hikâye düşünün (kişisel, birisi hakkında ya da bir markayla ilgili). Eğer bunu zaten yapıyorsanız, TED'e yaraşır bir iletişicimci olmaya bir adım daha yakınsınız. Bir iş sunumunda hikâyeler anlatmak, insanların içeriği çok daha derin bir düzeyde deneyimlemelerini sağlar ve onları iş gezisine götürmenin sanal eşdeğeridir.

HİKÂYELERLE LİDERLİK EDİN VE İŞTE BAŞARILI OLUN

İyi anlatılmış bir hikâye, liderlere, rekabetin giderek arttığı bugünün pazarında sağlam bir avantaj sağlar. Güçlü bir anlatı, şirketinizin, ürününüzün veya fikrinizin başarıya ulaşacağına; müşterileri, çalışanları, yatırımcıları ve hissedarları ikna edebilir. Hepimiz doğal hikâye anlatıcısıyız, ama nasılsa şirketler dünyasına girdiğimizde bu yanımızı kaybediyoruz. Bu özellikle PowerPoint sunumları yaparken geçerlidir. Sunum moduna giriyoruz ve bilgi iletmenin en etkin yolunun hikâyenin duygusal bağından geçtiğini unutuyoruz. Hikâyeler kavram ve fikirleri gerçek ve elle tutulur yapar. "Çok uzun zamandır iş dünyası sözlü anlatının gücünü görmezden gelmiş ya da küçümsemiş, PowerPoint slaytlarını, olguları, rakamları ve verileri tercih etmiştir,"[18] der Peter Guber, Mandalay Entertainment'ın başkanı. *Batman* ve *Mor Yıllar* gibi filmlerin yapımcısı Guber, yalnızca hikâye anlatmanın gücü üstüne *Hikâyen Varsa Kazanırsın* adında bir kitap yazmıştır. "Ancak modern hayatın gürültü düzeyi bir kakofoniye dönüştükçe, gerçekten duyulabilecek anlamlı bir hikâye anlatma becerisine olan talep gitgide artmaktadır," diye ekler.

Batman Yapımcısı, Magic için Gözlerini Kapar

Guber'la sunumlarda hikâyenin gücü konusunda konuştum. Guber başarılı eğlence kariyerine dönüp baktıkça, başarısının çoğunun müşterileri, çalışanları, hissedarları, medyayı ve ortaklarını hikâye anlatarak ikna edebilme yeteneğine bağlı olduğunu fark etmiş. Guber büyük iş anlaşmalarını kaybettiğini, çünkü potansiyel yatırımcıları duygusal olarak çekmeyi ihmal edip onları veriler, istatistikler ve öngörülere boğduğunu söyledi. "Başarılı olmak için, başkalarını, vizyonunuz, hayaliniz ya da davanızı desteklemeye ikna etmeniz gerekir. Yöneticilerinizi motive etmek, hissedarlarınızı organize etmek, medyanızı şekillendirmek, müşterilerinizin ilgisini çekmek, yatırımcılarınızı kazanmak ya da bir iş bulmak istiyorsanız, dinleyicilerinizin dikkatini çekecek, amacınızı onlarınmış gibi duygusallaştıracak ve onları sizin lehinize harekete geçmek için etkileyecek bir çağrıda bulunmalısınız. Akıllarına olduğu kadar kalplerine de ulaşmalısınız – hikâye anlatmanın sağladığı da budur."[19]

1990'ların başında Guber'ın ofisinde olan bir olay, ona bir hikâyenin –ilgi uyandırıcı şekilde anlatılan– kendisi gibi en katı yöneticileri bile ikna edebileceğini fark ettirmiş. O zaman Guber, Sony Pictures'ın CEO'suymuş. Magic Johnson ve iş ortağı Ken Lombard, Guber'ı ofisinde ziyaret etmiş ve Lombard'ın ilk söy-

Sözlerin Gücü

Çok kullanılan moda sözcük ve klişelerden kaçının. Pazarlamacılar, "önde gelen", "çözümler" ve "ekosistem" gibi sözcükleri kullanmayı sever. Bu sözcükler boş, anlamsız ve o kadar çok kullanılmıştır ki bir zamanlar her ne güçleri varsa kaybetmişlerdir.

Fazla kullanılan metaforlar da sıkıcı olabilir. *The New York Times*'ta çıkan bir çalışmaya göre, "Beynin metaforları işleyiş şekli üstüne de geniş çalışmalar yapılmıştır; kimi biliminsanları 'kara gün' gibi söz sanatlarının çok tanıdık olduğunu ve sadece sözcüklerden öte bir şey olarak görülmediğini iddia eder."[20] Beyin taramaları, insanların ayrıntılı bir tanım, "çağrıştırıcı bir metafor ya da karakterler arasında duygusal bir konuşma" duyduklarında, beynin farklı alanlarının stimüle olduğunu gösteriyor. Sadece "lavanta kokusu" sözünü duymak beynin kokuyu ilgilendiren kısmını aktive eder. "Laboratuvarda özneler dokuyu ilgilendiren bir metafor okuduklarında, dokunarak dokuyu algılamaktan sorumlu duyusal korteks aktif hale geldi. 'Şarkıcının kadife gibi sesi vardı' ve 'Erkeğin kösele gibi elleri vardı' gibi metaforlar." Bir hikâye anlattığınızda, kesinlikle metaforlar, analojiler ve canlı bir dil kullanın, ama klişeler, moda sözcükler ve jargonu eleyin. Seyirciniz milyon kez işittiği ifadeleri duymazdan gelecektir.

lediği, "Gözlerinizi kapayın. Size yabancı bir ülke hakkında bir hikâye anlatacağız," olmuş.[21] Guber bunun biraz "alışılmadık" olduğunu düşünmüş ama gözlerini kapayıp beklemiş. Lombard eklemiş, "Güçlü müşteri tabanı olan bir yer, harika konum ve nitelikli yatırımcılar. Avrupa, Asya ve Güney Amerika'da sinema inşa etmek nasıldır biliyorsunuz. Farklı dilleri, farklı kültürleri, farklı sorunları olan yabancı ülkelerde yatırım yapmak nasıldır biliyorsunuz. Sizin yaptığınız Peter, o ülkede dili konuşan, kültürü bilen ve yerel sorunları halleden bir ortak bulmak. Doğru mu?" Guber gözleri kapalı halde başıyla onaylamış. Peki ya size zaten İngilizce konuşan, filmlere aç, pek çok elverişli emlağı olan ve rekabet olmayan bir vaat edilmiş ülkeden söz etsem? Bu vaat edilmiş ülke buradan on kilometre uzakta."

Lombard ve Johnson, yetersiz hizmet alan toplumlara sinema inşa etmek konusunda Guber'a teklif yapıyordu. Lombard ve Johnson kendilerini anlatının kahramanları, Guber'a vaat edilmiş ülkeye varmak için yolu bulmakta yardım edecek karakterler olarak sundular. Açılışının ilk dört haftasında, ilk Magic Johnson Sineması, Sony zincirinde en çok kazanç getiren beş sinemadan biriydi.

Guber bana hikâye anlatmanın, bir dinleyiciyi fikrinize ikna etme amaçlı her konuşmanın bir parçası olması gerektiğini hatırlattı – ister resmi bir sunum olsun ister bir sohbet. Guber işindeki kırk yılına bakınca, müşterileri, çalışanları, hissedarları ve ortakları hikâye anlatarak ikna etme yeteneğinin en büyük rekabet avantajı olduğunu söyler.

David ve Susan'la Tanışın

Toshiba Medical Systems devrim niteliğinde yeni bir CT taramasının lansmanının ardından, küresel tanıtım için hikâyeyi şekillendirmelerine yardım etmek üzere bir grup yöneticiyle buluştum. Makinenin verdiği üç boyutlu kalp ve beyin görüntüleri gerçekten etkileyiciydi, ama eşit derecede etkileyici bir sunumu izleyiciyi sıkıcı verilere boğmadan nasıl yapabilirdik? Bir hikâye anlattık.

Yüzde 2700 Geri Dönüşlü Bir Hikâye

Significantobjects.com, hikâyenin gücüne adanmış bir web sitesidir. Significant Objects, Rob Walker ve Joshua Glenn tarafından geliştirilen sosyal ve antropolojik bir deneyimdi. İki araştırmacı bir hipotezle başladı: Bir yazar bir nesne hakkında bir hikâye uydurabilir ve bunu yaparken nesneyi öznel bir anlamla donatarak onun nesnel değerini artırabilir. Araştırmacılar eskici dükkânlarından ve garaj satışlarından nesneler sergiledi. Nesneler bir iki dolardan fazla tutmuyordu. Deneyin ikinci aşamasında, bir yazar nesne hakkında kısa, kurgusal bir hikâye yazdı. Üçüncü adımda nesne eBay'de açıkartırmaya çıkarıldı.

Araştırmacılar 128,74 dolar değerinde nesne satın aldı. Eskici dükkânı "ıvır zıvırı" toplam 3612,51 dolara satıldı. Araştırmacılar anlatının sıradan nesneleri sıradışı önemle donatabileceğini keşfettiler. Bir hikâye ortalama ürünün fiyatını yüzde 2700 artırmıştı. Örneğin, bir sahte muz 25 sent tutmuştu ve bir hikâye eklendikten sonra eBay'de 76 dolara satıldı. Minyatür bir hindi yemeği ücretsiz elde edilmişti (sahibi sadece raftan gitsin istiyordu) ve Jenny Offill bunun hakkında yaratıcı bir hikâye yazdıktan sonra 30 dolara satıldı. Significant Objects sitesine göre, "Hikâyeler duygusal değere öyle güçlü etki eder ki herhangi bir nesnenin öznel değeri üstündeki etkileri gerçekte nesnel olarak ölçülebilir."[22]

Basın toplantısında, gerçekte var olmayan ama lansman amaçları için var olan David ve Susan'ı tanıttık. Sunum, bu yeni tıbbi cihazın doktorların doğru bir teşhis yapabilmeleri için zamanı ne kadar kısaltabileceğini, böylece iki karakterin hayatını kurtarabileceğini gösterdi. "David" ve "Susan"a isimler, yüzler verdik ve hayatları hakkında ayrıntılı bilgi sunduk. İzleyicinin ekranda yansıtılan yüzlerde kendilerini ya da sevdiklerini görmesini istedik. Konferansa katılan doktorlar daha sonra konuşmacılara "David ve Susan" kısmının en sevdikleri bölüm olduğunu söylediler. Bu bölüm, bilgi iletmiş ve aynı zamanda duygusal bir bağ oluşturmuştu.

İyi bir hikâye anlatmak için, iPhone gibi devrim yaratan bir ürün ya da 2 milyon dolarlık tıbbi bir cihaz sunmanız gerekmez. Bir iş görüşmesinde, bir ekibi yönetmekte ya da zor bir işi yapmaktaki başarınız hakkında kişisel bir hikâye anlatın. Yeni bir işin yatırımcıya sunumunda, ürününüzün ekonomik darboğaza karşın bir müşterinin satışını artırmasına nasıl yardım ettiği hakkında bir hikâye anlatın. Bir ürün lansmanında ürünün oluşumunun arkasındaki kişisel hikâyeyi anlatın. Anlattığınız hikâyeleri kaç kişinin hatırladığına şaşırabilirsiniz.

BANA ÖZDEŞLİK KURABİLECEĞİM BİR KARAKTER VERİN

Yirminci yüzyılda yaşamış Amerikan yazarı Kurt Vonnegut usta bir hikâye anlatıcısı sayılırdı. İnternette Kurt Vonnegut'u, sevilen hikâyelerin biçimini anlatırken gösteren bir video klibi çıktı. Başarılı hikâyelerin –çoğu insanla duygusal bağ kuranların– basit biçimleri vardır. Bunu göstermek için, Vonnegut bir grafiğe iki çizgi çizdi (şekil 2.3.'e bakın). *Y* eksenine "Kötü Şans" için K ve "İyi Şans" için İ harfi koydu. *X* eksenine "Başlangıç" için B ve "Son" için S harfi koydu.

İlk hikâye biçimini "Başı Derde Giren Adam" diye adlandırdı. "Birisinin başı belaya girer, sonra kurtulur. İnsanlar bu hikâyeye bayılır. Bundan hiç bıkmazlar!"[23] İkinci hikâye biçimi, "Oğlan Kızı Elde Eder" adındaydı. Hikâye sıradan bir günde sıradan biriyle ve o kişiye iyi bir şey olmasıyla başlar. Elbette o kişi iyi talihini kaybetme noktasına gelir ve tekrar elde ederek hikâyeyi mutlu bitirir. "İnsanlar bunu sever," dedi Vonnegut. Sonra, son hikâye şeklinin Batı uygarlığında en sevilen tür olduğunu söyledi. "Her yeniden anlatıldığında birisi bir milyon daha ka-

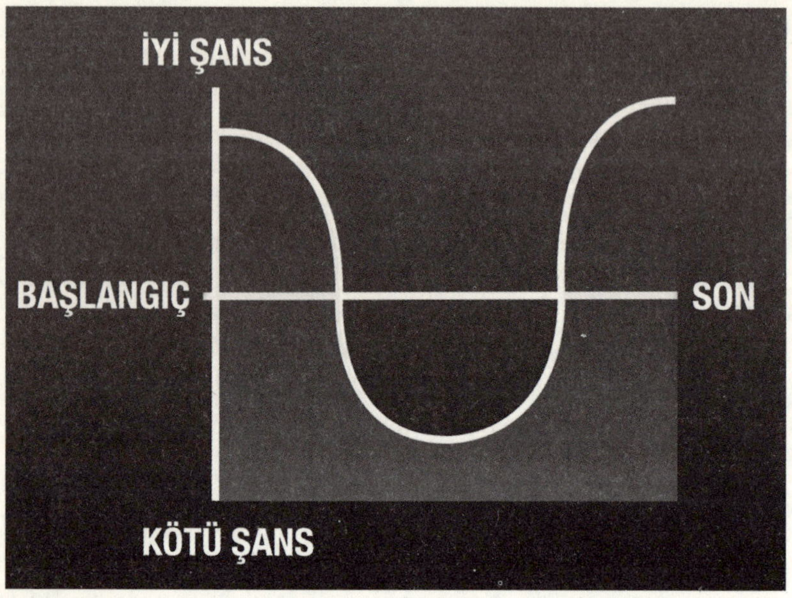

2.3. Kurt Vonnegut'un hikâye grafiğinin yeniden oluşturulması. Empowered Presentations @empoweredpres tarafından yapılmıştır.

zanır. Bunu siz de yapabilirsiniz," dedi Vonnegut gülümseyerek.

Eğer izleyicinizi etkilemek istiyorsanız, hikâyenin korkunç bir talihle K-İ çizgisinin dibinde başlaması gerekir. "Küçük bir kızla başlayalım. Annesi ölmüş. Babası, iki kötü kızı olan alçak bir kadınla evlenmiş. Bunu duymuş muydunuz?" İzleyici, Vonnegut'un *Külkedisi*'ni anlattığını görerek kahkahayla gürler. "Sarayda o akşam bir parti vardır ve kız gidemez." İyilik perisi partiye hazırlanmasına yardım ettikten ve bir prensle tanıştıktan sonra kahraman yine sendeleyip K-İ çizgisinin biraz altına iner ama tekrar tamamen dibe düşmez. Hikâye devam ederken, ayakkabı uyar, prensle evlenir ve "ölçüsüz mutluluğa erişir".

Vonnegut'un yazma tavsiyesi: "Okura özdeşlik kurabileceği en az bir karakter verin."

Büyük bir ABD bankası olan Chase'ten bir yöneticiyle, United Way için yapması istenen bir sunumun içeriğini hazırlamasına yardım etmek için çalışırken aklımda Vonnegut'un hikâye anlatma tablosu vardı. Kendisi kişisel olarak United Way'in programlarından faydalanmıştı, ama anlatmak istediği hikâye şirketinin organizasyona bağlılığı, çalışanlarının ne kadar katkıda bulunduğu vb. hakkındaydı. İlk slaytları da grafikler ve rakamlarla yüklüydü. İyi bilgi, ancak pek duygusal değil.

"Bir an için slaytları unutalım. Bana United Way'e olan kişisel bağınızı anlatın," dedim. Sonra söylediği şey beni şaşırttı.

"Babam bütün aileyi terk ettiğinde iki yaşındaydım. Annem yeniden evlendiğinde dört yaşındaydım ve tacizin tanımını o zaman öğrendim. İlk canlı anım, annemin bir cam yığını içinde yatışı ve üvey babamın eğer istediğini tam olarak yapmazsa boğazını kesmekle tehdit ederek duruşuydu. Babam nerede ve neden bu adamın bize bunu yapmasına izin veriyor, diye düşündüğümü hatırlıyorum."

Yönetici bana büyüdüğünde ne kadar kızgın bir genç adama dönüştüğünü anlattı. Yirmi beş yaşında bir United Way ajansına kaydolmuştu ve bu programı ona davranışlarını nasıl kontrol edeceğini öğrettiği ve onu doğru yola yönlendirdiği için övdü. Ayrıca ona nasıl iyi bir baba olacağını da öğretmiş. "Olduğum adamdan gurur duyuyorum. Bana öğrettiklerinden gurur duyuyorum," dedi.

Tüylerimin ürpermesi yatıştıktan sonra, yöneticiyi mevcut PowerPoint sunumundan kurtulup hikâyelerle ve resimlerle açılış yapmaya cesaretlendirdim. Aynen bunu yaptı, biyolojik babasının onu ve erkek kardeşini tutarken siyah beyaz bir resmini, annesinin resimlerini, sonra kendisinin ve ailesinin resimlerini, "olduğu adamın" resimlerini gösterdi. Yönetici, seyirci tarafından ayakta alkışlandı, pek çoğunu gözyaşlarına boğdu ve sunumunu şirket içi çalışanlardan oluşan izleyiciye tekrarladıktan sonra, bankasının herhangi bir bölümündeki en büyük çalışan katkısını ortaya çıkardı.

Şimdi anlattığım United Way sunumu uç bir örnektir – size aile dolabınızdaki bütün iskeletleri ortaya çıkarın demiyorum. Fakat sizi, sizin ve konunuz için anlamlı olan bir kişisel bir hikâyeyi benimsemeye, sahip çıkmaya ve paylaşmaya teşvik ediyorum.

TEDnot

KAHRAMANLAR VE HAİNLER SUNUN. İster bir film olsun, ister roman, her iyi hikâyenin bir kahramanı ve bir haini vardır. Güçlü bir iş sunumunda da aynı oyuncular vardır. Bir konuşmacı, bir iş ya da endüstriye meydan okuyan bir şeyi (hain) açığa çıkarır. Kahraman (marka kahramanı) bu meydan okumaya karşı gelir. Sonunda kasaba halkı (müşteriler) hainden kurtarılır, mücadele biter ve herkes mutlu yaşar. Bazı durumlarda hain gerçek birisi ya da bir rakip olabilir, ama bu durumlarda dikkatli adım atın. En önemlisi, kahramanınızın –ürününüz, markanız ya da fikriniz– günü kurtarmaya geldiğinden emin olun.

TED, yıllık konferansına konuşma yapmaları için insanları davet ettiğinde, üstünde 10 TED Emri'nin yazılı olduğu bir taş levha gönderir. Dördüncü emir, Bir Hikâye Anlatacaksın, der. Romancı Isabele Allende'ye bunu söylemeye gerek yoktu. Allende, tutku üstüne hikâyeler yazarak hayatını kazanır.

Allende 2007 TED konuşmasında, büyük karakterler hakkında bir reçete açıklamıştı. "Sağduyulu iyi insanlar ilginç karakterler oluşturmaz. Onlardan sadece iyi eski eş olur,"[24] demişti Allende bir oda dolusu kahkahaya neden olarak. "Tutku burada yaşar," diye devam etti. "Bizi yöneten ve kaderimizi saptayan kalptir. Kitaplarımdaki karakterler için ihtiyacım olan budur: tutkulu bir kalp. Soru sorup kuralları çiğneyen ve risk alan başına buyruklar, aykırılar, maceracılar, dışlanmışlar ve asiler. Bu odadaki hepiniz gibi insanlar."

Sır #2: Hikâye Anlatma Sanatında Ustalaşın

Büyük konuşmacılar gerçekten de başına buyruk, maceracı ve risk alan, kuralları çiğneyen asilerdir. Konuya olan tutkularını ifade etmek ve izleyicileriyle bağ kurmak için hikâyeler anlatırlar. Fikirler, yirmi birinci yüzyılın geçer akçesidir ve hikâyeler o akçenin elden ele geçmesini sağlar. Hikâyeler gösterir, aydınlatır ve ilham verir.

3

Sohbet Edin

Yapana kadar taklit etmeyin.
Ona dönüşene kadar taklit edin.

– AMY CUDDY, PROFESÖR, HARVARD İŞLETME OKULU

DOĞAL GÖRÜNMEK ALIŞTIRMA GEREKTİRİR – TED 2013'te oldukça ilgi toplayan Amanda Palmer'a sorun. Palmer'ın sunumu "İsteme Sanatı", TED.com'a konmasının ardından günler içinde bir milyondan fazla kez izlendi. Sunumundan bir hafta sonra Palmer, blogunda uzunca bir yazı yazarak ona hayatının konuşmasını oluşturması, prova etmesi ve sunmasında yardım eden pek çok kişiye teşekkür etti. Gerçekten de bir TED konuşmasını ortaya çıkarmak birçok kişinin yardımını gerektiriyordu. Yazı ayrıca insanları içtenlikle duygulandıran bir sunum yapmanın zor iş olduğunu onaylıyor.

Sır #3: Sohbet Edin

Durmaksızın prova yapın ve içeriğinizi öyle içselleştirin ki sunumu yakın bir arkadaşınızla sohbet eder gibi rahatça yapabilin.

Neden işe yarar: Gerçek ikna, sadece dinleyenlerinizle duygusal bir ahenk yakaladıktan ve güvenlerini kazandıktan sonra olur. Eğer sesiniz, jestleriniz ve beden diliniz sözlerinizle uyumsuzsa dinleyiciniz mesajınıza güvenmeyecektir. Bu, bir Ferrari'ye (harika bir hikâye) sahip olup kullanmayı (anlatmak) bilmemenin eşdeğeridir.

İSTEME... VE PROVA YAPMA SANATI

Amanda Palmer, TED 2013'te hakkında en çok konuşulan sunumu yaptı. Palmer, yaptığı punk rock/indie/kabare müziğin herkese göre olmadığını kabul eden ilk kişidir, ama onun müziğini sevseniz de sevmeseniz de, topluluk önünde konuşmaya yaklaşımından hepimiz bir şey öğrenebiliriz.

Palmer bir gösteri sanatçısı ve müzisyendir. Kısa bir sunum yaparken rahat olacağını sanırsınız. Onun bir gösterici *olduğu* olgusu, sunumu doğru yapmak için neden dört aylık bir süre içinde sayısız saatler geçirdiğini açıklar. "Bu konuşma için, yazıp silip yeniden yazarak ve saat tutup yeniden saat tutarak ve ayar yaparak ve mükemmel bilgileri 12 kısa dakikaya sığdırmaya çalışarak köle gibi çalıştım,"[1] diye açıklamıştı Palmer blogunda.

Palmer, TED sunumunun oluşturulması hakkındaki otuz sayfalık blogunda, katkıları için 105 kişiye teşekkür ediyor ve başarısı için onlara pay veriyordu. Palmer'ın ilk akıl hocası, TED'e müzik programlamasında yardım eden "Bilim" müzisyeni Thomas Dolby idi. "Tamamen sahici ol," diye önermişti.

Sahicilik kendiliğinden olmaz. Evet doğru: *Sahicilik kendiliğinden olmaz*. Bu nasıl olur? Sonunda, eğer sahiciyseniz, hiç alıştırma yapmadan yürekten konuşmanız akla yatkın değil midir? Şart değil. Sahici bir sunum saatlerce çalışmayı gerektirir – ruhunuzu hiç olmadığı kadar daha derinine kazarak, konunuz hakkında nasıl *hissettiğinizi* en iyi anlatacak doğru sözcükleri seçip o sözcükleri en yüksek etkiyi yapmaları için sunarak ve sözsüz iletişiminizin –jestleriniz, yüz ifadeleriniz ve beden dilinizin– mesajınızla uyumlu olduğundan emin olarak.

Eğer sohbet etmeyi prova etmezseniz, hikâyenize odaklanmak ve dinleyicinizle duygusal bir bağ kurmak yerine milyonlarca başka şey düşüneceksiniz. "Bu slayt üstüne bir canlandırma yaptım mı? Bir sonraki ne olacak? Slayt kumandası neden çalışmıyor? Şimdi hangi hikâyeyi anlatmayı planlamıştım?" İfadeleriniz ve beden diliniz belirsizliğinizi yansıtacaktır. Hiç dans öğrenmeye çalıştınız mı? Kişiye önce adım saymak öğretilir. Hatta kendi kendilerine konuşurlar. Sadece saatler ve saatlerce çalışma sonrası doğal görünürler. Aynı kural bir sunum için de geçerlidir. Kolay göstermek, Palmer'ın aylarca çok çalışmasını gerektirdi.

Dolby'yle görüştükten sonra, Palmer sunum mükemmeliyetine doğru yolculuğuna devam etti. Palmer'ın, hayatının sunumunu oluşturup yapmak için attığı üç adım şöyleydi:

1. Planlama İçin Yardım

Palmer yıllarca sevilen bir blog yürütmüştür. Okurlara önerilerini sorarak konusu için tam anlamıyla bir "kitle-kaynak" uygulaması yapmıştır. Sizi en iyi tanıyan insanlardan yardım isteyin – ister bir blogda, Twitter'da, ya da aile, arkadaş, meslektaşlar arasında. İzleyici önce büyük resmi görmek isteyebilir ve o zaman ayrıntılarda kaybolabilirsiniz. İzleyicinin gerçekte daha basit bir açıklamaya ihtiyacı varken, neden söz ettiğinizi tam olarak bildiklerini sanabilirsiniz. Bunun gibi bir araştırma izleyicinizle bir bağ kurmanız için esastır.

2. Erken Geribildirim

Palmer konuşmasını yüksek sesle okudu ve dinleyen ilk kişiler sıkıldı. Onları kaybediyordu. Eski tiyatro yönetmeni ve liseden rehberi ona ilk taslak için "acımasız bir geribildirim" verdi. Palmer TED konuşmacısı ve blogcu Seth Godin'e ulaştığında, "Savunmasız kal," yanıtını aldı.

Erken geribildirim istemek ve almak sadece başlangıçtı. Düzinelerle arkadaş, uzman, blogcu ve konuşmacı sunumunun içeriğini okudu ya da Palmer'ın konusuna nasıl can vereceğine dair fikir alışverişinde bulundular. Palmer barda yalnız oturan bir kıza bile yaklaşıp, "Size bir hikâye anlatabilir miyim?" diye sordu.

Gördüğüm en iyi sunumlar, ürünün ya da şirketin arkasındaki hikâyeyi ve anlatımı oluşturmak için yüzlerce saat çalışma gerektirmişti. Apple'da 20 dakikalık bir ürün tanıtımı; sunum tasarımcılarının, teknik uzmanların, pazarlama profesyonellerinin ve son sunumu yapan yöneticilerin toplam 250 saatini almıştı.

TEDnot

İNSANLARIN ÖNÜNDE PROVA YAPIN, KAYDEDİN VE TEKRAR İZLEYİN. Arkadaşlarınızdan ve meslektaşlarınızdan sunumunuzu izlemelerini ve açık, dürüst geribildirim yapmalarını isteyin. Bir de kayıt cihazı kullanın. Akıllı bir telefonu bir tripoda kurun ya da bir video kamera alın. Hangi yöntemi seçerseniz seçin kendinizi kaydedin. Bunun profesyonel yayın kalitesinde olması gerekmez. Başka birine göstermeye karar vermedikçe sizden başkası görmeyecektir. Yakaladığınız şeylere şaşabilirsiniz – "ııı" ve "ya" gibi sesli boşluk doldurucular; burnunuzu kaşımak ya da saçınızı arkaya atmak gibi dikkat dağıtan el hareketleri; göz teması eksikliği vb. Konuşmanızın hızına dikkat edin ve başkalarının fikrini sorun. Çok mu hızlı? Çok yavaş? Video kamera topluluk önünde konuşma yeteneğinizi geliştirecek en iyi araçtır.

3. Prova, Prova, Prova

Palmer bloguna, bir oturma odasında herkesin yemek getirdiği bir toplantıda, iki düzine insanın onu TED konuşmasını yaparken izlediği bir fotoğraf koydu. Davet ettiği kişiler arasında arkadaşlar, müzisyenler, mühendisler, bir yoga öğretmeni, bir risk sermayedarı, bir fotoğrafçı, bir psikoloji profesörü vardı. Bu çok parlak bir fikirdi. Yaratıcılık farklı görüşlerde büyür.

Palmer insanların önünde prova etmek için her fırsatı kullandı. Yemekli toplantıdan birkaç gün sonra aynı sunumu Boston'da bir güzel sanatlar okulunun öğrencilerine yaptı. Öğretmen Palmer'ı, TED'le ilgisi olmayan bir konuda sınıfa konuşma yapması için davet etmişti. Öğretmene bunun yerine TED konuşmasını sunup sunamayacağını sordu ve öğretmen de bunu heyecanla kabul etti. Palmer öğrencilerden kameralarını kapatmalarını istedi ve "hâlâ tam bitmemiş bir konuşma" sundu. Palmer sunumu öğrencilerin tepkilerine göre düzeltti ve alelacele bir araya toplayabildiği her küçük gruba sunmaya devam etti.

Konuşmadan üç gün önce Palmer sunumun taslağını uzun, upuzun bir kâğıda çizip yere yaydı. Bu, Palmer'ın bütün sunumun akışını "görmesini" sağlayan harika bir bellek aracıydı. Kaliforniya'ya uçak yolculuğunda Palmer yanındaki kişiyi şizofren olmadığına, sadece prova yaptığına dair uyararak yüksek sesle prova etmeye devam etti.

Yine de bitirmemişti.

Long Beach'e varır varmaz bir arkadaşına Skype ile sunumunu dinletti. Ayrıca TED ekibine sunumunu iki kez yaptı, bir kez Skype'da ve bir kez de kostümlü provada sahnede.

Palmer'ın konuşmasının başlığı, "İsteme Sanatı"ydı. Aslında "Bağ Kurma Sanatı" da olabilirdi, çünkü Palmer bunu yaptı. Palmer'ınki gibi zafer kazanan bir sunum saatler ve saatlerce prova ve devasa miktarda tavsiye olmadan olmaz. "Eğer bunu tek başıma yapsaydım, herhalde iyi bir konuşma olmayacaktı. Bütün bu insanlar bunu harika bir konuşma yaptı," dedi Palmer.

Beden dilini ve sunumlarını geliştirmek isteyen konuşmacılarla çalışırken, sunumlarını gerçek, söyleşi benzeri bir biçimde

Steve Jobs ve 10.000 Saat Kuralı

Belli bir beceride ustalaşmak için 10.000 saat gerektiği bilinen bir teoridir – piyano çalmak, basket atmak, tenis topuna vurmak vb. Ben bunun topluluk önünde konuşma için de geçerli olduğuna inanıyorum. Birçok kişi bana asla Steve Jobs ya da iş dünyasından başka harika konuşmacılar kadar gösterişli olamayacaklarını, çünkü "bunda iyi olmadıklarını" söyler. Doğrusu, Steve Jobs da bir zamanlar iyi değildi. Bunun için çalıştı.

1970'lerin ortalarında Steve Jobs'un ilk televizyon söyleşisinin bir videosu YouTube'da çıktı. Söyleşi başlamadan önce Jobs bir sandalyede oturuyordu. Gözle görülür şekilde gergindi ve tuvaletin yerini sordu, çünkü kusacağını sanıyordu. "Şaka yapmıyorum," dedi ısrarla. Başlangıçtaki sunumlarında, 1984'te Macintosh'un tanıtımı dahil, Jobs kürsüye tutunup hazır notlardan okuyordu ve kaskatıydı. Her yıl daha iyileşti. Aslında her on yılda tarzında ve sunumunda önemli bir gelişme oldu. Jobs bir sunum için yaptığı bitmek bilmez provalarla ün yaptı – haftalar ve saatler boyunca. Sonunda Jobs, dünya sahnesinde en karizmatik iş liderleri arasında sayıldı. Pek çok kişinin fark etmediği, Jobs bu işi zahmetsiz gösteriyordu, çünkü bunun için çalıştı!

yapabilmeyi öğrenebilmeleri için üç şeyin önemini anlatırım: Tutku, Prova, Duruş. İlk adım, konuşmacının neye tutkusunun olduğunu ve bunu mesajıyla nasıl ilişkilendireceğini belirlemeyi gerektirir. Sonraki adım, prova, prova, provadır. Ancak bu iki şart yerine getirildiğinde gerçek duruş yüzeye çıkacaktır. Palmer konu hakkında tutkuludur, çünkü bu onun kimliği için esastır, saatlerce prova etmiş ve sonuçta sahneye egemen olmuştur.

Kimse elinde PowerPoint kumandasıyla doğmamıştır. İnsanların çoğu, bir hikâyenin özünü kısa bir sürede çıkarıp, hayalinde canlandırıp, hayata geçirip çok kez prova etmeden hakkında rahatça konuşma yeteneğiyle doğmamıştır. Ancak size kaç defa, "Carmine, topluluk önünde konuşmak bana diğer insanlara olduğu gibi doğal gelmiyor," dendiğini duyduğumu söyleyemem. Size bir haberim var – bu diğerlerine de doğal gelmiyor. Zaman harcayın. Fikirleriniz çaba göstermeye değer.

Eğer amacınız seyircinizi hayran bırakacak unutulmaz bir sunum yapmaksa, o zaman prova etmelisiniz. Prova seanslarınızda nasıl duyulduğunuza (sözlü iletim) ve nasıl göründüğünüze (beden dili) dikkat etmelisiniz. Bir zafer paketinin iki bileşenini de inceleyelim.

İNSANLARIN DİNLEMESİ İÇİN NASIL SÖYLEMELİ

Sözlü iletinin dört unsuru: hız, ses kuvveti, ses perdesi ve duraklamalar.

HIZ: Konuşma hızınız

SES KUVVETİ: Yükseklik ya da alçaklık

SES PERDESİ: Yüksek ya da düşük tonlamalar

DURAKLAMALAR: Ana sözcükleri vurgulamak için kısa aralar

Yazılı metni okurken bir sözcük ya da ifadenin altını çizmek doğal olacaktır. Alt çizmenin sözlü karşılığı, sesinizi yükseltip alçaltmak, sözcükleri hangi hızla söylediğiniz ve/ya da ana sözcük ya da ifadeyi dile getirmeden önce bir duraklamayla kenara ayırmaktır. Bu dört unsurun her biri önemlidir ve size bu bölümde her birinden örnekler vereceğim ama konuşmanın hızı doğru değilse başka hiçbir şeyin önemi yoktur.

Topluluk Önünde Konuşmanın İdeal Hızı

Çalışmalar, sesli kitap için ideal konuşma hızının dakikada 150 ila 160 sözcük arasında olduğunu gösterir. Bu, çoğu dinleyicinin bilgiyi rahatça duyup, özümseyip hatırlayabileceği hız gibi görünür.[2] Sesli kitaplar için kendi metnimi okumuş biri olarak, size dikte etmenin ideal hızının normal konuşma hızından biraz daha düşük olduğunu söyleyebilirim.

The Presentation Secrets of Steve Jobs (Steve Jobs'un Sunum Sırları) adlı kitabımın sesli kitap versiyonunu okumam istendiğinde, dört gün boyunca Berkeley'de bir ses stüdyosunda oturup, sık sık ballı ılık çay yudumları arasında kitabın her cümlesini dikkatle okudum. Yayıncı bana dikte etmede yardımcı olması için profesyonel bir seslendirme koçu atamıştı. Ses koçuna göre en büyük sorunum çok hızlı konuşuyor olmamdı.

"Ama günlük konuşmalarda hep konuştuğum gibi konuşuyorum," dedim.

"Bu 'günlük bir konuşma' değil," dedi ses koçu. "Sesli kitaplar biraz daha düşük hızla okunmalıdır, çünkü insanlar bunları genellikle arabalarında dinler. Sizin dudaklarınızı ve yüz ifadelerinizi görme gibi ek duyusal verileri yoktur."

Seslendirme sanatçıları ve profesyonel olarak kitap okumaktan para kazananlar sesli kitapların yüz yüze konuşmalardan biraz daha düşük hızda okunması gerektiğini söylerler. Böylece bir sesli kitap dakikada 150 sözcükle okunuyorsa, şahsen yapılan bir sunumda, eklenen el hareketleri, göz teması ve yüz ifadeleri nedeniyle ideal konuşma hızının *biraz daha hızlı* olması mantıklıdır.

Bu teoriyi, kitabın başında tanıdığınız vatandaşlık hakları avukatı Bryan Stevenson'ın sözel hızını inceleyerek denedim. Hatırlarsanız Stevenson ABD Anayasa Mahkemesi önünde davaları başarıyla savunan bir konuşmacıdır. Bir gazeteci ve iletişim koçu olarak, kariyerimde yüzlerce TED sunumunu ve binlerce başka sunumu inceledikten sonra Stevenson'ın şimdiye kadar gördüğüm konuşmacıların içinde en rahat tempoya sahip kişi olduğuna ikna oldum. Size okumaz; sizinle sohbet eder.

Stevenson'a konuşma tarzı hakkında sorduğumda, bir arkadaşıyla bir restoranda konuşur gibi algılanmayı sevdiğini söyledi. Eğer teorim –iyi bir konuşmacının dakikada 150 sözcüklü ideal bir sesli kitap anlatımından biraz daha hızlı konuştuğu– doğruysa o zaman Stevenson bunu yansıtmalıdır. Gerçekten de, şimdi artık ünlü olan TED konuşmasında, Stevenson dakikada 190 sözcükle *biraz daha hızlı* konuşur.

Teoriyi daha da fazla denemek istedim. Eğer Stevenson topluluk önünde sunumların *goldilocks** halini yansıtıyorsa –ne fazla hızlı, ne fazla yavaş– süper yüksek enerjili bir konuşmacının Stevenson'dan çok çok daha hızlı konuşması gerekir. 2006'da bir TED konuşması yapan motivasyon gurusu Tony Robbins'e döndüm. O konuşmada Robbins dakikada 250 sözcükle konuşmuştu. Bu hız, sahneye fırlayıp kollarını çılgınca sallayan, hoplayıp zıplayan ve izleyicisini heyecanlandırmak için orada bulunan Robbins için çok etkilidir. İzleyici Robbins'in sunumundan hem sözsüz beden dili hem de sözel hız olarak ultra yüksek enerji bekler.

Eğer teori doğruysa, sözel hız yelpazesinde Robbins'in karşı ucunda olan birisinin, bir sesli kitaptan bile çok çok daha yavaş konuşması gerekir. Teoriyi denemek için, Richard Nixon yönetiminde dışişleri bakanı olan Henry Kissinger'ın konuşma hızını inceledim. Kissinger çok zekiydi ama pek karizmatik bir konuşmacı sayılmazdı. Hatta, "Güç en büyük afrodizyaktır," dediğinde kendi ünüyle alay etmişti.

Kissinger çok, çok y-a-v-a-ş ve eğer her sözüne dikkatinizi vermezseniz sizi uyutacak bir tekdüzelikle konuşurdu. Söyleşilerinde –en rahat ve sohbet gibi olanı– Kissinger, dakikada sadece 90 sözcük hızında konuşurdu!

Eğer yüz yüze bir iş teklifi ya da konuşmanın ideal hızı dakikada 190 sözcükse, en sevilen kimi TED konuşmacılarının 18

* "Goldilocks ve Üç Ayı" hikâyesinde, Goldilocks adındaki kız, üç ayının yaşadığı eve onlar yokken girer ve yemeklerinin tadına bakar. Birinci tabak fazla sıcak, ikinci tabak fazla soğuktur ama sonuncusu tam kıvamındadır. Bu hikâyeden yola çıkarak, "Goldilocks" tam olması gerekeni, ideali anlatmak için kullanılan bir deyimdir. (e.n.)

dakikada 3400 ya da bu rakama çok yakın sözcük kullanması mantıklı olurdu. Sevilen TED konuşmacısı Sir Ken Robinson'ı hatırlayın. Konuşmasını 3200 sözcükle yaptı. Dr. Jill Bolte Taylor, buna çok uzak olmayan 2700 civarında sözcük kullandı (3000 sözcüğün altına düşmesinin sebeplerinden biri, dramatik etki için zaman dolduran uzun duraklamalar yapmasıydı). Son olarak, TED sahnesinde gördüğüm, sohbet tonunda konuşmayı en doğallıkla yapan kişi olduğuna inandığım Bryan Stevenson peki? Stevenson'ın sevilen konuşması, "Bir Adaletsizlik Hakkında Konuşmamız Gerek" 4000 sözcük içerir. Fakat daha yakından incelediğimde, onun kuralların biraz dışına çıktığını ve 21 dakika boyunca konuştuğunu keşfettim. İlk 18 dakikasındaki toplam sözcük sayısı: 3373.

Sunumlarınızdaki sözcük sayısını saymaya başlamanızı önermiyorum. Eğer bunu bir kez denemek isterseniz peki. Ama günlük konuşmalarda nasıl konuştuğunuz ve bunun sunumunuzda nasıl değiştiğine dikkat etmeniz daha önemlidir. Çoğu insan bir konuşma ya da sunum yaptığında, konuşma hızını düşürüp sözlü iletilerinin kulağa yapay gelmesine sebep olur. Bir sunum yapmayın. Bunun yerine sohbet edin.

TEDnot

SOHBET TONUNDA KONUŞUN. Bryan Stevenson'ın TED konuşmasını izleyin. Üç hikâyesini nasıl anlattığını dinleyin. Sizinle çene çalar gibidir. Doğal, sohbet eder gibi ve çok sahicidir. Sunumunuzu prova ederken, slaytları geçerken ya da vurgulamak istediğiniz noktaları hatırlamaya çalışırken konuşma hızınızı yavaşlatma eğiliminde olacaksınız. Bir kez içeriği içselleştirdiniz mi, sözlü iletinizin hızını doğal sohbet tarzınıza uydurun.

Lisa Kristine Ana Sözcükleri Vurguluyor

Lisa Kristine iki yıl boyunca dünyanın uzak köşelerine gidip insanlığa karşı en zalim suçlardan birini –köleliği– fotoğraflamıştı. Kristine bir fotoğrafçı ve hikâyeyi fotoğraflarının anlatmasını sağlıyor. TEDx konuşması sırasında Kristine, izleyicinin odak noktasını slaytlarına yöneltti ama o slaytlardaki fotoğrafları kendi sözel yoğunluğuyla süsledi (bu yeteneğini 8. bölümde tekrar ele alacağız).

TEDx sunumunun sonraki kısmında iletinin hızını düşürdü, her sözcüğü açıkça telaffuz etti ve ana sözcüklere dikkat çekti (altını çizerek vurguladı):

"Bugünün köleliği ticaretle ilişkilidir, bu yüzden esir edilmiş insanların ürettiği malların değeri vardır, ama onları üreten insanlar harcanabilirdir. Kölelik neredeyse dünyanın her yerinde mevcuttur, (duraklama) ama yine de dünyanın her yerinde yasadışıdır."[3]

Kristine konusuna tutkuludur. Köleliği öğrendiği ânı anlatır. Bu bir konferans sırasında, dünyada köleliği yok etmeye çalışan biriyle tanıştığında olmuştur. Kristine fazla jest kullanmadı ama gözlerini kapayıp şöyle dedi: "Konuşmamızı bitirdikten sonra kendimi korkunç hissettim ve hayatım boyunca bu zulme olan bilgi eksikliğimden içtenlikle utanç duydum ve eğer ben bilmiyorsam, daha kaç insan bilmiyor, diye düşündüm. Bu karnımı ağrıtmaya başladı."

Dr. Jill Bir Hikâye Canlandırıyor

Bir şeyi nasıl söylediğiniz dinleyicide ne söylediğiniz kadar derin bir iz bırakır, fakat pek çoğumuz bu çok önemli beceriyi ihmal ederiz.

TEDx Gençlik Indianapolis'te Dr. Jill, ergenler ve genç erişkinlerden oluşan izleyicilere neden ergenlikte ve genç erişkinlik yıllarında kontrolsüz hissetikleri hakkında konuşmak için bir sahne malzemesi –bir beyin– getirdi (bu alışılmadık sahne malzemesi hakkında 5. bölümde de konuşacağız). İzleyenler bir kez "sinir devre sistemlerini" anlayınca, kaçınılmaz ruh hali dalgalanmaları ve açıklanamaz his ve duygularla baş edebilmek için daha donanımlı olacaklardı. Dr. Jill'in sunumu gördüğüm en iyi bilim konuşmalarındandır. Bütün eğitimciler bilimi Dr. Jill kadar ilginç kılsa, eminim daha fazla çocuk bilim ve matematik alanında kariyer edinmeye heyecan duyardı!

Dr. Jill sunumuna *goldilocks* bir hızla, dakikada 165 sözcükle başladı – ne fazla hızlı, ne fazla yavaş. Başarılı ve sezgisi kuvvetli bir konuşmacıdır. Sözel iletisinin anlatısının içeriğine uyması gerektiğini bilir. Bütün sunumda aynı hızda konuşmak, içerik ne kadar ilginç olursa olsun izleyicisini mutlaka sıkacaktı. Hedefi bilgilendirmek *ve* eğlendirmekti.

Dr. Jill sunumunun ana fikrine, ergenlik sırasında insan beynindeki değişiklikleri, ergenlerin "tam olarak akıllarının yarısını kaçırdıkları" bu zamanı açıkladığında ulaştı. Aklınızı kaçırmak kulağa nasıl gelir? Nasıl görünür? Dr. Jill'in jestleri tutarsızlaşıp genişledi, sesi daha yükseldi ve konuşma hızı ciddi olarak arttı. Dakikada 220 sözcük hızında şunları söyledi:

> Önce ciddi fiziksel büyüme sıçraması. Ciddi fiziksel büyüme sıçraması yaşadığımız zaman bütün bedenimiz değişir. Amigdala biraz tetikte beklemektedir – biraz tetikte. Çok ilginçtir ama biraz tetiktedir. Neler oluyor? Neler oluyor? Ve bunun üstüne, hormonal sistemlerimiz bedenimizde akmaya başlayacak ve bununla birlikte türlü ruh hali dalgalanması ve türlü ilginç davranışlar gelecektir ve bunun da üstüne, budanma dediğimiz, beynimizin içinde sinaptik bağlantıların yüzde ellisinin budanması olacaktır. Tam anlamıyla aklımızın yarısını kaçırırız![4]

Büyük konuşmacılar bir hikâyeyi canlandırır. Sözlerini cisimleştirmeleri gerekir. Dr. Jill sunumunu yaparken ana mesajlarını en iyi ileten sözcükleri seçer ve ayrıca o sözcükleri iletmenin en etkili yolunu prova eder. Dr. Jill'e göre ergenler "deli" değildir. Ani ve saldırgan davranışları için gerçek biyolojik sebepler vardır. Dr. Jill'in ergenlere ve ebeveynlere tavsiyesi: Yetişkin beyninizin oluştuğu 25 yaşına kadar dayanın. Bu önemli bir mesajdır ve Dr. Jill milyonlarca ergenin ve öğrencinin şimdi YouTube'da yer alan sunumunu ("Ergen Beyninin Nöroanatomik Değişimi") izlemelerini umar. Dr. Jill mesajı iyi iletemezse, bunu duyması gereken insanlara ulaşamayacağını bilir.

Dr. Jill'in sunumları doğal, sahici, canlı ve sohbet havasındadır. Sohbet havasındaki konuşma biçimi alıştırma gerektirir. O, sunumunu bir, iki, hatta yirmi kez prova etmedi. 200 kez prova etti! Dr. Jill sevilen sunumunu şöyle oluşturdu:

Dr. Jill'in Indianapolis sunumu Cancún'da ortaya çıktı. Plajda bir not defteriyle yürürken yaratıcı bir ruh halindeydi. Serbestçe akan sözcükleri ve fikirleri, aklına gelen her şeyi yazdı ve sözlerle seslerin bir arada nasıl olduğunu hissetmek için yazdıklarını yüksek sesle okudu. Düzeltme yapmadı. Sadece izleyicisinin (ergenler ve ebeveynler) konu hakkında bilmesi gerektiğini düşündüğü her şeyi yazdı.

Dr. Jill otel odasına geri gelince elyazısıyla yazdığı notları bilgisayara geçirdi. Tatilinden sonra evde elinde tek aralıklı 25 sayfa vardı. Bir sonraki adımı malzemeyi beş ana maddede (anahtar mesajlar) toplamaktı. Dr. Jill'in son adımı, anahtar mesajları, görsel, ilginç ve eğlenceli bir şekilde nasıl sunacağını bulmaktı. Bilginin görsel sunumu hakkında 8. bölümde konuşacağız, fakat Dr. Jill'in sunumunun eğlence unsurunu diğer unsurlar kadar önemsediğine dikkat edin.

Çoğu teknik ya da bilimsel tartışmada sorun, konuşmacıların içeriklerini görsel, ilginç ve eğlenceli yapmayı başaramamasındadır. Bütün bu üçünü yapanlar öne çıkar, fark edilir ve davranışta olumlu değişiklikleri teşvik eder. Şimdi son unsuru düşünün – eğlence. Eğlence işiyle uğraşanlar duyguları hissetmemizi sağlamak için seslerini, yüz ifadelerini, jestlerini ve bedenlerini kullanırlar. İyi bir sunum da farklı değildir.

BEDEN DİLİ EFSANELERİNİ ÇÜRÜTMEK

Hem sözlü hem de sözsüz iletişim önemlidir – hem de çok önemlidir. Ama tam olarak ne kadar önemlidir? Beden dili "uzman"larınca gerçek kabul edilen bir şehir efsanesine göre bir kişinin mesajının yüzde 7'si sözlerle ve yüzde 93'ü sözsüz olarak (yüzde 38 ses tonu, yüzde 55 beden dili) iletilirmiş. Belki bu istatistiği daha önce duymuşsunuzdur. Öyleyse yok sayın. Yanlıştır.

Birkaç yıl önce bu istatistiğin arkasındaki UCLA profesörü Albert Mehrabian ile konuştum. Şimdi emekli olan Mehrabian, 1960'larda kişilerarası iletişim alanında çok sınırlı çalışmalar yapmıştı. İnsanlar duygusal içerikli bir mesaj ifade ettiklerinde, eğer konuşmacının tonu ve beden dili mesajla uyumlu değilse, o mesajın yanlış anlaşılabileceğini bulmuştu. Bu kesinlikle akla yatkındır, ama Mehrabian verilerin tamamen anlam sapmasına uğratıldığını söyler. Aslında bu fena halde yanıltıcı istatistiği her duyduğunda "irkilir".

Bununla birlikte, sözlü iletinin ve beden dilinin bir mesajın etkisinin çoğunluğunu oluşturduğundan gayet eminim. Açıklamamı desteklemek için Mehrabian'ın araştırmasını kullanmıyorum, çünkü onun da dediği gibi, uygun değil. Bunun yerine, davranış analizi alanında daha esaslı ve kanıtlanmış araştırmaları –birinin yalan mı yoksa doğru mu söylediğini anlamak için profesyonel sorgucuların kullandığı verilerin aynısını– aktaracağım.

Yalan Söylemek Hakkında Doğruyu Söylemek

Morgan Wright 18 yıllık tecrübeli bir polis. CIA, FBI ve NSA ajanlarını davranış analizi, söyleşi ve sorgulama tekniklerinde eğitmiştir.

"Beden dili dünya kadar fark yaratır. Aldatma ve dürüstlük arasındaki farkı belirlemeye yarar,"[5] demişti Wright bana. Wright'a göre, NSA (Ulusal Güvenlik Dairesi) sonucu bilinen 300 suç vakasını kullanarak bir çalışma yapmıştır. Bir deneyde, katılımcıların sadece sorgulama kaydını dinleyerek zanlının yalan mı doğru mu söylediğini belirlemesi istendi. İkinci grupta, katılımcılar, zanlının sorgulandığı videoyu seyretti ama sesini duymadılar. Üçüncü grup sorguyu gördü ve duydu. Dördüncü grubunsa videoya, ses kaydına ve dava dosyasına erişimi vardı.

Sorgunun sadece ses kısmına erişimi olan grubun yüzde 55 başarı oranı oldu. Bu, sözlü davranışın (zanlının söylediği şey ve bilgiyi ilettiği ses tonu), bir zanlının yalan mı doğru mu söylediğini saptamakta sadece yüzde 55 kesinlik sağlaması demektir. Ses kaydını duyamayan ve sadece zanlının beden dilini videoda izleyen grup daha iyi sonuç elde etti – sürenin yüzde 65'inde doğru saptama yaptılar. Zanlıyı hem duyup hem görme avantajına sahip olanlar, yüzde 85 başarı sağlarken, video ve ses kaydının yanı sıra arka zemin (vaka dosyası) bilgisine sahip olanlar vakaların yüzde 93'ünde dürüst ya da sahte davranışı doğru saptadılar – bu bir yalan makinesinden daha hatasızdır.

"Birini bir sunum yaparken izlediğimde, onu sorgulama sırasında yaptığım şekilde değerlendiririm," dedi Wright. "İnanmadığınız ya da yalan söylediğiniz bilgileri sunarken, suç ya da casusluk vakalarında memurlara ya da ajanlara yalan söyleyen zanlılarla aynı davranışları sergilersiniz."

Wright'ın tavsiyesi: Söylediğinize inanın (1. bölüm). "Eğer söylediğinize inanmazsanız, hareketleriniz tuhaf ve yapay olacaktır. Hiçbir eğitim –eğitimli bir casus ya da psikopat değilseniz– sözlerinizle hareketleriniz arasındaki uyumsuzluğu kırmanıza izin vermez. Eğer mesaja inanmıyorsanız, vücudunuzu mesaja inanıyor gibi hareket etmeye zorlayamazsınız."

Wright'a göre, dürüst ve güvenli insanlar etkin duruşa sahiptir. Kendinden emin bir görünüşleri vardır ve "görünüş" insanların ne giyip kendilerini nasıl taşıdıklarıyla başlar. FBI, polis memurlarını vuran ya da onlara saldıran hükümlüler üstünde bir çalışma yaptı. Hükümlüler, "çarpışma" kararını vermeden önce memurların giyinme şekli (özensiz ya da şık) ve kendilerini taşıma biçimine (kambur ya da dik) göre onları devirmenin ne kadar kolay olacağını değerlendirirmiş. "Bir polis memuru olarak eğer kambur durursanız, göz temasından kaçınır, genel, belirsiz bir dil kullanırsanız ve kıyafetiniz genel olarak özensizse belayı çağırabilirsiniz."

Elbette bir sunum yapmakla bir zanlıya yaklaşmak arasında büyük fark vardır. İkincisinde, zayıf bir ses tonu ve beden dili ölümünüze sebep olabilir. Ama bu, insanların sizin hakkınızda –büyük oranda yürüme, konuşma ve görünüşünüze bakarak– her zaman yargıda bulunduğu fikrini destekler.

Büyük Liderlerde Bir Güven Havası Vardır

Bir grup sunumunda, en iyi "etkili duruşa" sahip kişi genellikle liderdir. Konuyu en iyi o anlar, gösterir ve sorumluluk almak için güveni vardır. Genellikle herkesten biraz daha iyi giyimlidirler. Ayakkabıları cilalı ve giysileri ütülüdür. Daha güçlü göz teması kurarlar ve sıkı el sıkarlar. Az ve öz, kesin konuşurlar. Bocalamazlar. Sakin dururlar. "Açık" jestler kullanırlar, avuçlar yukarı ya da açık ve eller ayrı. Sesleri yayılır, çünkü diyaframdan konuşurlar. İlham veren liderler gibi yürür, konuşur ve görünürler.

Birkaç yıl önce Johns Hopkins Üniversitesi'nde liderlik dersi veren Komutan Matt Eversmann ile tanışma şansına eriştim. 1993'te Somali, Mogadişu'da bir çatışmada askerlere liderlik etmişti. Çatışma, *Kara Şahin Düştü* adında bir kitap ve film oldu. Beni hemen çarpan şey Eversmann'ın duruşuydu, çok belirgindi.

"Beden dili bir liderin gelişiminde nasıl rol oynar?" diye sordum ona.

"Büyük liderlerde bir güven havası vardır," diye yanıtladı. "Astlar, etraflarındaki olaylardan bağımsız olarak, bir meşe gibi hâlâ güçlü duran birine saygı duymak isterler. Şartlara rağmen, acil bir çözümünüz olmasa bile her zaman kontrolü elde tutacağınıza dair bir his yaymalısınız... odak noktasını yitirmeyen, sinmeyen, gevelemeyen birisi. Güven havası yayılmalı."

Şirketin savaş alanında o güven havası sizde var mı? Büyük iletişimcilerde vardır. Astlarına güven aşılayamayan bir lider –yüzlerce günlük eylem sırasında– gerçekten önemi olduğunda "askerlerinin" bağlılığını kaybedecektir.

Asla bir TED sahnesi görmeyebilirsiniz ama kendinizi her zaman satmaktasınız. Eğer yatırımcılara teklif yapan bir girişimciyseniz ya da bir ticari sergi stantında kendinizi anlatan bir yazılım satıcısıysanız bir sunum yaparsınız. Bir personel memuruna kendinizi anlatan bir eleman adayıysanız ya da müşterilere yeni bir ürünü anlatan bir CEO'ysanız bir sunum yaparsınız. Bir TED konuşması pek çok insan için hayatının sunumu olabilir ama sizin günlük sunumlarınız da kariyeriniz ya da şirketiniz için aynı derecede önemlidir. Başarılı TED konuşmacılarının güçlü beden dilleri vardır ve sizin de öyle olmalıdır.

BİR LİDER GİBİ KONUŞUN, YÜRÜYÜN VE GÖRÜNÜN

Colin Powell çok düşünceli bir liderdir. Bir ordu generali olduğu ve 2001'den 2005'e kadar dışişleri bakanlığı yaptığı zamanlardaki gibi düşünme süreci dikkatli ve planlıdır. Powell televizyonda bir muhabirin karşısında masada otururken, genellikle elleri masanın üstünde kavuşmuş olarak başlar. O halde uzun kalmaz. Saniyeler içinde, mesajını tamamlayan jestler yapmaya başlar. Araştırmacılar dikkatli düşünürlerin, ellerini kavuşturmaya çalıştıklarında bile kolay kolay jest kullanmayı bırakamayacağını bulmuştur. Jest yapmak gerçekte zihinsel kapasitelerini serbest bırakır ve karmaşık düşünürler karmaşık jestler yapar.

Powell televizyon söyleşilerinde ve sunumlarında sıklıkla jest yapar. Ekim 2012'de Powell, çocuklar ve hayatta iyi bir başlangıç için neden planlamaya ihtiyaçları olduğu konusunda içten bir TED sunumu yaptı.

Powell sunumuna televizyon söyleşilerinde olduğu gibi iki eli kenetlenmiş olarak başladı. Bu yine uzun sürmedi. 10 saniye içinde elleri ayrıldı ve 17 dakika daha birbirine değmedi. Tablo 3.1. size, sunumunun sadece kısa bir bölümünü alıntılayarak Powell'ın doğal ve sürekli çeşitlenen jestlerinin örneklerini gösterir.

COLIN POWELL'IN SÖZLERİ VE KARŞILIK GELEN JESTLERİ

SÖZLER	JESTLER
Her çocuk hayata iyi bir başlangıç yapmalıdır.[6]	İki el de omuz genişliğinde açık, avuçlar seyirciye doğru açık.
Ben öyle bir başlangıç yapma ayrıcalığına eriştim.	Sağ elle dairesel bir hareket yapar, avuç göğsüne dönük.
İyi bir öğrenci değildim. New York'ta devlet okuluna gidiyordum ve hiç başarılı değildim. Ana sınıfından üniversiteye kadar New York Şehri Eğitim Kurulu'nda bütün notlarımın dökümü var.	Kollar bedenin uzunluğunu geçip açılır, avuçlar birbirine dönük, eller *ana sınıfı* ve *üniversite* sözcüklerini vurgular.
İlk kitabımı yazarken not dökümümü istedim. Hafızamın doğru olduğunu görmek istedim ve Tanrım, doğruydu. (Kahkahalar) Her yer baştan aşağı C.	Sol kol yanda gevşer. Sağ el göğüs hizasında tutulur ve jestlere devam eder.
Sonunda lisede sıçrama yapıp 78,3 ortalamayla City College of New York'a girdim. Bu ortalamayla oraya girmeme izin verilmemeliydi. Sonra mühendisliğe başladım ve bu sadece altı ay sürdü. (Kahkahalar)	Sol el tekrar yukarı çıkar ve sağ el jestlerinin aynısını yapar, ama iki el hâlâ açık.
Sonra jeolojiye geçtim. Bu kolay. Sonra ROTC'yi (Yedek Subay Hazırlık Eğitim Kuruluşu) buldum. İyi yaptığım ve yapmayı sevdiğim bir şey buldum.	Sol kol yanda gevşer ve sağ el jestlere devam eder, ilk üç parmak bir arada vücuduna dönük.

SÖZLER	JESTLER
Ve benim gibi hisseden bir grup genç buldum.	Sağ el uzanır ve bir yumruk yapar.
Böylece bütün hayatım ondan sonra ROTC'ye ve orduya adandı. Her yerde küçük çocuklara söylerim, büyürken ve içinizde bir şeyler yapılanırken hep neyi iyi yaptığınıza ve neyi yapmayı sevdiğinize bakın ve o iki şeyi birlikte bulduğunuzda, işte budur. Olan bu. Benim de bulduğum bu. Her yerde gençlere derim, hayatta kendinizi nerede bulacağınızı belirleyen, hayata nerede başladığınız değil, hayatla ne yaptığınızdır.	Öne eğilir, sesini yükseltir ve daha yoğunlaşır, iki sıkılmış yumruğunu kaldırır.
Ve nerede başlarsanız başlayın, kendinize inandığınız sürece fırsatlarınızın olduğu bir ülkede yaşadığınız için şanslısınız.	Kendine doğru işaret eder.
Topluma ve ülkeye inanın.	Sağ elini göğüs hizasına uzatır, avuç dışarı dönük.
İlerlerken, kendinizi kişisel olarak geliştirip eğitebileceğinize inanın.	Sağ el dairesel el sallama hareketi yaparken sol el yumruk halinde, göğüs hizasında durur.
Ve başarının anahtarı budur.	Sol el göğüs hizasında yumruk halinde, sağ kol uzanmış, avuç açık.

Tablo 3.1. Colin Powell'ın TED 2012 sunumu sırasında sözleri ve karşılığındaki jestleri.

Powell'ın etkili bir duruşu vardır. Bir lider gibi yürür, konuşur ve görünür. Ayrıca insanları –askerleri ve genç erişkinleri– aynısını yapmaları için eğitir. Bir grup öğrenciyle konuşup onlara sorular sorduğunda Powell, öğrencilerin sınıfın önüne yürümelerini, bir asker gibi hazır olda durmalarını –kollar yanda düz, gözler yukarı, düz karşıya bakmalarını– ve yüksek sesle konuşmalarını ister. Çocuklar bununla eğlenir ama içlerinde bir şey değişir. Kendilerini farklı, güvenli, bir zorlukla başa çıkmaya hazır hissederler. Kendinizi taşıma şekliniz bir sunum yaparken nasıl hissettiğinizi gerçekten değiştirir.

> Yetişkin hayatımın çoğunda profesyonel konuşmacı oldum. Bir subay olarak birliğimdeki ilk günümden beri askerlerle konuşup ders vermem gerekti. Zamanla onlara nasıl ulaşacağımı, konuyu nasıl ilginçleştireceğimi ve öğrettiğim şeyi öğrenmeye merakları olduğuna onları nasıl ikna edeceğimi öğrendim. Kolayca sıkıldıkları için, ilgi çekebilecek bir çanta dolusu teknik hayatiydi. 1966'da Fort Benning'de Piyade Okulu'nda eğitmen olmaya atandım... göz teması kurmak, öksürmemek, kekelememek, ellerinizi cebinize koymamak, burnunuzu karıştırmamak ya da kaşınmamak öğretiliyordu. Sahnede yürümek, pointer kullanmak, slaytlar, el hareketleri ve öğrencileri uyanık tutmak için sesizinizi nasıl alçaltıp yükselteceğiniz öğretiliyordu.[7]
>
> – Colin Powell, *It Worked For Me* (Bende İşe Yaradı) adlı kitabından

JESTLER GÜÇLÜ BİR SAVI DAHA DA GÜÇLENDİRİR

1. bölümde bahsettiğim tutkulu ekonomik gelişme uzmanı Ernesto Sirolli'yi hatırlayın. TEDx izleyicisine Zambiya'da yerlilere nasıl domates yetiştirileceğini öğretirken yaşadığı deneyimi

3.1. Ernesto Sirolli, TEDxEQChCh 2012'de konuşurken. TEDxEQChCh için Neil Macbeth'in izniyle.

anlatmıştı. Tablo 3.2., 1. bölümde tutkuyla ilişkili olarak sözünü ettiğimiz Sirolli sunumunun bir kısmını özetler ama şimdi size sözlerini tamamlamak için kullandığı jestleri gösteriyor. Benim gibi o da bir İtalyandır ve mesajını vermek için ellerini kullanmak sorun değildir ve bunu sunumunda etkili ve samimi bir şekilde yapar.

Sirolli'nin güçlü savı, her cümleyi perçinlemek için kullan-

ERNESTO SIROLLI'NİN SÖZLERİ VE KARŞILIK GELEN JESTLERİ

SÖZLER	JESTLER
Böyle muhteşem domateslerimiz vardı. İtalya'da bir domates bu kadar büyür. Zambiya'da bu kadar.[8]	İki eli küçük bir daire şeklinde birleşikken başlar ve ellerini ayırarak daireyi büyütür.
Buna inanamadık. Zambiyalılara, "Bakın ziraat ne kadar kolay," diyorduk. Domatesler güzel, olgun ve kırmızı olunca, bir gecede nehirden 200 kadar suaygırı geldi ve her şeyi yedi. (Kahkahalar)	İki el de bedenden uzağa uzanmış, Sirolli suaygırlarının tarlaya girişini tanımlarken daha da öne uzatıyor. Bir sözcük bile söylemeden, yüz ifadeleriyle (ağız ve gözler açık) şok ve şaşkınlığı ifade etmeye devam eder.
Biz de Zambiyalılara, "Aman tanrım, su aygırları!" dedik.	İki elini de başına koyar.
Zambiyalılar da, "Evet işte bu yüzden burda tarım yok," dediler.	Başını sallar.

Tablo 3.2. Ernesto Sirolli'nin TEDxEQChCh 2012 sunumunda sözleri ve karşılığındaki jestleri.

dığı jestlerle daha da güçlendi. Sirolli'nin jestleri öyle canlıdır ki onları yazıyla tam olarak tanımlamak olanaksızdır. Kendi gözlerinizle görmek için TED.com'a girin ve "Ernesto Sirolli"yi arayın. Her jesti, sözel olarak yarattığı resimleri boyamasını sağlar. Slayt bile kullanmaz. Buna ihtiyacı yoktur. Jestleri ve canlandırması, sözlerini onun için süsler. Duruşu etkili ve dinamiktir.

Dünyanın en karizmatik profesyonellerinin çok iyi beden dilleri vardır – güven, yetkinlik ve karizma yansıtan etkili bir duruş. *Etkili duruş*, kendini otorite sahibi, sayılacak ve izlenecek birisi olarak sunan birini tanımlamak için kullanılan askeri bir terimdir. İnsanlar sizin yolunuzdan gitmek için ne kadar fedakârlık eder? Yüksek ücretli, iyi ek ödemeleri olan ve emeklilik sunan bir işi bırakırlar mı? Öyleyse, hükmeden mevcudiyetiniz vardır.

Eğer bir sonraki toplantı, satış teklifi ya da iş görüşmesinde olumlu bir etki bırakmak istiyorsanız, bedeninizin ne dediğine dikkat edin. İnsanların izlemek isteyeceği bir lider gibi yürüyün, konuşun ve görünün.

JESTLER HAKKINDA ANAFİKİR

Jestler gerekli midir? Buna kısa yanıt – evet. Çalışmalar, karmaşık düşünürlerin karmaşık jestler kullandığını ve jestlerin genellikle izleyicide konuşmacıya karşı güven yarattığını göstermiştir.

Dr. David McNeill her şeyin ellerde olduğunu söyler. Chicago Üniversitesi araştırmacısı, el hareketleri alanında önde gelen otoritelerden biridir. McNeill'ın jestler, düşünme ve dilin birbirine bağlı olduğunu gösteren deneysel kanıtları vardır. McNeill'la konuştum ve güvenle söyleyebilirim ki en sevilen TED konuşmacıları onun kanısını destekler: Disiplinli, titiz, zeki ve güvenli konuşmacılar, el hareketlerini kendi düşünce süreçlerine bir pencere olarak kullanırlar.

McNeill'la konuşmamın üstünden çok geçmeden, Cisco CEO'su John Chambers'ı şahsen izleme fırsatı buldum. Odayı bir vaiz gibi etkisine alan, sahneden çıkıp seyircinin içine giren, şaşırtıcı ve karizmatik bir konuşmacıdır. Sesini ustalıkla kullanır – hızını artırıp düşürerek, sesini yükseltip alçaltarak, ana sözcükleri ve ifadeleri vurgulayarak vb. Chambers yüksek teknolojide en zeki ve ileriyi gören yöneticilerden biri sayılmaktadır ve olağanüstü bir hafızası olduğu söylenir. McNeill'ın gözlemlediği gibi, karmaşık düşünürlerin karmaşık jestleri vardır ve Chambers, karmaşık bir düşünür olarak neredeyse her cümleyi vurgulamak için büyük, geniş el hareketleri kullanır.

McNeill'la konuşmama ve iletişim yetenekleri üstüne global liderlerle deneyimime dayanarak ellerinizi kullanmanızı geliştirecek dört ipucu şöyledir:

- **El hareketleri yapın.** Öncelikle ellerinizi kullanmaktan korkmayın. Kaskatı bir sunumu düzeltmenin en basit yolu ellerinizi cebinizden çıkarıp onları kullanmaktır. Sunum yaparken ellerinizi bağlamayın. Serbest olmak isterler.
- **El hareketlerini tutumlu kullanın.** Şimdi size el hareketi yapmanızı söylediğim için bunu abartmayın. Jestleriniz doğal olmalı. Eğer bir başkasını taklit etmeye çalışırsanız, kötü bir politikacı karikatürü gibi görünürsünüz. Önceden hazırlanmış jestlerden kaçının. Hangi jestleri yapacağınızı düşünmeyin. Hikâyeniz onlara rehberlik edecektir.
- **El hareketlerini anahtar anlarda kullanın.** En geniş el hareketlerinizi sunumun anahtar anlarına saklayın. Ana mesajlarınızı anlamlı hareketlerle destekleyin... kişilik ve tarzınıza sahici geldiği sürece.
- **El hareketlerinizi güç küresi içinde tutun.** Güç kürenizi gözlerinizin yukarısından, ileri uzanmış ellerinizin ucuna, aşağıda göbek deliğinize inen ve tekrar yukarıda gözlerinize çıkan bir daire olarak hayal edin. Jestlerinizi (ve bakışınızı) bu bölgede tutmaya çalışın. Göbeğinizden aşağı inen elleriniz enerji ve "güven"den eksiktir. Belden yukarıda karmaşık jestler kullanmak, seyirciye sizin bir lider olduğunuza dair güven duygusu verecek, düşüncelerinizi daha çabasız iletmenize yardım edecek ve genel duruşunuzu güçlendirecektir.

Eski Michigan valisi Jennifer Granholm, geniş, cesur el hareketleri yapar ve o jestleri güç küresi içinde tutar. Granholm, eyaletinde temiz enerji ilkelerine öncülük etti ve eyaletlerin alternatif enerji kaynaklarını nasıl kullanabileceği ve kullanmaları gereği üstüne bir konuşmayla TED 2013'ü başlattı. Tablo 3.3 onun sözlerini tamamlayan el hareketlerinin bir örneğini verir.

Granholm'un elleri –herhangi biri– bir kez olsun güç küresinden ayrılmadı. Ayrıca sırtını dik tutması, başını yukarıda tutması, tam göz teması kurması ve karanlık arka planda göze çarpan düz renkler (siyah pantolon, beyaz bluz, yeşil ceket) giymesi de işe yaradı. Granholm'un duruşu ve jestleri yetkinliğini artırdı.

JENNIFER GRANHOLM'UN SÖZLERİ VE KARŞILIK GELEN JESTLERİ

SÖZLER	JESTLER
Eski Michigan valisi olarak tanıtıldım ama aslında ben bir biliminsanıyım. Peki, politik bilimci. Aslında tam sayılmaz ama laboratuvarım Michigan adındaki demokrasi laboratuvarıydı ve her iyi biliminsanı gibi ben de en büyük sayı için en büyük yararı sağlayacak politikayı deniyordum.[9]	Öne eğilir, iki el ayrık, avuçlar açık.
Ama üç sorun vardı, çözemediğim üç bilinmeyen.	Sağ el ve dirsek 90 derece açıda kumandayı tutar, sol el üç parmakla havada.
Sizinle o üç sorunu paylaşmak istiyorum, ama en önemlisi, çözüm için bir teklif hazırladım.	Öne eğilir, sol elin işaretparmağını kaldırır, odanın her bölümüyle göz teması yapar.

Tablo 3.3. Jennifer Granholm'un TED 2013 sunumunda sözleri ve karşılığındaki jestleri.

Granholm'un beden dili, sosyal bilimcilerin ikna edici bulduğu bir tarza örnektir. Buna "sözsüz hevesli" tarz denir. Gerçekten de sözsüz iletişiminiz ve sözleriniz arasındaki bir uyumsuzluk ya da ahenksizlik konuşmanızın etkisini ciddi ölçüde azaltacaktır.

Journal of Experimental Social Psychology'de çıkan çığır açan bir çalışmada, Bob Fennis ve Marielle Stel kent süpermarketlerinde çalışmalar yaptılar. Profesyonel oyunculara, alışveriş edenlere yaklaşıp onları bir kutu Noel şekeri almaya ikna etmeleri için eğitim verdiler. Satış stratejisi bir ürünü daha çekici kılmak (fiyatı düşürmek, yararlarını anlatmak vb.) olduğunda "sözsüz

3.2. Jennifer Granholm TED 2013'te konuşurken. James Duncan Davidson/TED izniyle. (hhtp://duncandavidson.com)

hevesli" tarzın en etkili yol olduğunu keşfettiler. "Sözsüz hevesli" tarz üç unsur içerir: çok canlı, geniş, açık hareketler; el hareketleri açıkça dışa doğru ve öne eğilen beden duruşları.

Analizin gösterdiğine göre, alışveriş edenlerin çok büyük bir oranı (yüzde 71), geri yaslanan duruş, daha yavaş ve küçük beden hareketleri ve daha yavaş bir konuşmayla karakterize edilen daha çekingen tarza sahip birine kıyasla, "sözsüz hevesli" tarz sergileyen bir satış temsilcisiyle karşılaşınca bir kutu şeker almayı kabul etti. Araştırmacılar, "Eğer stratejiniz esas olarak isteğinizin ya da teklifinizin algılanan çekiciliğini artırmayı amaçlıyorsa, sözsüz hevesli tarzın etkili olması daha olasıdır,"[10] sonucuna varmışlardır.

Jennifer Granholm bu teoriye tam olarak uyar. Duruşu, jestleri ve beden dili hakkındaki her şey sözsüz hevesli tarz olarak sınıflanabilir. Amacı fikirlerini –planını– başka eyaletlere satmaktır. Teklifi "temiz enerji işlerinin zirveye çıkmak için yarışmasını" teşvik etmektir. Granholm, çikolatadan daha önemli bir şey satmaktadır elbette, ama Fennis ve Stel'in araştırmasında keşfettiği gibi beden dili, istenen hedef –teklifini daha çekici ve sonunda harekete geçirilebilir kılmak– için en uygunudur.

> Dik oturun. Kendinizi daha güvenli hissetmenizi sağlayacaktır. 2009'da *The European Journal of Social Psychology*'de yayımlanan bir araştırma, duruşun insanların kendilerini nasıl değerlendirdiğinde fark yarattığını bulmuştur. Sahte bir iş ilanına başvuran gönüllülere ya dik oturmaları ya da kambur durmaları söylendi. Formu doldururken dik oturanlar kendilerini kambur duranlara göre çok daha olumlu değerlendirdiler. Sunumunuzu prova ederken dik durun. Size gerçek sunum için güven verecektir!

SIK GÖRÜLEN BEDEN DİLİ SORUNLARI İÇİN ÜÇ KOLAY ÇÖZÜM

Çalıştığım liderlerden pek azı ilk başta nasıl konuşup yürüdükleri ve göründükleri hakkında düşünür, ta ki kendilerini videoda görünceye kadar. Bir gördüklerinde de, çoğunlukla, doğal ve sohbet havasında görünmek için daha çok çalışmaları gerektiğini fark ederler. Neyse ki sorunları belirlemek ve düzeltmek kolaydır.

Sunum yapan liderler arasında sıklıkla gördüğüm üç sorun vardır. Bu sorunları düzeltmek, iş görüşmesi yaparken, fikrinizi pazarlarken, satış teklifi yaparken, bir köşe ofisi işgal ederken ya da küçük işyerinizi çalıştırırken, etkili duruşunuzu geliştirmenizi sağlayacaktır.

Yerinde Duramama, Tıklatma ve Şıngırdatma

Bunlar sunumlarımızda ve sohbetlerimizde çoğumuzun sergilediği rahatsız edici alışkanlıklardır. Yerinde duramama sizi tereddütlü, gergin ve hazırlıksız gösterir. Masaya parmaklarınızı vurmak ya da kaleminizle oynamak gibi davranışların hiçbir amacı yoktur. Yakınlarda, liderlik üstüne kitap yazan bir yazarın projesini anlatmasını izledim. Bütün konuşma boyunca cebindeki bozuk paraları şıngırdattı. Bu beni ve herkesi deli etti. O gün fazla kitap satmadı ve kesinlikle liderlik için puan almadı.

Çabuk çözüm: Bir amaçla hareket edin. Ucuz bir kamera ya da akıllı telefon kullanarak kendinizi sunumunuzun ilk beş dakikasını yaparken kaydedin, sonra izleyin. Kendinizi seyredin ve işe yarar bir amaca hizmet etmeyen, burnunuzu kaşımak, parmaklarınızı tıklatmak ve bozuk paraları şıngırdatmak gibi bütün davranışları not alın. Kendinizi hareket halinde görmek, karşıya nasıl göründüğünüz hakkında farkındalık yaratıp işe yaramaz hareket ve jestleri elemek için daha donanımlı yapar.

Bir keresinde, bir ürün gecikmesi hakkında büyük bir yatırımcıya bilgi vermesi gereken önde gelen bir teknoloji yöneticisiyle çalıştım. Yatırımcı, iş dünyasındaki en zor patronlardan biri olarak ün salan Oracle CEO'su Larry Ellison'dı. Teknoloji yöneticisi ve ekibi konuyu kontrol altına almış ve gecikmeden değerli dersler almışlardı. Ancak yöneticinin beden dili farklı söylüyordu. Sunum yaparken yerinde duramıyor, ayağını yere vuruyor, yüzüne dokunuyor ve parmaklarını yanındaki masada tıklatıyordu. Davranışları güven ve kontrol eksikliği iletiyordu. Kendini videoda görünce, bu rahatsız edici alışkanlıkları fark etti ve bunlardan kurtuldu. Güvenli bir sunum yaptı, Ellison mutluydu ve proje başarıyla tamamlanmıştı.

Kaskatı Yerinde Durmak

İyi sunum yapanların canlı beden hareketleri vardır; bir noktada durup hareketsiz görünmezler. Tamamen hareketsiz durmak, katı, sıkıcı ve ilgisiz görünmenize sebep olur.

3.3. Amy Cuddy, TEDGlobal 2012'de konuşurken. James Duncan Davidson/TED izniyle. (http://duncandavidson.com)

Çabuk çözüm: Yürüyün, hareket edin ve odayı kullanın. Bana sunum koçluğu için gelen çoğu profesyonel, heykel gibi ya da kürsünün arkasında durmaları gerektiğini düşünür. Ama hareket sadece kabul edilmekle kalmaz, hoş karşılanır. Konuşmalar akıcıdır, katı değil. En iyi iş konuşmacılarından kimileri seyircinin önünde durmaktansa aralarında yürür.

Basit bir taktik: Sunumunuzu kaydederken, arada bir kareden çıkın. Müşterilerime, eğer beş dakikalık bir sunumda kamera karesinden birkaç kez çıkmamışlarsa çok katı olduklarını söylerim.

Eller Cepte

Çoğu insan bir grubun önünde dururken ellerini cebinde tutar. Bu onların ilgisiz ya da sıkılmış, kendilerini vermiyor ya da bazen gergin görünmelerine sebep olur.

Çabuk çözüm: Bu çok kolay – ellerinizi cebinizden çıkarın! Bir sunum boyunca bir kez bile iki elini birden cebine sokmamış büyük iş liderleri gördüm. Tek el kabul edilebilir, eğer boştaki el jest yapıyorsa. Bu jestleri güç kürenizde tutmayı unutmayın.

Yapana Kadar Taklit Et

Amy Cuddy, Harvard İşletme Okulu'nda sosyal psikologdur. Beden dili konusundaki araştırması onu *TIME* dergisi, CNN ve TED sahnesine çıkarmıştır. Cuddy beden dilinin bizi şekillendirdiğine inanır. Bedenlerimizi nasıl kullandığımızın –sözsüz ipuçları– insanların bizi algılayışını değiştirebildiğini söyler. Ancak Cuddy daha ileri gidip sadece beden duruşunuzu değiştirmenin kendiniz hakkınızda nasıl hissettiğinizi ve başkalarının sizi nasıl gördüğünü etkilediğini savunur. Güvenli hissetmeseniz bile öyle gibi yapın, başarı şansınız büyük oranda artacaktır.

Hepimiz zihinlerimizin bedenlerimizi değiştirdiğini biliriz. Güvensiz birisi kendini kapatacak, ellerini ve kollarını kavuşturacak, koltuğunda büzülecek, gözlerini aşağı indirecektir. Cuddy bunun tersinin de doğru olduğuna inanır – "bedenlerimiz zihinlerimizi değiştirir ve zihinlerimiz davranışlarımızı değiştirebilir ve davranışlarımız sonuçlarımızı değiştirebilir."[11]

Cuddy "güç pozu"nun beyinde testosteronu artırıp kortizol seviyelerini düşürdüğünü ve bunun da sizi daha güvenli ve etkili kıldığını önerir. Bunun büyük değişimlere götürebilecek "minik bir ayar" olduğunu söyler.

Güç pozu şöyle işler – kollarınızı olabildiğince açın ve iki dakika o pozda kalın. Bunu asansörde, masada ya da sahne arkasında, tercihen sizi kimsenin görmeyeceği bir yerde yapabilirsiniz!

Cuddy testi öğrencilere uyguladığında "düşük güçte kişiler"in, beyni daha iddialı, güvenli ve rahat kılan hormonlarında yüzde 15'lik bir artış deneyimlediğini bulur. "Öyle görünüyor ki, sözsüz iletişimimiz kendi hakkımızda nasıl düşünüp hissettiğimizi yönetir... bedenlerimiz zihinlerimizi değiştirir."

İnsanların sinirlerinin gergin olması doğaldır ve bu tamamen kabul edilebilirdir. Biz sosyal yaratıklarız ve zamanın başlangıcından beri sosyal olarak kabul edilmek önemli olmuştur. Atalarımız mağaralarda yaşarken, mağaradan atılmak kesinlikle istenen bir sonuç değildi. "Sinirlerimiz" kabul edilmeye olan biyolojik ihtiyacımızın sonucudur. Ama gergin enerji birçok kişi için engelleyicidir. Kim boğazının tıkandığını, avuçlarının terlediğini ve kalbinin hızlandığını hissetmemiştir? Hepimizin başına gelmiştir. Size topluluk önünde sunumlardan önce çok gergin olan ne çok liderle çalıştığımı anlatamam – ve bunlar genellikle yüzlerce milyon değerindeki işlerinin en yukarısında bulunan insanlardır. Sır, sinirleri yok etmek değil, onları yönetmektedir.

Amy Cuddy gergin konuşmacılar için bir çözüm önerir – yapana kadar taklit edin. Cuddy üstün zekâlı bir çocuk olarak tanımlanmıştı ve zekâsı ona erken, gelişme yaşlarında bir kim-

Tony Robbins Sunum Yaparken Nasıl Zirveye Çıkar

Motivasyon konuşmacısı Tony Robbins'in, 4000 kişiyi dört gün boyunca 50 saat ilgili tutmak için yeterli enerjisi vardır. Bir Oprah Winfrey özel programında yer alan Robbins konuşma öncesi ritüelini gösterdi; ritüelde büyülü sözler, onaylamalar ve hareket –çok, pek çok hareket– vardı. Bu akla yakındır, çünkü Robbins'in temel öğretilerinden birisi, enerji verilmiş hareketin ruh halinizi değiştirebileceğidir. Robbins sahneye çıkmadan on dakika kadar önce dikkatini yoğunlaştırır. Yukarı sıçrar, etrafta döner, yumruklar savurur, kolları açık durur, hatta trampolinde zıplar.

Sözcükleri prova etmek yetmez. "Sahneye çıkmadan" önce bazı fiziksel hazırlıklar enerji seviyenizi artıracak ve izleyicinizin sizi algılamasında müthiş bir etki yapacaktır. Elbette Robbins kadar aşırıya gitmek gerekmez –ve bir sonraki sunumunuzdan önce trampolinde zıplayarak biraz budala görünürsünüz– ama sunum öncesi bir tür fiziksel ritüel uygulamak önemlidir, çünkü hareket ve enerji birbiriyle yakından ilintilidir.

lik verdi. On dokuz yaşındayken Cuddy bir arabadan fırlamış ve başından yaralanmıştı. Üniversiteden alındı ve dönmeyeceği söylendi. "Bununla gerçekten zorlandım ve şunu söylemeliyim ki, kimliğinizin, özdeki kimliğinizin sizden alınmasından –ve bu benim için akıllı olmaktı–, bunun sizden alınmasından daha fazla güçsüz hissettirecek bir şey yoktur. Ben de kendimi tamamen güçsüz hissettim."

Cuddy çok çalışmış, yeniden üniversiteye girmiş ve yaşıtlarının çoğundan dört yıl sonra mezun olmuştu. Cuddy'nin yeteneğine çok inanan bir danışman sayesinde eğitimine Princeton'da devam etmişti. Fakat Cuddy kendine inanmıyordu. Bir sahtekâr gibi hissediyordu. İlk yılki konuşmasından önceki gece, Cuddy danışmanını aradı ve lisansüstü programını bırakacağını söyledi. Danışmanı, "Bırakmıyorsun, çünkü senin üstüne kumar oynadım," diye yanıtladı. "Kalacaksın ve bunu yapacaksın. Taklit edeceksin. Yapman istenen her konuşmayı yapacaksın. Sadece yapacaksın, yapacaksın ve yapacaksın, korksan da, paralize olsan da, bedeninden çıkmış gibi deneyim yaşasan da. 'Vay canına, yapıyorum. Sanki buna dönüştüm. Gerçekten bunu yapıyorum,' dediğin âna kadar." Cuddy de bunu yaptı: İnanana kadar taklit etti. "Bu yüzden size, şunu söylemek istiyorum: Yapana kadar taklit etmeyin. Ona dönüşene kadar taklit edin."

BİR KONUŞMACI OLARAK GÜCÜNÜZ İÇİNİZDEN GELİR

Profesyonel kros kayakçısı Janine Shepherd kariyerini sonlandıran bir kaza geçirdi. Bir eğitim turundayken kamyon çarptı. Shepherd'ın boynu, altı yerden beli ve beş kaburgası kırıldı ve başına ciddi bir darbe aldı. TED 2012'de izleyiciye, bozulmuş bir bedenin bozulmuş bir insan olmadığını söyledi.

Hasarların ağırlığı yüzünden, Shepherd izleyiciyle bir söyleşi yapmak için bedenini ve sahne malzemelerini yaratıcılıkla kullandı. Sahneye beş sandalye yerleştirdi, her bir sandalye, hayatının kazadan sonraki her bölümü için bir metafor görevi görerek oturması için ona fırsat veriyordu.

Birinci sandalye (birinci bölüm: kaza)

İkinci sandalye (ikinci bölüm: hastanede on gün)

Üçüncü sandalye (üçüncü bölüm: yoğun bakımdan akut omurilik hasarları servisine geçiş)

Dördüncü sandalye (dördüncü bölüm: "Altı ay sonra eve gitme zamanıydı."[12]) Hâlâ akut omurilik hasarları servisindeki "arkadaşını" hatırladığında dönüp yanındaki sandalyeyle konuştu.

Beşinci sandalye (beşinci bölüm: Shepherd uçmayı öğrenir. Sandalyede oturup, "Beni kaldırıp kokpite götürdüler ve oturttular," dedi.)

Shepherd kalkıp yeni kariyeri, hava akrobasisi öğretmenliğinden söz ederek kalan son birkaç dakikayı sundu. "Gerçek gücüm asla bedenimden gelmedi... kim olduğum değişmedi. İçimdeki pilot alevi hâlâ canlıydı."

Sır #3: Sohbet Edin

Shepherd haklıdır. Hikâyesini anlatmak için bedenini etkili olarak kullansa da "gücü" içinden gelir. Saatler ve saatlerce süren provalarla ustalaştığınız konuşmanız ve jestleriniz genel mesajınızı *güçlendirecektir*, ancak tutku ve alıştırma olmadan duruşunuz ciddi olarak zayıflayacaktır. Bir konuşmacı olarak gücünüz içeriden gelir.

II. BÖLÜM

Yeni

Yeniliği tanıma, bütün insanların paylaştığı, genetik temelli bir hayatta kalma aracıdır. Beyinlerimiz, akıllı ve yeni bir şey, dikkat çeken bir şey, leziz görünen bir şey aramak için eğitilmiştir.

– DR. A.K. PRADEEP, YAZAR, *THE BUYING BRAIN*

4

Bana Yeni Bir Şey Öğretin

Size anlatacağım şeyler, ben okula giderken kitaplarımda yoktu.

– ROBERT BALLARD, TİTANİK KÂŞİFİ, TED 2008

DERİN DENİZ KÂŞİFİ ROBERT BALLARD, TED izleyicisini, yüzde 72'si okyanusun altında olan bir gezegeni keşfetmek için 17 dakikalık bir geziye götürdüğünde, "Kıtaların üstündeki bütün kaynakları Paskalya Tavşanı'nın getirdiğini düşünmek gerçekten saflık olur,"[1] dedi. Ballard keşif heyecanını sever, özellikle insanın sınırlarını zorlayan gizemlerin peşinden koşmayı. Zorlukları da sever ve bana TED'den hoşlandığını, çünkü hikâye anlatmada en iyilerle yarıştığını söyledi.

Ballard çağımızın en cesur kâşiflerinden biridir. 1985'te Boston'un 1000 mil kadar doğusunda, o zaman bir deniz istihbarat subayı olan Ballard, Atlantik yüzeyinin iki buçuk mil altında Titanik'in batığını keşfetti. Titanik'in keşfi Ballard'ın en ünlü keşif seferidir ama aslında dünyamızın çoğunu oluşturan madde hakkında yeni bir şey öğrenmek için 120 denizaltı keşfi yürütmüştür. Ballard bana bir sunumda –TED ya da sınıfta– amacının bilgilendirmek, eğitmek ve ilham vermek olduğunu söyledi. "Bir sınıfa girdiğinizde iki işiniz vardır: birisi öğretmek, diğeri gerçek arayışına katılmak için sınıftan adam toplamak,"[2] der Ballard.

Sunumunda, izleyiciyi şu soruyla zorladı: Neden okyanusları ihmal ediyoruz? Ballard, NASA'nın bir yıllık bütçesinin Ulusal Okyanus ve Atmosfer İdaresi'nin (NOAA) bütçesini 1600 yıl boyunca karşılayacağını söyledi – bu, Ballard'ın açıkladığı pek çok ilginç içgörü, gerçek ve gözlemlerden sadece biri. Diğerleri arasında:

- Konuşacağımız her şey, yüzde birin onda biri kadar anlık bir bakışı temsil eder, çünkü bütün gördüğümüz bu kadardır.
- Amerika Birleşik Devletleri'nin yüzde ellisi denizin altındadır.
- Dünyadaki en büyük sıradağ okyanusun altındadır.
- Gezegenimizin çoğu sonsuz karanlıktadır.
- Canlı bolluğunu, var olmaması gereken bir dünyada keşfettik.
- Derin deniz, karadaki bütün müzelerin toplamından daha çok tarih içerir.

Sunumunun sonuna yakın, Ballard, hayretten ağzı açık, gözleri büyümüş bir genç kızın fotoğrafını gösterdi. "İstediğimiz bu," dedi Ballard. "Bu futbol ya da basketbol maçı izleyen bir genç kız değil. Binlerce mil öteden keşfi canlı izliyor ve gördüğü şeyi henüz kavrıyor. Eğer ağızları açık bırakırsanız, insanları bilgilendirebilirsiniz. O akla çok fazla bilgi sokabilirsiniz, tam olarak alıcı modundadır." Ballard ayakta alkışlandı. Ballard'ın 2008 TED sunumu ilgi çeker, bilgilendirir ve ilham verir, çünkü insanların dünyaya farklı bakmasını sağlar – yukarıdan değil, aşağıdan.

Sır #4: Bana Yeni Bir Şey Öğretin

İzleyicinize tamamen yeni, farklı paketlenmiş ya da eski bir problemi çözmenin taze ve yeni bir yolunu sunan bir bilgi aktarın.

Neden işe yarar: İnsan beyni yeniliği sever. Bir sunumda tanıdık olmayan, alışılmamış ya da umulmadık bir unsur izleyicinin ilgisini çeker, onları daha önce yerleşmiş kavramlardan silkeler ve çabucak, dünyaya yeni bir bakış kazandırır.

JAMES CAMERON'UN "DOYMAK BİLMEZ" MERAK DUYGUSU

Ballard'ın Titanik keşfi olmasa, tüm zamanların en başarılı filmlerinden biri yapılmayacaktı. "Merak, sahip olduğunuz en önemli şeydir,"[3] dedi Cameron 2010 Şubatı'nda TED izleyicisine. "Hayal gücü aslında bir gerçekliği ortaya çıkarabilen bir güçtür."

Cameron, izleyiciye, *Terminator*, *Titanik* ve *Avatar* gibi gişe rekorları kıran filmlerin yönetmeninden beklenmeyen şeyler anlattı. Film yapımı hakkında az, yaratıcılık, keşif, yenilik ve liderlik hakkındaysa çok konuştu.

Okyanusları keşfetmek, Cameron'un hayal gücünü dalgıç olarak sertifika aldığı on beş yaşından beri tutuşturmuştu. *Titanik*'i yaptığı zaman, bunu stüdyolara "Romeo ve Juliet bir gemide" diye sunduğunu açıkladı. Ancak Cameron'un gizli bir amacı vardı:

> Yapmak istediğim şey, Titanik'in asıl batığına dalmaktı. Filmi bunun için yaptım. Ve gerçek bu. Tabii stüdyo bunu bilmiyordu. Ama onları ikna ettim. "Batığa dalacağız. Sahiden filme çekeceğiz. Bunu filmin açılışında kullanacağız.

Bu gerçekten önemli olacak. Büyük bir pazarlama kancası olacak," dedim. Onları bir keşfi finanse etmeye ikna ettim. Çılgınlık gibi geliyor. Ama bu yine, hayal gücünüzün bir gerçeklik yaratması temasına dayanır. Çünkü altı ay sonra kendimi bir Rus denizaltısında, kuzey Atlantik'in iki buçuk mil derininde, bir pencereden gerçek Titanik'e bakarken buldum ve biz bu gerçekliği sahiden yarattık. Bir film değil, HD değil – gerçek.[4]

Cameron'un filmlerinin, özellikle *Titanik*'in hayranıyım. Evet, Rose, Umut Elması'nı gemiden denize atıp da tema müziği çalmaya başlayınca hâlâ gözüm yaşarır. Böyle filmlere bayılırım. Filmin konusu hakkında çok şey bilsem de, Cameron bana, kendi potansiyelini tam olarak keşfetmek isteyen herkes için önemli bir ders içeren ilginç bir anekdota sarılmış yeni bir şey öğretti. Böyle yaparak izleyicisine sunumunun kalanını dinlemek için bir sebep ve ilham verdi. Yönetmen, izleyicisine, tıpkı film stüdyosuna yaptığı gibi "kanca attı".

İnsanlar doğal kâşiflerdir. Cameron gibi, çoğumuzun aramak, öğrenmek, keşfetmek için doymak bilmez bir arzusu vardır. Anlaşılan, bu şekilde donanımlanmışız.

Bazı anketlere göre, insanlar topluluk önünde konuşmaktan, ölmekten daha çok korkarmış. Robert Ballard'a onu hangisinin daha çok endişelendirdiğini sordum: Küçücük, klostrofobik bir denizaltıyla okyanusta 2,5 mil derine dalmak mı, yoksa 18 dakikalık bir sunum yapmak mı? Derin denizde neredeyse ölmenin çok daha kötü olduğunu söyledi! Bir daha izleyici önünde gergin hissettiğinizde bunu hatırlayın. Jerry Seinfeld'in bir kez dediği gibi, tabuttaki kişi olmak yerine methiyeyi sunan kişi olmayı tercih edersiniz.

ÖĞRENMEK KEYİF VERİCİDİR

Müzisyen Peter Gabriel 2006'da bir TED konferansına katılmıştı ve bir film yapımcısına, "Yeni ve ilginç fikirler duymak beni sarhoş etti," demişti. Şaka yapmıyordu. Öğrenmek bağımlılık yapar, çünkü coşku doludur. Ayrıca insan evrimi için gereklidir.

Eski bir sorunu çözmek için yeni ya da alışılmamış bir yöntem sunduğunuzda, milyonlarca yıllık adaptasyondan yararlanıyorsunuz. Eğer ilkel insan meraklı olmasaydı, uzun zaman önce neslimiz tükenirdi. Washington Üniversitesi Tıp Fakültesi'nde gelişimsel moleküler biyolog John Medina'ya göre şimdiye kadar yaşamış tüm canlı türlerinin bugün nesli tükenmiştir. İnsan beyni, zorlu çevreye uyum sağlayıp hayatta kalabilmiştir. "Çevrenin acımasızlığını yenmek için iki yol vardır: Daha güçlü olabilirsiniz ya da daha akıllı olabilirsiniz. Biz ikincisini seçtik,"[5] der Medina.

Medina, bizlerin bilmeye ve öğrenmeye bastırılamaz bir ihtiyacı olan doğal kâşifler olduğumuzu söyler. "Bebekler dünyayı anlamak için derin bir arzuyla ve onları saldırganca keşfetmeye iten sürekli bir merakla doğar. Keşfe olan bu ihtiyaç, deneyimlere o kadar sıkı sıkıya ilmeklenmiştir ki, kimi biliminsanları buna dürtü demiştir, tıpkı açlık, susuzluk ve cinselliğin bir dürtü olması gibi."[6] Medina'ya göre, yetişkinliğe erdiğimizde "bilgiye susuzluğumuz" geçmez.

Ballard ve Cameron gibi konuşmacılar denizin derinliklerinden bir bardak bilgiyle susuzluğumuzu giderir. İzleyiciniz bilgiye açtır, konuya hafif bir ilgileri olsa bile. Onlara gündelik hayatlarında kullanabilecekleri yeni bir şey öğreterek konuyu ilişkilendirirseniz, siz de kanca atmış olursunuz.

Dünyanın en büyük bilgisayar mikroişlem üreticisi olan Intel'le çalışmalarımda, onlardan teknolojilerini günlük hayatımıza bağlamalarını isterim. Örneğin Intel "Turbo Boost" adında, tanım olarak "işlemcinin, merkezi işlem biriminin saat vurum sıklığının dinamik kontrolu aracılığıyla taban işletim frekansının üstünde çalışmasını sağlayan" bir teknoloji sundu. Anladınız mı? Bu tanım belki size hiçbir şey ifade etmez ve büyük olasılıkla sizi koşup içinde Intel çipi olan bir dizüstü ya da masaüstü bilgisayar almaya teşvik etmez. Peki ya, "Intel'e özel Turbo Boost teknolojisi, bilgisayarınızda yaptığınız şeyi (oyun oynamak, video seyretmek) not eder ve performansı, ihtiyacınız olduğunda hızınızı artırmaya ve ihtiyacınız olmadığında azaltmaya ayarlayarak bilgisayarınızın pil ömrünü uzatır," desem? İkinci tanım size ürünün hayatınızı nasıl iyileştireceğini göstererek yeni bir şey öğretir ve bu yüzden işe yaramıştır. Bir Intel sözcüsü ne zaman ikinci tanımı kullansa –teknolojiyi günlük hayatlarımıza bağlayarak– basında alıntılanmıştır. Teknik tanımı, bir muhabir ya da blogcu tarafından hiç değilse bile çok ender kullanılmıştır.

BEYNİNİZİN DOĞAL "KAYDET TUŞU"

Northwestern'de yardımcı profesör olan Martha Burns, sinirbilimin, eğitimcilerin daha iyi birer öğretmen olmalarını sağladığına inanır. Burns'un içgörüleri, öğrenmekten neden keyif duyduğumuzu da açıklar. Yeni bir şey öğrenmek beyinde uyuşturucu ve kumarla aynı ödül alanlarını harekete geçirir. "Neden bazı öğrencileriniz öğrettiğiniz bilgiye tutunurken diğerleri tutunmaz, sorusuna yanıtın büyük kısmı, beyinde bir çocuğun (ya da bir yetişkinin) bilgiyi saklaması için bulunması gereken küçük bir kimyasalla ilgilidir. Bu kimyasalın adı 'dopamin'dir."[7]

Dopamin güçlü bir kimyasaldır. Yeni bir ilişki bunun birazını tetikleyebilir (ve bir süre sonra yatışır, terapistler bu yüzden evlilikte birkaç yıl sonra heyecanı canlı tutma yolları bulmayı önerirler). Bir video oyununun bir sonraki seviyesine yükselmek dopamini artırabilir, bir kumar makinesinde bozuk para şıkırtısını duymanın ve hatta bir çekimlik kokainin yapabileceği gibi.

Uyuşturucu ve kumar yapay tetikleyicilerdir ve ciddi sonuçlara yol açabilirler. Bu zihinsel keyif halini elde etmenin daha az zararlı yolları yok mudur? Elbette vardır. Burns'a göre insanlar yeni ve heyecanlı bir şey öğrenince de dopamin salgılanır – iyi hissetmenin çok daha sağlıklı bir yolu! "Çoğu öğrenciniz ve bizim gibi çoğu yetişkin için yeni şeyler öğrenmek bir maceradır, ödüllendiricidir ve beyinde o yeni bilgiyi saklamamız için dopamin seviyesi artar,"[8] diye yazar Burns. "Dopamini beyindeki 'kaydet tuşu' diye anarım. Bir etkinlik ya da deneyim sırasında dopamin mevcut olduğunda onu hatırlarız; yoksa hiçbir şey akılda kalmaz gibi görünür."

Bir sonraki mantıksal soru: "Dopamini nasıl artırırım?" Burns için yanıt dikkat çekici derecede basit ve düzdür: Bilgiyi yeni ve heyecan verici kılın. Örneğin, der Burns, en iyi öğretmenler her zaman bilgiyi iletmenin yeni yollarını düşünür. "Bu yüzden okulunuza *yeni* kitaplar geldiğinde hoşunuza gider –yenilik, bilgiyi yeni bir yöntemle öğretmenizi sağlar– bu da sizde ve öğrencilerde heves yaratır... Bir sınıfta *yeniliği* artırırsanız öğrencilerinizin dopamin seviyesini artırırsınız... Dopamin bağımlılık yaratabilir – öğretmenler olarak amacımız, öğrencilerimizin öğrenmeye bağımlı olmasını sağlamaktır."[9]

Dopamin bağımlılık yapar. Şimdi ilham ve teşvik veren heyecanlı sözleri duyunca neden keyif duyduğumu biliyorum. Birkaç yıl boyunca Kaliforniya'da Bakersfield kasabasında erkek kardeşime ve birkaç arkadaşa bütün gün süren derslerde eşlik ettim. Bakersfield İş Konferansı yılda bir yapılıyordu. Biletler pahalı, yol uzundu ama konuşmacılar her doların ve her dakikanın hakkını verdiler.

Bakersfield konferansında, TED gibi, konuşmacılara 20 dakikadan fazla izin verilmiyordu. Konuşmacılar, politika, işletme ve sanat alanlarındandı. Kimileri ünlüydü (örneğin Ronald Reagan, Mihail Gorbaçov, Rudy Giuliani, Steve Wynn, Wayne Gretzky) ve diğerleri daha az tanınıyordu. Ama hepsi izleyiciye yeni ve alışılmamış bir şey –eski sorunlara yeni bakış açıları– öğretme yeteneklerinden dolayı seçilmişti. Her konferansın sonunda eve uzun, beş saatlik araba yolculuğunu yaparken kendimi dünyayı fethedebilirim gibi hissediyordum. Yeni bir şey öğrenmeye bağımlı olmuştum. Öğrenmek kabul etmekte sakınca görmediğim bir bağımlılık. Doğrusu, bunu kutluyorum.

BİR İSTATİSTİKÇİ DÜNYA GÖRÜŞÜNÜZÜ YENİDEN ŞEKİLLENDİRİYOR

Hans Rosling, TED'ciler arasında bir rock yıldızıdır. TED 2006'daki sunumu büyük ilgi toplamış ve onu internette bir "viral" sansasyona dönüştürmüştü. Rosling'in 18 dakikalık videosu beş milyondan fazla kez izlenmiştir. Müzisyen Peter Gabriel bunu en sevdiklerinden biri –en "şaşırtıcı" TED konuşması– olarak adlandırır. Oyuncu Ben Affleck de, "Hans dünyadaki en yaratıcı ve eğlendirici istatistikçi!" demiştir ve aynı fikirdedir. AOL/Time Warner'in (America Online Time Warner) eski CEO'su Steve Case de bunu en "unutulmaz" üç konuşmadan biri olarak değerlendirir. TED, Bill Gates'e en sevdiği konuşmaların hangileri olduğunu sorduğunda seçemeyeceği kadar çok olduğunu söyledi. Fakat açıkça en sevdiği Rosling'inkiydi. Rosling başarılıdır, çünkü sunumunun başlığının önerdiği gibi, "dünya görüşünüzü yeniden şekillendiren" istatistiklerle çıkar izleyicinin karşısına. Bilgiyi daha önce kimsenin görmediği şekillerde sunar.

Rosling, Stokholm, İsviçre'de küresel sağlık ve yoksulluk eğilimlerini inceleyen bir sağlık profesörüdür. Doğrusu, çoğu araştırmacının elinde bu veriler sıkıcı olurdu. Rosling istatistiği hayata geçirmek için gelişimine katkıda bulunduğu yazılımı kullanır – Gapminder. Gapminder'ın sitesine göre, yazılım "istatistiğin güzelliğini, sıkıcı rakamları dünyayı anlamlı kılan zevkli animasyonlara dönüştürerek ortaya çıkarır."

Rosling sunumunun üçüncü dakikasında, rasgele baloncuk kümeleri –bazıları küçük, bazıları ötekilerden çok daha büyük– içeren bir şema gibi görünen bir slayt gösterir. Rosling, öğrencilerinden "Batı dünyası" ve "üçüncü dünya"yı tanımlamalarını istediğinde, "Batı dünyasında insan ömrü daha uzun ve aileler daha küçüktür. Üçüncü dünyada ömür daha kısa ve aileler daha geniştir," diye yanıtladıklarını açıklar.[10] Rosling bu efsaneyi dramatik olarak çürütmüştür.

Rosling grafiğin X eksenine doğurganlık (her ülke için 1962'ye kadar dayanan verilerle kadın başına düşen çocuk sayısı) oranlarını koydu. Y ekseninde doğumda beklenen yaşam süresini (eksenin dibinde 30 yaş, tepesinde 70) gösterdi. 1962'de sol tepeye yakın yerde çok net bir büyük baloncuklar kümesi vardı, daha sanayileşmiş ülkelerde küçük aileler ve daha yüksek yaşam süresi. Sağ dipte de, gelişmekte olan ülkeleri daha büyük aileler ve daha kısa yaşam süresiyle temsil eden kayda değer büyük baloncuklar vardı.

Daha sonra olan şey hayret verici, yeni ve seyretmesi eğlenceliydi. Rosling 1962'den, verilerin bulunduğu son yıl olan 2003'e kadar dünyadaki dinamik değişiklikleri göstermek için animasyonu hareketli hale getirdi. Baloncuklar yer değiştirip ekranda hızla zıpladıkça Rosling değişimleri, hokey maçı anlatan bir spor muhabiri gibi anlattı:

> İşte. Orayı görebiliyor musunuz? Çin orada, daha iyi sağlığa doğru ilerliyor, gelişiyor. Bütün yeşil Latin Amerika ülkeleri küçük ailelere doğru gidiyor. Buradaki sarılar Arap ülkeleri ve onların daha büyük aileleri var, ama onlar – hayır, daha uzun ömür ama daha büyük aile değil. Afrikalılar şu aşağı-

4.1. Hans Rosling, Gapminder'ın kurucu ortağı ve başkanı, Trendalyzer verisini sunarken. Stefan Nilsson izniyle.

daki yeşiller. Onlar hâlâ burada. Bu Hindistan. Endonezya çok hızlı gidiyor. (Kahkahalar) Ve burada 80'lerde Bangladeş hâlâ Afrika ülkeleri arasında. Ama şimdi Bangladeş – 80'lerde olan bir mucizedir: İmamlar aile planlamasını teşvik etmeye başlar. O köşeye geçerler. Ve 90'larda Afrika ülkelerinde ortalama yaşam süresini aşağı çeken korkunç HIV salgını var ve kalan herkes yukarı köşeye çıkıyor, orada uzun ömür, küçük aile ve yepyeni bir dünya var.[11]

Rosling yepyeni bir dünya ve küresel nüfus eğilimlerine yepyeni bir bakış ortaya koymuştu. İzleyicisi gülüyor, tezahürat ediyordu ve sonunda merakı uyanmıştı.

2012 yılında *TIME* dergisi Rosling'i, büyük ölçüde, internette milyonlarca kişinin izlediği, patlayarak yayılan TED konuşmasının popülerliği sayesinde dünyadaki en etkili kişilerden birisi olarak adlandırmıştı. *TIME*'a göre, Rosling "ciddi önemde bir etkinliğin öncüsüdür: bilimin halk tarafından anlaşılmasını geliştirme etkinliği."[12]

Çoğu biliminsanı istatistikleri feci sıkıcı sunumlarla verir. Rosling, karmaşık istatistikleri, 18 dakikayı bırakın, her ne uzunlukta olursa olsun tekrar tekrar seyretmek istediğim biçimde sunan ilk biliminsanlarından biridir. Çok iyi fikirler bile, eğer etkili paketlenmemişse izleyiciye ilham veremez. Kimsenin topluluk önünde konuşma için "sosyal beceri" deyip geçmesine izin vermeyin. Rosling, içeriğini yeni bir yöntemle paketlemeseydi teknik verilerinin bir değeri olmazdı.

Bazen sunduğunuz veriler dünyayı sarsar nitelikte ya da izleyiciye tamamen yabancı olmayabilir ama bu onları yeni bir yöntemle sunamayacağınız anlamına gelmez. SanDisk'te yöneticileri yıllık yatırımcı günleri için hazırlıyordum (SanDisk, dijital kameranız, MP3 çalar, iPad ya da tabletiniz ve artarak dizüstü bilgisayarlarınızın hafızası için gereken, taşınabilir belleğin dünyanın en önde gelen üreticisidir). Yatırımcılar en zor izleyicilerdendir. Rakamlar (tercihen olumlu olanlar), teknik bilgiler ve büyüme stratejileri duymak isterler. Ayrıca tonlarca sunum izlerler ve bunların çoğu kuru, kafa karıştırıcı ve sıkıcıdır.

Sözünü ettiğim bu sunumda bir kıdemli başkan yardımcısı, bir oda dolusu analiste tamamen yeni olmayan bazı verilerle (yüksek kapasite hafıza kartlarının büyüyen satışları) başlamak istedi. Bu durumda yepyeni veriler sunması gerekmiyordu ama onları yeni bir yöntemle sunması gerekiyordu. Analistler kuru grafikler bekler, bu yüzden yönetici kişisel olmaya ve konuşmasına biraz duygu katmaya karar verdi. Kendisinin bir dijital fotoğraf meraklısı olduğunu ve evde neredeyse hepsi SanDisk kartlarına kayıtlı 80.000 dijital fotoğraf koleksiyonu olduğunu söyledi. Lise yaşındaki kızlarının spor yaparken resimlerini göstererek, bu anılar için SanDisk kartlarından başka bir şeye güvenmeyeceğini açıkladı. Ayrıca panoramik manzara fotoğrafları çekmeyi seviyordu ve çektiği fotoğraflardan birkaçını gösterdi. Analistlere panoramik fotoğrafların geleneksel bir fotoğraftan on kez daha fazla hafıza kapasitesi, "SanDisk için on kez daha fazla fırsat" gerektirdiğini söyledi. Doğaları gereği, finansal sunumların tablolar, grafikler ve şekiller içermesi gerekir, ama bu, izleyicinizi malzemenin nasıl sunulacağına dair yerleşik kanılardan uzaklaştıracak bir biçimde bilgiyi sunamayacağınız anlamına gelmez.

Az önce anlattığım yönetici, verileri canlandırmak için çok kişisel hikâyeler kullandı ve bunları sunumunun temasına bağladı. O gün konuşan sekiz kişiden her biri sunumlarını aynı şekilde yaptı – ya yatırımcıların bilmediği tamamen yeni bir şey ortaya çıkararak ya da tanıdık bir bilgiyi tanımadık bir şekilde paketleyerek. Sunumların kalitesini "zayıf"tan "mükemmel"e beş puanlık bir ölçekte değerlendirmeleri istenince, yanıtlayanların neredeyse yüzde 100'ü sunumların "çok iyi" ya da "mükemmel" olduğunu söyleyerek etkinliği, yatırımcıların bütün yıl gördüğü en başarılı durum değerlendirme toplantıları arasına soktu.

BİR İÇEDÖNÜK KABUĞUNDAN ÇIKIYOR

İçedönük Susan Cain, milyonlarca TED izleyicisine yalnızlığın gücü hakkında yeni bir şey öğretmek için kabuğundan çıktı. TED, hayatlarının sunumunu yapan dünyanın en büyük zihinlerini kutlar, fakat TED konuşmacısı Susan Cain "çok iyi bir konuşmacı olmak ile çok iyi fikirleri olmak arasında sıfır bağıntı" olduğunu savunur.[13] Bu tek ifadeyle Cain, o gün izleyiciler içindeki birçok kişiyi, dışadönük, sosyal ve konuşkan kişilerin liderliği ele geçirdiğine dair algılarını sorgulamaya zorladı. "Tarihteki bazı dönüştürücü liderlerimiz içedönüklerdi."

Cain beyin fırtınası, grup dinamikleri, "kitle-kaynak" çözümleri gibi işbirliğine dayalı yöntemleri teşvik eden toplumlarda, yaratıcılığın gelişiminde yalnızlığın hayati bir bileşen olduğuna dair ikna edici bir sav öne sürer. "İçedönüklere kendileri olmak için ne kadar özgürlük verirsek, problemler karşısında vardıkları çözümler o kadar eşsiz olacaktır."

Cain'in kitabı *Sakinler de Kazanır* bir çoksatar oldu ve TED konuşması dört milyondan fazla kez izlendi. "İçedönükler, dünyanın size ve taşıdığınız şeylere ihtiyacı var. Bu yüzden size mümkün olan yolculukların en iyisini ve alçak sesle konuşma cesaretini diliyorum."

Cain başarılı bir konuşmacıdır, çünkü bizi dünyaya farklı bakmaya zorlar. Gazetecilik kariyerimde ve sonra bir yönetici iletişim koçu olarak, kaç kez, "Konum sıkıcı," ya da "Yaptığım şey o kadar ilginç değil," ya da "Sunumuma ilgi göstermiyorlar, çünkü bunları daha önce duydular," sözlerini duyduğumu bilmiyorum. Belki izleyiciniz verdiğiniz bilginin bir kısmını daha önce duymuştur, ama sizin bildiğinizi bilmezler ve verinin ya da bilginin yerine oturmayan bir türünü görmüş olabilirler. Onlara daha önce bilmedikleri tek bir şey öğretebilirseniz dikkatlerini çekersiniz.

Steve Case ortağıyla AOL'i kurduğunda modern internetin öncüsü oldu. Çok akıllı biridir. Ayrıca *Forbes*'in Amerika'nın en zengin kişiler listesinde 258. sırada gelecek kadar varlıklıdır. En sevdiği TED konuşmaları sorulduğunda Case, Cain'in konuşmasının "unutulmaz" olduğunu ve kendi en iyi 10 listesinde olduğunu söylemişti. Revolution yatırım şirketinin başkanı ve CEO'su olarak Case, daha iyi yatırım kararları almasını sağlayacak yeni içgörülere açıktır. "Revolution dünyayı değiştiren insanlara ve fikirlere yatırım yapar. Büyük şirketler kurmak, sadece sermaye değil, yetenek ve tutku gerektirir."[14] Ve Cain, Case'in dünyaya yeni bir şekilde bakmasını sağlamıştır.

Varlıklı bir risk sermayedarına ya da belli bir alanda sizden daha akıllı olduğunu algıladığınız birine bir sunum yapıyor olabilirsiniz. Emin olun ki ne kadar akıllı olurlarsa, ne kadar varlıklı olurlarsa, onlara dünyayı görecekleri yeni bir mercek verdiğinizde ikna olasılığı o kadar çoktur.

Ünlü yatırım şirketi Sequoia Capital'da erken dönem Google yatırımcılarından biriyle konuştuğumu hatırlıyorum. Bana Google adamları Sergey Brin ve Larry Page'in ofise girdiklerinde tek cümlelik bir sunumla bir yatırımcının perspektifini değiştirdiklerini söylemişti. "Google tek bir tıkla dünyanın bilgisine erişim sağlar." Bu pekâlâ, şirketler tarihindeki en kazançlı sekiz sözcük olabilir. Google dünyanın ilk arama motoru değildi ama daha iyi bir sistemdi, çünkü siteleri sadece arama sözcüklerine göre değil konuyla ilgilerine göre sıralıyordu. Yatırımcılar arama teknolojilerini sunan birçok girişimci görmüştü ve en az bir tanesi benzer bir strateji güdüyordu, ama "Google adamları" şirketlerini daha etkili sundular ve markayı lanse etmeyi sağlayan ilk para kaynağını kazandılar.

ALANINIZIN DIŞINI KEŞFEDİN

Eğer kendinizinkinden çok farklı alanlarda fikirler edinmek ve paylaşmakla ilgilenirseniz daha ilginç birisi olursunuz. Büyük mucitler farklı alanlardan fikirleri birbirine bağlar. Apple Satış Mağazası hakkında *Apple Deneyimi* kitabını yazdığım zaman, Apple yöneticilerinin müşteri hizmetleri konusunda daha çok şey öğrenmek için Ritz-Carlton'a gittiklerini öğrendim. Karşılığında, teknoloji dışında pek çok marka da kendi müşteri hizmetlerini geliştirmek için Apple'ı incelemiştir. Büyük mucitler kendi alanlarının dışındaki alanlardan fikirler uygulamaya geçirirler.

Katrina Kasırgası'ndan sonra New Orleans'ın toparlanmasına yardım etmek için federal para kaynağı elde etme projesiyle görevli bir yeniden geliştirme ajansından büyük bir iş alan, büyük bir halkla ilişkiler şirketi yöneticisi tanıyordum. Aynı şirketin farklı bir bölümünde çalışmıştım. Bu şirketin medya eğitimi bölümünde eski bir başkan yardımcısı olarak, grubun olası bir müşteriye nasıl teklif yapılacağını tartıştığı pek çok iş toplantısında oturmuştum. Genellikle bu toplantılar hayal edilebilecek en az yaratıcı ortamlarda yapılır – gri, donuk, herkesin kuru PowerPoint slaytlarını görebilmesi için karartılmış konferans odaları. Fakat bu yönetici, sunum ekibini iki gün boyunca bir konferans odasına hapsedip yaratıcı fikirler ortaya çıkmasını beklemekten daha iyisini biliyordu. Bunun yerine, o ve ekibi, kasırgadan sonra New Orleans'ın en çok hasar gören kısmı Lower Ninth Ward'u gezdiler.

Yöneticinin ekibindekiler gördükleri yoksulluk ve ıstıraptan o kadar etkilendiler ki PowerPoint'i def edip yürekten konuşmanın en iyisi olduğuna karar verdiler. Ekibin hiçbir üyesi konuşmasında slayt ve not kullanmadı. Bunun yerine görmüş oldukları şeyler ve neden yeniden yapılandırma çabasında rol almak istedikleri hakkında konuştular. Sanki sunuma ayakları hâlâ çamurlu girmiş gibiydiler. Ekip işi aldı ve sonra karar alıcılardan birisi, daha odadan çıktıklarında zaten işi almış olduklarını söyledi.

İzleyicilerinizin dünyalarına yeni bir açıdan bakmalarını sağlamak, kendi dünyanızı sadece yeni bir mercekten görerek olur.

TEDnot

BEYNİ YENİ DENEYİMLERLE BOMBARDIMAN EDİN. Sunumunuza yeni kavramlar katmak biraz yaratıcılık ve dünyaya yeni bir bakış şekli gerektirir. Yaratıcılığınızı hemen başlatmanın bir tekniği, yeni deneyimleri benimsemektir. Beyin kestirmeden gider. Sonunda beynin amacı enerjiyi korumaktır. Sinirbilimciler, sadece beyni yeni deneyimlerle bombardıman ederek zihinlerimizi dünyaya yeni bir mercekten bakmaya zorlayabileceğimizi bulmuştur. Bu da arada bir ofisinizden çıkmanız gerek demektir. Yeni olaylar, insanlar ve yerler deneyimleyin. En önemlisi, bu yeni deneyimleri sunumlarınıza katın.

BAŞARILI SUNUMLAR HİÇ DÜŞÜNMEDİĞİNİZ FİKİRLERİ ORTAYA ÇIKARIR

Fast Company, ünlü muhabir Charlie Rose'a iyi bir konuşmanın ne olduğu konusunda fikrini sorunca, Rose şöyle der: "İyi konuşmalar sizi bir geziye, bir yolculuğa çıkarır. Sizi yakalar ve ritmi algılarsınız, öylece akar ve inşa eder. Sonunda, sizi hiç düşünmediğiniz fikirlere, kendinizi ya da işinizi yeniden keşfetmenizi sağlayan yerlere götürebilir."[15] İyi konuşmalar ya da sunumlar *sizi hiç düşünmediğiniz fikirlere götürür*.

Bugünün sosyal medya iklimi, daha çok klişe, bayat, beylik ve çok kullanılmış fikirlerin bir kakofonisidir. Kaç kez bir sporcu ya da CEO'nun "Takımda *ben* yoktur," dediğini duydunuz? Kaç kez bir danışmanın, "Büyük liderler dinler," diye önerdiğini duydunuz? Kaç kez evlilik danışmanlarının uzun ve mutlu bir evliliğin sırrı olarak daha iyi iletişimi önerdiğini duydunuz? Bütün bu gözlemlerde doğruluk payı vardır, ama öğütler aynı şekilde paketlendiğinde ve onları tekrar tekrar duyduğunuzda etkilerini yitirirler. Farklı düşünmenizi sağlayacak yetilerini kaybederler. Evlilik danışmanı John Gray, *Erkekler Mars'tan, Kadınlar Venüs'ten* kitabını yazdığında düşünmenizi sağladı. İlginçti. Bazı eski ve yeni bilgileri, içeriği yeni ve alışılmamış kılan bir şekilde paketlemişti. Pek çok evliliği de kurtardı ama dikkat çekici olmasa hiç şansı olmazdı.

DİKKAT ÇEKİCİ MİSİNİZ?

Seth Godin, kurnaz fikirleri farklı sunarak kariyer yapmış, popüler bir blogcu ve pazarlamacıdır. Şubat 2003'te TED izleyicisine, fazla seçeneği ve az zamanı olan bir toplumda doğal eğilimimizin, çoğu fikri yok saymak olduğunu söylemişti.

Burada yapacağım benzetme şudur: Yolda arabayı sürerken bir inek görüyorsunuz ve arabayı sürmeye devam ediyorsunuz, çünkü daha önce inek gördünüz. İnekler görünmezdir. İnekler sıkıcıdır. Kim durup kenara çekecek ve, "Aa bak inek," diyecek. Kimse. Ama inek mor olsaydı, bir süre için onu fark edecektiniz. Yani eğer bütün inekler mor olsa onlardan da sıkılırdınız. Neyin hakkında konuşulacağına, ne yapılacağına, neyin değişeceğine ve satın alınacağına, inşa edileceğine karar veren budur: Dikkat çekici mi? Ve "dikkat çekici" gerçekten hoş bir sözcüktür, çünkü harika demektir, ama aynı zamanda dikkat etmeye değer demektir.[16]

Seth Godin, TED konuşmasıyla aynı yıl *Mor İnek* adında bir kitap yayımladı. Godin'in mesajı –kendinin ustalaştığı– şudur: Aynı bıkkın bilgiyi herkes gibi aynı sıkıcı şekilde sunmak sizin fark edilmenizi sağlamayacaktır. Mor yerine kahverengi bir ineğiniz olacaktır. İçeriğinize biraz farklı bir yorum katın, gazetecilikte dediğimiz gibi bir "kanca" atın ve o zaman dinleyicileriniz mesajınızı çok daha iyi algılayacaktır.

Sinirbilimci Gregory Berns'e göre beyin sadece "tembel bir et parçasıdır". Beyni, şeyleri farklı görmeye zorlamak için, beynin bilgiyi *algılamasını* sağlayacak yeni ve alışılmamış yöntemler bulmalısınız. "Beyne, öngörülebilir algılamalardan çıkmaya zorlamak için daha önce hiç işlenmemiş bir şey verilmelidir."[17]

Bilgiye susuzluk, beyni "öngörülebilir algılamalardan" çıkarmaya zorlayan istek, Edi Rama'nın TEDx izleyicisini, memleketi Arnavutluk'ta yolsuzluğu kontrol altına almak ve suç oranını düşürmek için bulduğu çözümle etkilemesinin sebebidir. Rama, on yıl boyunca minik ülkenin başkenti Tiran'ın belediye başkanıydı.

Tiran bir zamanlar dünyanın en yozlaşmış şehirlerinden biri sayılıyordu. Çamur, çöp, terk edilmiş binalar ve gri alanlar... pek çok grisi olan bir şehirdi. İç karartıcı ve moral bozucu bir yerdi. 2000'de Rama, eski binaları yıkmayı ve dikkat çekmek için Tiran binalarının dışını canlı renklere boyamayı içeren bir dizi reform uyguladı. Şehrin binalarının dışını kendi tuvali gibi gördü, çünkü politikacı olmadan önce ressamdı ve sanattan biraz anlıyordu. "2000'de belediyeye atandıktan sonra haftalar içinde Rama, Tiran'ın gri, donuk cephelerini, Marsilya ve Mexico City'yi andıran parlak renklerle boyamak için boyacılar tutmaya başladı. Bugün, 650.000 kişilik Tiran'ın bazı bölgeleri, maviler, sarılar ve pembelerle, Arnavutluk'un komünist diktatörlük altında geçen 45 yıllık zalim tecritini yararak çıkışıyla bir Mondrian resmine benzer."[18]

Gri, renkliye döndükçe suç oranı düştü ve parklar türedi. İnsanlar kendilerini daha güvende hissetti ve şehirleriyle gurur duydu. Rama, bir gün yeni renklenmiş bir caddede yürürken, pencerelerinden eski kepenkleri indirip cam cephe yapan bir dükkân sahibiyle karşılaştı.

"Neden kepenkleri attınız?" diye sordu ona.

"Çünkü artık cadde daha güvenli," diye yanıtladı adam.

"Daha mı güvenli? Neden? Buraya daha çok polis mi yerleştirdiler?"

"Yok canım! Ne polisi? Kendiniz görebilirsiniz. Renkler, sokak lambaları, çukursuz yeni asfalt, ağaçlar. O kadar güzel ki güvende hissediyorum."

Rama'nın sanata olan tutkusuyla birlikte doğal merakı onun pek çok insanın asla çözülemeyeceğini düşündüğü bir sorunu çözmesini sağladı. Rama tam olarak Gregory Berns'in önerdiği şeyi yaptı – bilgiyi farklı şekilde algıladı.

Her türlü dilde konuşan her türden izleyici sorunları çözmenin yeni ve alışılmamış yollarını duymayı sever. Ne de olsa buna donanımlıyız!

Kimi konuşmacılar yenilgiyi kabul eder bir tutum benimser. İnsanlara öğretecek bir şeyleri olmadığını düşünürler. Elbette vardır. Hepimizin vardır. Hepimizin anlatacak benzersiz hikâyeleri vardır. Kitabın bu bölümündeki konuşmacılarla aynı deneyimleri paylaşmayabilirsiniz, ama keşif yolculuğunda aynı şekilde ilginç ve değerli hayat hikâyeleriniz vardır. Eğer onlar size yeni ve değerli bir şey öğretiyorsa, diğer insanların da sizi duymak istemesi için şans vardır.

Cinsellik Satar, TED'de Bile

TED'cilerin çeşitli kategorilerde bilgiye obur bir iştahı vardır. Cinsellik de buna dahildir. Kimi konuşmacılar mahrem konulara ilginç yanıtlar –en azından bir yanıt umudu– vermiştir.

Şubat 2009'da bilim gazetecisi Mary Roach "Orgazm Hakkında Bilmediğiniz 10 Şey"i açıkladı ve üç milyondan fazla kez izlendi.

Helen Fisher, "Neden Severiz, Neden Aldatırız" adlı sunumuyla 2,5 milyon izleyici çekti. Nisan 2012'de TEDMED'de Diane Kelly, insanların erkek cinsel organı hakkında bilmediği şeyleri ortaya çıkardı. Jenna McCarthy evlilik hakkında bilmediğimiz şeyleri anlattı ve Amy Lockwood TED izleyicisini Afrika'da HIV'i azaltmak için prezervatif dağıtmak hakkında eğitti. Görünüşe göre insanlar, cinselliğe gelince, bilmedikleri şeyler hakkında kesin bildikleri şeylere olduğundan daha meraklıdır.

TED BEYNİNİZİ SÜREKLİ ÇALIŞTIRIR

Yeni Zelanda'daki Otago Üniversitesi'nde siyasal bilimler profesörü Dr. James Flynn dünya nüfusunun zekâ seviyesinin yükseldiğine inanır, hem de sadece biraz değil, çok, çok yükseldiğine. Teorisi akademik çevrelerde o kadar geniş kabul görmüştür ki "Flynn Etkisi" adı verilmiştir. Flynn'in kendisi teoriyi şöyle tanımlar: "Eğer bugünün on sekiz yaşındaki insanlarını on, yirmi, otuz, kırk, elli yıl öncesinin on sekiz yaşındaki insanlarıyla karşılaştırırsanız IQ testlerinde çok daha yüksek puanlar elde edersiniz."[19]

Flynn, IQ puanlarının her kuşak için, sadece birkaç yerde değil, IQ verilerinin erişilir olduğu bütün ülkelerde yükseldiğini buldu. Flynn Etkisi tartışmaları, buluşun değil arkasındaki *se-*

beplerin üstüne odaklanır. En mantıklı ve kabul gören yanıt, eğitime daha fazla erişim olmasıdır. Çoğu ülkede insanlar geleneklere uygun eğitim ortamlarında ve internette, TED.com gibi siteler aracılığıyla daha çok zaman geçiriyor. *The New York Times*'da çıkan bir makaleye göre, "Flynn, IQ'nun yükseldiğini çünkü sanayileşmiş toplumlarda beyinlerimize sürekli zihinsel idman yaptırarak beyin kas gücü diyebileceğimiz şeyi geliştirdiğimizi savunur."[20]

TED'in başarısı kısmen, gelişen IQ'larımıza ve insanların zihinsel idman istediği gerçeğine dayanabilir. TED.com videoları bir milyardan fazla kez izlenmiştir. 18 dakikalık videoların temelde sunumlar olduğu gerçeğini düşünürseniz bu olağanüstü bir izlenme sayısıdır. Gördüğünüz çoğu iş sunumunu düşünün – ilham verici midir? İlginç midir? Merak uyandırır mı? Pek değil. Konuşmacılar *TED Gibi Konuş*'mayı öğrenmemiştir. Beynin yeniliği sevdiğini ya da onu nasıl sunacaklarını öğrenmemişlerdir.

> TED'in kutladığı, insanın hayal gücü yeteneğidir.
>
> – Sir Ken Robinson, TED 2006

TWITTER-DOSTU BAŞLIK

Temmuz 2009'da, *Drive* adlı çoksatarın yazarı Dan Pink, beş milyondan fazla kez izlenen bir TED sunumunda motivasyon bilmecesini çözdü. Pink'ten konuşmasını tanımlamasını istediğimde, bunu bir cümleyle yaptı: "Güvendiğimiz motive ediciler sandığımız kadar iyi işlemez." Bu cümle 58 karakterden oluşarak, bir Twitter mesajının maksimum 140 karakter sınırlamasına kolaylıkla uyar.

Eğer büyük fikrinizi 140 karakter ya da daha azıyla açıklayamazsanız mesajınız üstünde çalışmaya devam edin. Bu metot sunumunuza netlik getirir ve izleyicinin onlara öğretmeye çalıştığınız büyük fikri hatırlamasına yardımcı olur.

Yazar ve konuşmacı olmadan önce Pink'in kariyeri, konuşma yazarlığı ve sözcükler üstüne düşünüp politik liderler için sözler geliştirmek üstüneydi. "Bir sunumdan önce kendime, 'İnsanların bundan almalarını istediğim tek bir şey nedir?' diye sorarım. Gerçek sınav, sunumunuzu yaptıktan sonra birisi izleyiciye, 'Bu kişi ne anlattı?' diye sorduğunda ortaya çıkar. Bu soruya net bir yanıt verebilecekleri kadar iyi olmak isterim."[21] Yanıt, der Pink, küçük şeylerin birikimi değil, o büyük fikirdir. "Yöneticiler ve uzmanlar ayrıntıların arasında kaybolmaya yatkındır ve her zaman yeni başlayan birinin zihniyle ve izleyicinin açısından bakmayı başaramazlar."

140 karakterde ayrıntıların arasında kaybolmak kolay değildir. TED'e yaraşır bir sunum yapmanın ilk adımı kendinize, "İzleyicimin bilmesini istediğim tek bir şey nedir?" diye sormaktır. Benim "Twitter-dostu" başlık dediğim şeyden, yani bir Twitter mesajına kolayca sığdığından emin olun.

Dikkate değer olarak, TED.com'da herkese açık 1500'den fazla TED sunumunun her birinin konusunu gözden geçirdikten sonra, 140 karakteri geçen bir tane –tek bir tane– bulamadım. En uzun başlıklardan birisi, "İran'ın geleceği üstüne üç tahmin ve bunu destekleyecek matematik" (65 karakter), hatırlamayı kolaylaştıran etkileyici bir unsur içerir – Üç Kuralı (7. bölüme bakın).

TED.com'da en çok izlenen konulardan bazıları:

- "Okullar Yaratıcılığı Öldürür" (Sir Ken Robinson)
- "Büyük Liderler Nasıl Harekete Geçirir" (Simon Sinek)
- "Bulunmaz, Yaratıcı Dehanız" (Elizabeth Gilbert)
- "Mutluluğun Şaşırtıcı Bilimi" (Dan Gilbert)
- "İçedönüklerin Gücü" (Susan Cain)
- "Başarının 8 Sırrı" (Richard St. John)
- "Ölmeden Önce Nasıl Yaşamalı" (Steve Jobs)

Twitter başlığı iki sebeple işe yarar: 1. İyi bir metottur, sizi izleyicinizin hatırlamasını istediğiniz tek bir mesajı belirleyip netleştirmeye zorlar; 2. İzleyicinizin içeriği işlemesini kolaylaştırır. Kavramsal araştırma, beyinlerimizin ayrıntılardan önce büyük resmi görmeye ihtiyacı olduğunu göstermiştir. John Medina bir keresinde bana şöyle açıkladı: "Carmine, ilkel adam kaplanla karşılaşınca, 'Kaplanın kaç dişi vardır?' diye sormadı. 'Beni yiyecek mi?' diye sordu."[22] İzleyicinizin ayrıntıları öğrenmeden önce büyük resmi görmesi gerekir. Eğer fikrinizi ya da ürününüzü 140 karakterle açıklayamıyorsanız, bunu yapana kadar çalışın.

TED yöneticisi Chris Anderson'a göre, "Dikkat çekici fikirler her bilgi alanından gelir.[23] İş hayatlarımızda sürekli kazdığımız derin hendeklerden arada bir çıkıp dışarı adım atmak, büyük resmi ve hendeklerin nasıl bağlandığını görmek anlamlı olur. Bu çok ilham vericidir." Dikkat çekici fikirlerden birine sahip olabilirsiniz ama izleyicinize "hendeklerin nasıl bağlandığına" dair büyük resmi göstermeniz şarttır.

TEDnot

TWITTER-DOSTU BİR BAŞLIK YARATIN. Bir sonraki sunumunuzu geliştirirken, kendinize, "Şirketim, ürünüm, hizmetim ya da fikrim hakkında izleyicimin bilmesini istediğim tek bir şey nedir?" diye sorun. Başlığınızı belirli ve açık yapmayı unutmayın. Sıklıkla müşterilerim bir başlık yerine slogan yaratır ama bu yine de bana bilmem gereken tek bir şeyi söylemez. İyi geliştirilmiş bir başlıktan, ürünün, hizmetin ya da amacın ne olduğunu ve onu farklı ya da benzersiz kılanın ne olduğunu belirleyebilmeliyim. Başlığınızın bir Twitter girişinin 140 karakterlik sınırına uyduğundan emin olun. Bu sadece iyi bir alıştırma değil, pazarlama için esastır. Twitter, pazarlamacılar için öyle güçlü bir zemindir ki, kolay hatırlanan ve sosyal ağlarda paylaşılan, "tweet edilebilen" bir tanım önemlidir.

KEŞİF BAĞIMLILARIYIZ

Twitter profiline göre, Ben Saunders, "soğuk yerlerde ağır şeyleri sürükler". Kuzey Kutbu'na yalnız başına kayak yapan en genç erkekti. Saunders bir maceracı, arktik kâşiftir. On hafta boyunca 200 kilo yiyecek, malzeme ve blog yazmak için bir bilgisayar sürüklemiştir. Derecenin sıfırın altında 50'ye inmesi alışılmamış bir şey değildi. Zaman zaman, Saunders on üç milyon kilometrekare içindeki tek insandı.

Bunu neden yaptı? Kazanacak az şey vardı. Çizilecek harita, çıkaracak altın ya da kömür, bulunacak yemek yoktu. Keşif, bağımlılığını besledi. "Kutup keşiflerinin, uyuşturucu alışkanlığından o kadar da uzak olmadığını düşünüyorum,"[24] demişti Saunders Londra'da TED izleyicisine. "Benim deneyimimde, bir insan için mümkün olanın en kıyısındaki hayatı tatmakta bağımlılık yapan bir şey var."

Seyircinizin doğal olarak keşfetmeye donanımlı insanlardan oluştuğunu hatırlayın. Saunders'a göre, insanlar sadece seyredip merak etmek istemez. "Deneyimlemek, katılmak, çabalamak" isterler... "hayatın gerçek özü burada bulunur."

Saunders ilham ve büyümenin, "rahat olandan uzaklaşmaktan" geldiğine inanır. "Hayatta hepimizin aşacak fırtınaları ve yürüyecek kutupları var ve cesaret toplarsak, en azından mecazi olarak, hepimiz evden biraz daha sık dışarı çıkmaktan yararlanabiliriz."

TED.com videoları size mecazi olarak "evden dışarı çıkma" ve dünyanın en iyi beyinleriyle bu keşif yolculuklarına katılma fırsatı verir. Kapıyı açın. Dışarı bir bakın. Topluluk önünde konuşma becerinizi geliştirmenize yardım edecek ve size hayatınızın rollerinin herhangi birinde daha başarılı olmanız için araçlar verecek harika sunumlardan bir dünya keşfedeceksiniz.

Sır #4: Bana Yeni Bir Şey Öğretin

İzleyicinize tamamen yeni, farklı paketlenmiş ya da eski bir sorunu çözmenin yeni ve alışılmamış bir yolunu sunan bir bilgi açıklayın.

TEDx konuşmacısı ve tasarımcı Oliver Uberti, bir keresinde, "Her süper kahramanın bir çıkış hikâyesi vardır. Sizin de öyle. Başka birininkini izlemeyin. Kendi başyapıtınızı yaratın," demişti. Çoğu iletişimci sandığından çok daha yaratıcıdır. Yaratıcılıklarını ortaya çıkarmaya ve fikirlerini sunmak için yenilikçi bir yaklaşım benimsemeye teşvik edildiklerinde zorluklara meydan okurlar.

5

Ağızları Açık Bırakan Anlar Yaratın

Her zamanki numaranı satıp durmayacaksın.

– TED Emri

NBC HABER SUNUCUSU BRIAN WILLIAMS savaş, politika ve ekonomiyi haber yapar. Sunumları haber yapmaz. Neden yapsın? Her gün yapılan milyonlarca PowerPoint sunumu var, bu yüzden CEO'lar ve diğer ünlü liderler tarafından yapılsa bile sunumlar "flaş haber" niteliğinde değildir. Williams, Şubat 2009'da TED'de konuşan milyarder Bill Gates için bir ayrıcalık yaptı.

Gates küresel yoksulluk ve çocuk ölümleriyle ilgili büyük sorunları çözmek ister. Bunu yalnız yapamaz. İzleyicileri işe katmak zorundadır. Hatırlayın, beyin sıkıcı şeylere dikkat etmez. Gates bunu bilir, böylece izleyicisinin dikkatini çekmek için benzersiz bir kanca buldu. Bu Williams'ı da şaşırttı. O gece Brian Williams'a göre:

> Microsoft'un milyarder kurucusu Bill Gates, teknoloji endüstrisinin en büyük liderlerinin bazılarının bulunduğu konferansta bir mesaj vermek istedi. Sahnedeyken bir cam kavanozu açtı ve, "Sıtma sivrisinekler tarafından yayılır. Buraya biraz getirdim. Onların etrafta uçmasına izin vereceğim. Sadece yoksul insanlara bulaşması için bir sebep yok," dedi. İzleyici, herhangi birimizin de aynen kalacağı gibi, dehşet içinde oturakaldı. Anlar sonra Gates seyircileri rahatlattı ve getirdiği sivrisineklerin sıtmasız olduğunu bildirdi ama bunu bir mesaj vermek için yapmıştı ve mesaj alındı. Gates ve eşi Melinda, hayatlarını ve servetlerini pek çok farklı yardımseverlik amacına adamıştır; buna her yıl 500 milyon kadar yeni sıtma vakasının olduğu Afrika ve Asya'daki yoksul ülkelerde sıtmayı yok etmek dahil.[1]

Bunun şaşırtıcı olabileceğini biliyorum ama televizyon haberleri sıklıkla yanıltıcıdır. Williams'da da öyle oldu. Gates, sadece yoksul insanlara bulaşması için bir sebep yok, demedi. "Sıtma elbette sivrisineklerle yayılır. Buraya biraz getirdim, sadece bunu deneyimleyebilmeniz için. Onları biraz salonda dolaşmaya bırakacağız. Sadece yoksul insanların bunu deneyimlemesi için bir sebep yok,"[2] dedi. Ayrıca izleyiciler "dehşet içinde sessiz" oturmadı. Kahkahalarla güldüler, tezahürat ettiler ve alkışladılar. Gates etkili olarak şunu gösterdi:

Sır #5: Ağızları Açık Bırakan Anlar Yaratın

Bir sunumda ağızları açık bırakacak an, sunumu yapanın şok eden, çarpıcı ya da şaşırtıcı bir an sunmasıdır ve bu o kadar etkileyici ve unutulmazdır ki dinleyicinin ilgisini çeker ve sunum bittikten sonra da uzun zaman hatırlanır.

Neden işe yarar: Ağızları açık bırakacak anlar sinirbilimcilerin duygu yüklü olay [*emotionally charged event*] dedikleri şeyi yaratır; bu, izleyicinizin mesajınızı hatırlayıp harekete geçmesini daha olası kılan yükseltilmiş bir duygu halidir.

5.1. Bill Gates TED 2009 sunumu sırasında sivrisinekleri salarken. James Duncan Davidson/TED izniyle. (http://duncandavidson.com)

GATES HİÇ KÜSTAH DEĞİLDİ. Birkaç cümle önce daha iyi ilaç ve aşılar sayesinde kaç çocuğun hayatının kurtulduğundan bahsediyordu. "O hayatların her birinin çok önemi var," dedi. Her yıl sıtmadan milyonlarca kişinin öldüğünü söyleyerek empati dolu bir sunum yaptı. Anafikrini yerine ulaştırmak için mizah ve şok edici bir an kullandı.

Sevilen bir teknoloji blogcusu, "GATES KALABALIĞIN ÜSTÜNE SİVRİSİNEK SÜRÜSÜ SALDI" başlığını yazdı. Doğrusu bu tam olarak bir sivrisinek "sürüsü" sayılmazdı (kavanozda sadece birkaç tane vardı). Her şeye karşın sunum hızla yayıldı. Bir

Google araması olaya 500.000 bağlantı verir. TED.com sitesinde asıl video 2,5 milyon kez izlendi ve bu sayı ona bağlantı veren web sitelerini içermez.

Girişimci ve Path CEO'su Dave Morin bunu Twitter'da duyuran ilk kişiydi: "Bill Gates TED'de kalabalığa sivrisinekleri saldı ve, 'Bunu sadece yoksul insanlar deneyimlememeli,' dedi." eBay kurucusu Pierre Omidyar, "Bu kadar, artık önde oturmayacağım," diye tweet attı. Unutulmaz bir an paylaşılır, mesaj ilk izleyicisinden çok daha öteye, sıklıkla dünyaya yayılır.

Gates 18 dakika konuştu. Sivrisinek numarası toplam konuşma süresinin yüzde 5'inden az tuttu, ancak bugün sivrisinek ânı sunumun insanların en çok hatırladığı kısmıdır. İlginç olayların çoğu, ofiste yerinize dönmeden önce bir bardak su aldığınız süre kadar konuşulur. Gates'in ilginç olayı beş yıl sonra hâlâ fark edilir, tartışılır ve paylaşılır.

Bu sivrisinek numarasına gazetecilikte "kanca" deriz. Dikkatinizi çeken ve sizi hikâyeyi okumaya ya da paylaşmaya ikna eden hayret verici an, gösteriyi durdurucu, etkileyici bir araçtır. (Bir arkadaşınıza videonun bağlantısını e-postayla yollarken, "Bill Gates'i sivrisinekleri salarken görmelisin," diyebilirsiniz.)

Bir sonraki sunumunuza bir kavanoz sivrisinek götürmenizi önermiyorum ama içeriğiniz hakkında düşünmeyi ve vereceğiniz en önemli mesajları belirlemenizi öneriyorum. Sonra o mesajları iletmek için yeni ve unutulmaz bir yol bulun. Bazen izleyicinizin ilgilenmesi için onları şaşırtmanız gerekir.

Bir PowerPoint sunumu yaratırken yapmanız gereken ilk şey nedir? Eğer pek çok kişi gibiyseniz, "PowerPoint'i açmak" dersiniz. Yanlış yanıt. Önce hikâyeyi planlamalısınız. Tıpkı filmi çekmeye başlamadan önce sahneleri storyboard haline getiren bir yönetmen gibi çekmeye başlamadan önce hikâyeyi yaratmalısınız. Hikâye tamamlandığı zaman güzel slaytlar tasarlamak için çok zamanınız olacak ama eğer hikâye sıkıcıysa daha bir kelime etmeden izleyicinizi kaybedersiniz.

Hikâyeyi planlarken birkaç duyuyu vurgulamak isterim – görme, dokunma, hissetme. Ayağa kalkın ve bir yazı tahtasına gidin, bir kalem ya da bloknot alın, bir tablette çizim uygulaması kullanın ya da yürürken düşünün – beyninizin birkaç alanını birden meşgul eden herhangi bir şey yapın. Hepsinden önemlisi, kullandığınız yazılımdan (PowerPoint, Keynote, Prezi vb.) bağımsız, ilk adım olarak yazılımı açmayın. Eğer öyle yaparsanız sunumunuz ilginç ve ilham verici olmayacaktır.

PowerPoint haksız yere eleştirilir ama kötü bir araç değildir. Sıklıkla nefis sunumlar yaratmak için kullanılabilir ve kullanılmaktadır. Ama ilk önce hikâyeniz yoksa, harika slaytlarınızın önemi yoktur. Her unutulmaz hikâye, film ya da sunumda çok etkili olduğu için herkesin hatırladığı bir sahne ya da olay vardır. Bu çok iyi bilinen bir psikolojik araçtır ve araştırmacıların bunun için bir terimi vardır.

DUYGU YÜKLÜ BİR OLAY ORTAYA ÇIKARIN

Gates, sivrisinek "sürüsünü" saldığında seyircisini etkisi altına aldı, çünkü şok edici, beklenmedik ve farklıydı. Bu, beyin araştırmacılarının "duygu yüklü olay" dedikleri şeydi. Bu kitaptaki her teknik gibi bu da işe yarar, çünkü beyin bunun için donanımlıdır.

"Duygusal yetkinlik uyarıcısı* şimdiye kadar ölçülen en iyi işlenmiş dış uyarıcı türüdür,"[3] der moleküler bilimci John Medina. "Duygu yüklü olaylar hafızamızda daha uzun kalır ve nötr anılardan daha doğru hatırlanır."

Medina bütün bunların ön beyin kabuğunda yer alan amigdalayı ilgilendirdiğini söyler. "Amigdala, nörotransmitter dopaminle doludur ve dopamini bir ofis asistanının Post-it notlarını kullandığı gibi kullanır. Beyin duygu yüklü bir olay saptadığı zaman, amigdala sisteme dopamin salar. Dopamin, hafızaya ve bilgi işlemeye büyük oranda yardım ettiği için, Post-it notunda 'Bunu Hatırla!' yazdığını söyleyebilirsiniz. Beynin, belli bir bilgi parçasının üstüne kimyasal bir Post-it notu yapıştırmasını sağlamak demek o bilginin daha sağlam işlenmesi demektir."[4]

* ECS kısaltmasıyla anılır, açılımı *emotionally competent stimulus*. (e.n.)

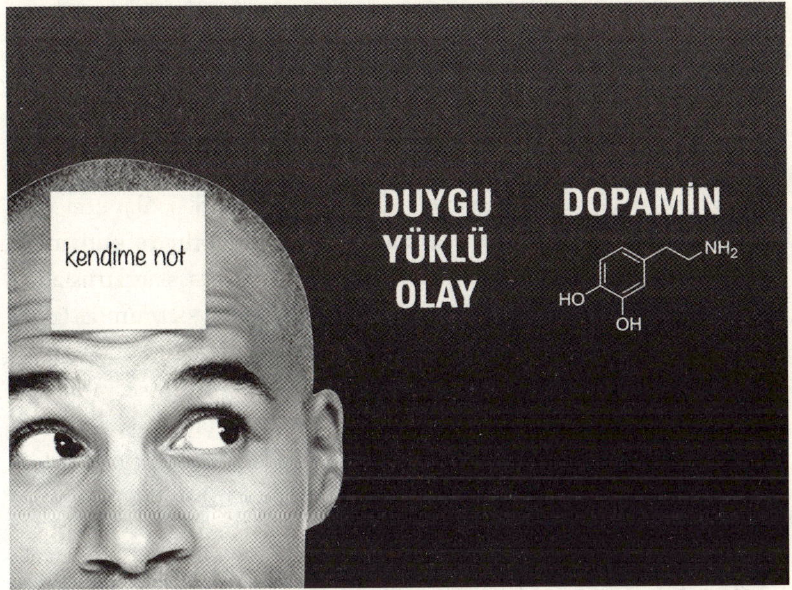

5.2. Dopaminin beyin üstündeki etkisinin gösterilmesi. Empowered Presentations @empoweredpres tarafından oluşturulmuştur.

Nötr tepkiye neden olan olaylardan çok duygularınızı uyandıran olayları hatırlamanız daha olasıdır. Kimi biliminsanları bu olaylara "flaş ampulü hatıralar" der. Anlaşılmıştır ki, 11 Eylül 2001'de nerede olduğunuzu hatırlayıp bu sabah anahtarlarınızı nereye koyduğunuzu unutmanızın bir sebebi var. Ve bu farkı anlamak sizin daha çok hatırlanacak, "ağızları açık bırakacak" sunumlar yapmanıza yarar sağlayabilir.

11 EYLÜL'Ü HATIRLAMAK VE ANAHTARLARINIZI UNUTMAK

Duygu yüklü bir olay (şok, şaşkınlık, korku, üzüntü, coşku, merak) deneyimlediğinizde, hissettiğiniz şey o olayı ne kadar canlı hatırladığınızı etkiler. Büyük olasılıkla, teröristlerin uçakları kaçırıp Dünya Ticaret Merkezi'ne uçurduğu 11 Eylül 2001'de sadece *nerede* olduğunuzu değil, *ne* yaptığınızı, *kimle* olduğunuzu, yüz ifadelerini, ne söylemiş olabildiklerini ve çevrenizde başka zaman dikkat etmeyeceğiniz diğer küçük şeyleri de canlı olarak hatırlarsınız. İnsanlar canlı olayları hatırlar, sıradan olayları unutur.

Toronto Üniversitesi psikoloji profesörü Rebecca Todd, birinin bir olayı ne kadar canlı deneyimlediğinin o olayı ya da bilgiyi daha sonra ne kadar kolay hatırlayabileceğini etkilediğini bulmuştur. Todd, *Journal of Neuroscience*'da araştırmasını yayımladı. "Duygusal olarak uyarıcı şeyleri daha sıradan şeylere göre daha netlikle gördüğümüzü keşfettik,"[5] der Todd. "Pozitif –örneğin ilk öpüşme, bir çocuğun doğumu, bir ödül kazanmak– ya da negatif olsunlar, örneğin travmatik olaylar, ayrılıklar ya da hepimizin taşıdığı acı ve utanç veren bir çocukluk ânı, etki aynıdır. Dahası bir şeyi ilk başta ne kadar canlı algıladığımız, onu daha sonra ne kadar canlı hatırlayacağımızı öngörür. Buna "duygusal olarak güçlendirilmiş canlılık" deriz ve bir flaş ampulünün flaşı gibi hafızaya kaydedilen bir olayı aydınlatır.

Todd ve meslektaşları hatıraları etiketlemekten sorumlu bölge amigdalanın "canlı" bir olayı deneyimlerken en aktif halinde olduğunu buldular. Araştırmacılar katılımcılara, dişlerini gösteren köpekbalıkları sahneleri gibi "duygusal olarak uyarıcı ve negatif", hafif erotik malzemeler gibi "duygusal olarak uyarıcı ve olumlu" ve asansörde duran insanlar gibi "nötr sahnelerin" fotoğraflarını gösterdiler. Sonra araştırmacılar katılımcıların akıllarında ne kadar ayrıntı tuttuklarını ölçmek için iki farklı çalışma yaptı. Bir çalışma, fotoğrafları görmelerinden 45 dakika sonra yapıldı ve bunu izleyen çalışma da bir hafta sonra yapıldı. "İki çalışmada da duygusal olarak güçlendirilmiş, canlılığı yüksek resimlerin daha canlı hatırlandığı bulundu," der Todd.

"Neden izleyici Bill Gates'in sivrisinekleri saldığını hatırladı?" diye sordum Todd'a bu kitap için bir söyleşide.

"Bu unutulmazdır, çünkü kesinlikle duygusal olarak uyarıcıdır, hoş olsun ya da olmasın," dedi.[6]

"Duygusal olarak uyarıldığınızda, beyinde stres hormonları olduğu kadar yüksek dozda norepinefrin de üretirsiniz. Bir süredir duygusal uyarılmanın hafızayı güçlendirdiğini biliyoruz.

Çalışmamız; duygusal uyarılmanın bir başka etkisi olarak, olayları gerçekte oldukları anda daha canlı algıladığınızı ve bunun da hatırlama olasılığınızı artırdığını gösteren ilk çalışmaydı. Bill Gates'in sivrisinekleri, izleyicilerde, sivrisineklerin sıtma taşımadığını bilmediklerinden şaşkınlık ve korku uyandırmış olmalı. Şaşkınlık ve korkunun ikisi de yüksek duygusal uyarıcılardır."

Todd, önemli olayları sıradan olaylara göre çok daha zengin biçimde kodladığımızı keşfetti. "Sanki olay algısal farkındalığımıza daha canlı kaydedilir gibidir," dedi bana. "Sebebin bir kısmı, şeylerin duygusal önemini etiketlemekte anahtar bir beyin bölgesi olan amigdalanın görsel beyin kabuğuyla –beynin görmeye izin veren kısmı– konuşur ve aktivitesini artırarak o olayları gerçekte daha aktif algılamamızı sağlar."

"Sonuç olarak, araştırmanız, unutulmaması ya da hatırlanması gereken sunumlar yapan ya da bilgi ileten kişilere ne öğretir?" diye sordum Todd'a.

"Eğer izleyicinin duygusal tepkileriyle bağ kurarsanız, bilgiyi daha canlı algılayacaklar, daha az dikkatleri dağılacak ve hatırlamaları daha olası olacaktır. Soyut noktaları açıklamak için çok somut ve anlamlı örnekler kullanın. Görüntüleri, ister güzel, şaşırtıcı, ister iğrenç olsun, beceriyle kullanın."

Beyin soyut kavramları işlemek için yaratılmamıştır. Size daha önce Toshiba America Medical Systems'daki yöneticileri yeni bir CT beyin tarama cihazını sunmaya hazırlarkenki deneyimimi anlatmıştım. Bana makinenin, "tek bir tarayıcı dönüşüyle bütün bir organı görüntülemek için 320 ultra-yüksek-çözünürlükte dedektör dizisi kullanan ilk dinamik yüksek-hacimli CT" olduğunu söylediler. Onlara bunun çok soyut olduğunu söyledim. "Somutlaştırabilir misiniz? Bunu neden önemsemeliyim?" Onlar da, "Eğer hastaneye felç ya da kalp krizi geçirmiş olarak girerseniz, doktorlar çok daha kısa zamanda çok daha doğru bir teşhis yapabilir ve hayatınız kurtulabilir. Şöyle diyelim: Ürünümüz, eve gidip tam bir hayat yaşamanızla ailenizi bir daha asla tanımamanız arasındaki farkı belirleyebilir," dediler.

Açık mesajlar belirli, elle tutulur açıklamalar gerektirir. Sizi anlayamayan izleyicinizi hayran bırakamazsınız.

EN TİKSİNDİRİCİ SUNUM

TED konuşması 10 milyondan fazla kez izlenen nöroanatomist Dr. Jill'i hatırlayın. Bu aynı zamanda en tiksindirici olandı. Eğer zayıf bir mideniz varsa Dr. Jill'in sunumunu izlemekten kaçınmak isteyebilirsiniz. Eğer yeterince cesursanız 43 cm uzunluğunda, omuriliğe bağlı gerçek bir insan beyni göreceksiniz.

Dr. Jill sunumunun ikinci dakikasında, "Eğer bir insan beyni gördüyseniz, iki yarımkürenin birbirinden tamamen ayrı olduğu açıkça bellidir. Size gerçek bir insan beyni getirdim. İşte bu gerçek bir insan beyni,"[7] dedi. Bir tepsiyle beyni taşıyan asistana döndü. Eldiven taktı, beyni alıp beyin sapının ve omuriliğin tepside dönmesine izin verdi. İzleyicinin arasında sözlü iğrenme ifadeleri duyulabiliyordu. "Bu beynin önüdür, beynin arkasından aşağı omurilik sarkar ve kafamın içinde bu şekilde yer alır," dedi Dr. Jill organı herkesin görmesi için tutarken.

Dr. Jill beynin taraflarının nasıl konumlandığını, nasıl iletişim kurduklarını ve ne rol oynadıklarını açıkladı. İzleyicinin içinde pek çok kişi rahatsızlıkla kıpırdandı ve iğrenerek dudaklarını buruşturdu. Ama yüz ifadelerine daha dikkatle bakarsanız kayda değer bir şey bulursunuz. İnsanlar, tam anlamıyla koltuklarının kenarına eğiliyorlardı. Kimilerinin elleri ağzının üstündeydi; diğerleri işaretparmağını yanağına koymuş tamamen sunuma kapılmışlardı. Derinden ilgiliydiler. Belki iğrenmiş ama duygusal olarak uyarılmış ve ilgili – gerçekten dikkatlerini vererek.

Eğer daha çok öğretmen "tiksindirici" –duygu yüklü– sunumlar yapsaydı, öğrenciler lise ve üniversitede öğrendiklerinin daha çoğunu aklında tutardı.

Dr. Jill gerçek insan beyninden oluşan sahne malzemesini 2013'te TEDx Gençlik için bir sunumda yeniden gösterdi. "Bu gerçek bir insan beyni. Ve ben bu beyne baktığım zaman, bizim sinir devre sistemi olduğumuzu hatırlıyorum... İnsan beyni hakkında daha önce bildiğimiz her şeyden daha çok şey biliyoruz ve son on yirmi yılda –sizin hayatınızın çoğunda– sinirbilimcilerin bu organ hakkında düşünme biçimini ve bizim onunla olan iliş-

> Beyin bir deneyimin duygusal bileşenlerini diğer her unsurdan daha iyi hatırlar.
>
> – John Medina, moleküler bilimci ve *Beyin Kuralları* kitabının yazarı

kimizi tamamen değiştiren şeyler öğrendik."[8] Dr. Jill konuşmasını açtığında elinde beyni tutarken, izleyici ona yoğunlaşmış ve sadece elindeki sahne malzemesine değil sözlerine de canlılıkla odaklanmıştır. Artık onun ana temasına ve esas dersi kavramaya açıktırlar: Ergenlerin beyinleri savunmasızdır ama aynı zamanda düşüncelerini seçme yetenekleri vardır ve bu da pozitif ya da negatif bir fizyolojik tepkiyi tetikler. "Bu sizin beyniniz. Sizin cihazınız. Sizin aracınız. Ve sizin gücünüz," diye bitirdi Dr. Jill. 16 dakikada, seyircisinin içindeki ergenlere okulda görebilecekleri en önemli ve unutulmaz sunumlardan birini yaptı.

Böylece, bu bölümde daha önce verilen esas mesaja dönelim: Neden 11 Eylül gibi bir olay hakkında ayrıntıları hatırlıyorsunuz da anahtarlarınızı kaybetme eğilimindesiniz? Neden Dr. Jill'in gösterisini ya da Gates'in sivrisineklerini hatırlıyoruz da gördüğümüz PowerPoint sunumlarının yüzde 99'unu unutuyoruz? Beyin duygusal olarak canlı olayları hatırlayıp sıradan, olağan olayları unutmaya donanımlıdır. Eğer vasat sunumlar denizinde öne çıkmak istiyorsanız izleyicinizi duygusal olarak yönetmelisiniz.

HAYRET ÂNININ TARTIŞMASIZ KRALI

Steve Jobs, duygu yüklü olayın, "hayret ânının" kralıydı. Her sunumda bilgi verdi, eğitti ve eğlendirdi. Jobs her sunumu bir Broadway yapımına, bir gösteriye dönüştürürdü. Sunumlarında kahramanları, hainleri, dekorları, karakterleri ve size parasının hakkını verdiğini düşündüren, alkışlarla kesilen unutulmaz bir an olurdu.

PowerPoint ya da Keynote yazılımı daha icat edilmeden yıllar önce ve hatta TED patlamadan yıllar önce, Steve Jobs seyircileri koltuklarının ucunda tutan TED-benzeri sunumlar yapardı.

1984'te De Anza Üniversitesi'nde, 2500 çalışan, analistler ve medya, bilgisayarları kullanış biçimimiz hakkındaki her şeyde devrim yapan bir ürünün –Macintosh– tanıtımı için Flint Center'i doldurmuştu. 16 dakikalık ürün tanıtımı, aynı zamanda bir şirket devi tarafından şimdiye kadar yapılan en dramatik sunumlardan biri olarak zamana direnmiştir.

Önce, Jobs yeni bilgisayarın gücünü ve özelliklerini resimlerle tanımladı.

"Bütün bu güç, bir IBM PC'nin büyüklüğü ve ağırlığının üçte birinde bir kutuya sığar,"[9] dedi. Çoğu konuşmacı, izleyiciye ürünün ne zaman satışa çıkacağını ve fiyat aralığının ne olacağını söyleyerek konuşmayı bitirir. Ama Jobs kalabalığı beklenmedik ve büyük bir sürprizle hayrete düşürdü.

"Macintosh resimlerini gördünüz. Şimdi size Macintosh'un kendisini göstermek istiyorum. Büyük ekranda göreceğiniz bütün görüntüler o torbadaki şey tarafından oluşturuluyor." Jobs sahnenin ortasında küçük bir masaya yürüdü. Masanın ortasındaki tek eşya siyah bez bir torbaydı. Yavaşça ve bir dakikaya yakın bir süre tek bir kelime etmeden Jobs, Macintosh'u torbadan çıkardı, masaya yerleştirdi, cebine uzandı, bir disket çıkardı, dikkatlice bilgisayara taktı ve uzaklaştı. Işıklar karardı, *Ateş Arabaları* film müziği çalmaya başladı ve bir dizi görüntü, daha önce kişisel bilgisayarda hiç görülmemiş yazı tipleri ve çizimlerle ekranı doldurdu.

İzleyici tezahürat etti, çığlıklar attı ve alkışladı. Eğer Jobs burada bitirseydi, zamanının en unutulmaz sunumlarından birisi olacaktı. Ama Steve Jobs, olduğundan daha az görünerek Steve Jobs olmamıştır. İzleyiciyi hayrete düşürecek bir ânı daha vardı. Jobs, "Macintosh'u ilk kez kendisi adına konuşmaya" bırakacağını söyledi. Tam lafının üstüne, Macintosh dijitalleştirilmiş bir sesle, "Merhaba, ben Macintosh. O torbadan çıkmak harika oldu. Topluluk önünde konuşmaya alışık olmasam da, size bir IBM ana bilgisayarıyla ilk tanıştığımda düşündüğüm bir özlü sözü söylemek istiyorum: Kaldıramadığınız bir bilgisayara asla güvenmeyin."

Olayın videosu YouTube'da üç milyondan fazla kez izlenmiştir. Bu büyük, beklenmedik ve benzersiz bir andı; o gün odadaki seyirciler ve o zamandan beri izleyen milyonlar üstünde kalıcı bir iz bırakan duygu yüklü bir olaydı.

1984 Macintosh sunumu Steve Jobs'un yaptığı tek dramatik sunum değildi. Neyse ki her yerdeki konuşmacılar için, Jobs, tarzını geliştirip her büyük ürün tanıtımında hayret ettiren anlar yaratmaya devam etti ve bunların çoğu YouTube'da kalıcı olarak kaydedilmiştir. Steve Jobs'un bu hayret ettiren anları sunumlarına nasıl kattığına birkaç örnek vereceğim. Bu, size de bazı fikirler verecektir.

"Dâhiyi Görüyoruz"

1997'de Steve Jobs on iki yıllık ayrılıktan sonra Apple'a döndü. Dönüşünden sonraki ilk topluluk önünde sunumunun son iki dakikasında Jobs konuşma hızını yavaşlattı, sesini alçalttı ve şöyle dedi: "Sanıyorum, bir Apple bilgisayarı almak için hep biraz farklı olmanız gerekiyordu... Sanıyorum, onları alan insanlar dünyadaki yaratıcı ruhlar. Onlar sadece bir işi yapmak için ortaya çıkan insanlar değil; dünyayı değiştirme, elde edebildikleri iyi araçlarla dünyayı değiştirme peşindeler. Ve biz bu tür insanlar için araçlar yapıyoruz... Pek çok kez insanlar onların çılgın olduğunu düşünür. Ama o çılgınlığın içinde, biz dâhiyi görüyoruz. Ve biz onlar için araç yapıyoruz."[10]

Bir heyecan verici an, izleyiciyle yürekten konuşmanız kadar basit bir şey olabilir – slaytsız, dekorsuz, videosuz, sadece siz. 1. bölümden hatırlarsanız, bu genellikle şu cümlenin kalanını tamamlamak kadar kolaydır: İçinizi şenlendiren şey...

Cebinizde 1000 Şarkı

2001'de Apple iPod'u tanıttı. MP3 müzik çalar, pazardaki ilk taşınabilir müzik çalar değildi. (Sony Walkman'i hatırlıyor musunuz?) MP3, müziği bir bilgisayardan daha hızlı transfer ediyordu ama hayret ettiren an bu değildi. Jobs, heyecan verici an olarak aracın büyüklüğüne odaklanmaya karar vermişti.

"iPod'un nesi bu kadar özel?"[11] diye sordu izleyiciye. "Ultra-taşınabilirdir. iPod bir kart destesi büyüklüğündedir. Minicik. Ayrıca cebinizdeki pek çok cep telefonundan daha hafiftir. Ama orada durmadık... bu harika küçük araç 1000 şarkı barındırır ve cebime girer. Bende bir tane var, doğal olarak." Jobs cebine uzandı ve o kadar çok şarkıyı depolayabilen ve cebinize sığan ilk aracı çıkardı.

Jobs istatistikleri heyecan verici an olarak kullanmakta dâhiydi. Apple yöneticileri de aynısını yapmaya devam ediyor, istatistikleri öyle yeni bir yöntemle sunuyorlar ki istatistiklerin kendisi unutulmaz oluyor. iPad Mini'yi ilk kez tanıtırken, Apple pazarlama başkan yardımcısı Phil Schiller, "Tablet 7,2 mm inceliğinde. Bu dördüncü kuşak bir iPad'in dörtte biri kadar daha incedir," dedi. Schiller verileri sunmanın alışılmamış bir yolunu seçmese, istatistiklerin tek başına hatırlanmayacağını biliyordu. "Bu bir kurşunkalem kadar ince," dedi Schiller, slaytında iPad Mini'nin yanında bir kurşunkalem göründüğünde. "Sadece 308 gram ağırlığında. Bu daha önceki iPad'den yüzde 50 daha hafif. Yani bir deste kâğıt kadar hafif. Bir kitap kadar diyecektik ama kitaplar çok daha ağırdır!" Olayı aktaran blogcularla konuştum – çoğu tabletin kesin ölçülerini hatırlamıyor ama hepsi kurşunkalemi ve kâğıt destesini hatırlıyor. Schiller'in rakamlara alışılmadık yaklaşımı duygu yüklü bir olay yaratmıştı.

Üç Ürün Bir Arada

2007'de Steve Jobs iPhone'u tanıttı. Hatırlayın, duygu yüklü bir olay şaşırtma unsuru içerebilir. Steve Jobs tam da bunu yaptı. İzleyiciye Apple'ın üç yeni ürün sunacağını söyledi. "İlki, dokunma kontrolleri olan geniş ekran bir iPod. İkincisi devrim yaratacak bir cep telefonu. Üçüncüsüyse büyük bir buluş olan internet iletişim aracı."[12] Üç ürünü tekrar saydı. "Bir iPod, bir telefon ve bir internet cihazı. Bir iPod, bir telefon, anlıyor musunuz? Bunlar üç ayrı cihaz değil. Bu tek bir cihaz. Ve buna iPhone diyoruz."

Seyirci kahkahalar, tezahürat ve alkışla yanıt verdi. Bu benim duygu yüklü bir olaya en sevdiğim örneklerden biridir, çünkü unutulmaz bir an ortaya çıkarmak için abartılı olmanız ya da ayrıntılı sahne malzemeleriniz olması gerekmediğini kanıtlar. Bazen, mesajı şaşırtıcı, yaratıcı bir biçimde çarpıtmak yeter.

BİR VAY CANINA ÂNI YARATIN

"Duygu yüklü olay"a –ya da kimilerinin hayret ânı dediklerine– ben "vay canına ânı" diyorum. Bu bir sunumda mesajınızı yerine ulaştırdığınız tek bir andır, izleyicinizin ağzı açık kalır ve kendine, "Vay canına, şimdi anlıyorum!" der. Sunumunuz hakkında hatırladıkları ilk şeydir ve sunumu görmemiş ama bilmek isteyen birine yine ilk söyledikleri şeydir. Bir vay canına ânının süslü olması gerekmez. Kısa, kişisel bir hikâye kadar basit bir şey olabilir. Bir sonraki sunumunuzda bir vay canına ânı yaratmanın beş yolu şöyledir (bunların her biri TED sunumlarında yer almıştır):

Sahne Malzemeleri ve Demolar

Mark Shaw, Ultra-Ever Dry adında şaşırtıcı bir özelliğe sahip bir şey icat etti – bu ürün, sıvıyı itip kuru kalır. TED 2013'te Shaw, çoğu sıvıya karşı bir kalkan görevi gördüğünü söylediği bu süper su geçirmez nanoteknoloji kaplamayı gösterdi.

Shaw bir kova kırmızı boyayı alıp duvarda asılı olan beyaz bir tahtaya fırlattı. Boya tahtadan aşağı akarken harfler görünmeye başladı – dev büyük harfler Ultra-Ever-Dry'la kaplanmıştı. Yavaş yavaş seyirci bir *T*, ardından bir *E* ve sonunda *D* gördü. İzleyici tezahürat ederek ayağa fırladı. Shaw, konferans ve izleyicisiyle benzersiz şekilde bağ kuran unutulmaz bir demo yapmıştı. Kesinlikle her zaman hatırlayacakları bir demoydu.

ABD Enerji Bakanlığı tarafından işletilen, Amerika'nın en iyi laboratuvarlarından birinde bir grup biliminsanıyla çalışırken nükleer bilim hakkında iki şey öğrendim. İlki, hiçbir şey nükleer enerjiden daha karmaşık değildir. Bu yüzden içeriğinizin basitçe anlatılamayacak kadar karmaşık ya da teknik olduğu mazeretini uydurmayın. İkincisi, Amerika'nın nükleer laboratuvarları, nükleer kaynaklarımızın güvenliğini korumaktan çok daha fazlasıyla ilgilidir. Küresel iklim değişimi, nükleer silah sınırlaması, temiz enerji ve terörle mücadele alanlarında önemli araştırmalar ve veriler sağlar.

Organizasyondaki belli bir grup, biliminsanlarının projelere finansal kaynak istemek için parlamentoya götüreceği sunum malzemesini geliştirmekle görevliydi. Projelerden biri gelecek kuşak silahlarla ilgiliydi. Kötü adamlarla dolu bir odaya, uzaktan güdümlenebilen, odayı havaya uçuran ama bitişik odaları ve evleri ya da binaları hasarsız bırakan bir bombaydı.

Bunun tartışmalı bir konu olduğunun farkındayım ama teknoloji kötü adamları –teröristleri– yok edip masumları koruyarak hayat kurtarabilir.

Biliminsanları, sunumlarına duygu yüklü bir olay katmaya karar verdiler. Sunumun yapılacağı toplantı odasında yeri iki sıra bantla işaretlediler. Sunum sırasında yere işaret edeceklerdi. "xx metre içinde duran herkes yok edilecek (bana kaç metre olduğunu hiç söylemediler). İkinci sıra bantın ilerisinde olanlarınız sıyrık bile almadan kurtulacaksınız." Sunumlar yapıldığında ben odada değildim, fakat eminim ki o odadaki meclis üyeleri ağızlarının açık kaldığı bir an deneyimlediler.

Şu kadarını söylemek yeterli olur: Grup finansal kaynağı aldı.

TEDnot

SUNUMUNUZUN BİR SAHNE MALZEMESİNE İHTİYACI VAR MI? Size neden ihtiyaç olabileceği üstüne bir örnek anlatayım. Tarım ticareti yapan pek çok kişiyle çalışıyorum ve ülkenin mahsulünün çoğunu sağlayan çiftçilerle etraflı çalışmamdan ötürü sürdürülebilirlik ve gıda kaynaklı hastalıklardan korunma hakkında pek çok insandan daha fazla şey biliyorum. Bir müşteri, çiftçilerin, mahsul kasalarını kaynaklarına kadar izleyebilmelerini sağlayacak bir ürün lanse ediyordu ve bu ürün için gerekli teknoloji, "geri izleme"yi yapacak araçları içinde bulunduran yeşil bir kutuda tutuluyordu. Bu ürünü daha geniş bir zirai topluluğa açıklayacakları büyük bir sunuma onları hazırlarken, bir şeyin eksik olduğunu fark ettim. Gruba, "Gerçek kutuyu bir şekilde sunuma dahil edecek misiniz?" diye sordum. "Hayır. Bunu düşünmedik. Sadece PowerPoint slaytlarını göstermek niyetindeydik," diye yanıtladılar.

Konuşmacılar sıklıkla, "Bunu düşünmedik," derler. Sunumunuz temel bir mesajı vurgulamak için bir tür sahne malzemesinden büyük yarar görebilir. Bazen bunu bulmanıza yardım etmek için dışardan birisi gerekir, bu yüzden içeriğinizi bir arkadaşınıza ya da meslektaşınıza görüşünü almak için göstermekten çekinmeyin. Birlikte çalışan zihinler mükemmel fikri bulabilir.

Beklenmeyen ve Şok Edici İstatistikler

Hemen hemen her sevilen TED sunumunda, konuşmanın temasını güçlendirmek için veriler, istatistikler ya da sayılar vardır. Bir kararı etkilemeyi amaçlayan her sunum aynı şeyi yapmalıdır. Ancak bazı çok iyi TED konuşmacıları biraz şok edici olmanın ötesinde istatistik sunmakla tanınır. Bunların arasında:

- "Bu ülke bugün kırk yıl öncekinden çok farklı. 1972'de hapishanelerde 300.000 kişi vardı. Bugün 2,3 milyon kişi var. Amerika Birleşik Devletleri şimdi dünyadaki en yüksek tutuklu oranına sahiptir."

  – Bryan Stevenson

- "Neden okyanusları ihmal ediyoruz? NASA'nın uzayı keşfetmek için bir yıllık bütçesine bakarsanız, o bir yıllık bütçe Ulusal Okyanus ve Atmosfer İdaresi'nin (NOAA) bütçesini 1600 yıl boyunca karşılar."

  – Robert Ballard

- "Yüz sıradan insanın birisi psikopattır. Bu odada 1500 kişi var. On beşiniz psikopattır."

  – Jon Ronson

Pek çok yöneticiyle hikâyelerini işlemelerine yardım etmek için çalışırım. İstatistikleri yeni ve alışılmadık biçimlerde sunmak, sıklıkla ağızları açık bırakacak anlarla sonuçlanabilir. Kaliforniya'da çilek endüstrisini temsil eden bir yöneticiyle bir toplantıyı hatırlıyorum – 1. bölümde söz ettiğim aynı yönetici. Çoğu Kaliforniyalı, çileğin eyaletlerinin önemli bir mahsulü olduğunu fark etmez, çilek yetiştirilen ilçelerde yaşayanlar bile. Amerika Birleşik Devletleri'nde tüketilen çileklerin yüzde 90'ı Kaliforniya'da yetiştirilmektedir. Daha da önemlisi çilek, yetiştirildiği yerdeki toplumları zenginleştirir. Yöneticiyle konuşmamda, çileğin Kaliforniya'nın ekilebilir arazisinin sadece yüzde 0,05'ini oluşturduğunu, ancak eyaletteki bütün zirai işlerin yüzde 10'unu yarattığını öğrendim. Kaliforniya'nın bir ilçesinde ödenen gelir vergisinin, ilçedeki tüm ilkokul öğretmenlerinin toplam maaşlarına denk olduğunu ve ortalama çilek işçisinin ortalama perakende satış mağazası çalışanından daha çok kazandığını öğrendim. Bu istatistikler endüstrinin Kaliforniya ekonomisindeki önemini açıklamak içindi, fakat çıplak rakamlar bağlam dışında etkisini kaybedecekti. İstatistikler yönetici için yeni değildi ama etkilemesi gereken insanların çoğu (tüketiciler, basın, satış noktası alıcıları, ortaklar) için yeniydi.

TEDnot

İSTATİSTİKLER HARİKA OLABİLİR. İkna, birinin kalbine ve kafasına –mantık ve duygu– ulaşabildiğinizde olur. Savınızı desteklemek için kanıt, veri ve istatistiğe ihtiyacınız olacaktır. Rakamları, izleyicinin ilgi kurabileceği bir bağlama yerleştirerek, anlamlı, unutulmaz ve ağızları açık bırakacak hale getirin. İstatistiklerin sıkıcı olması gerekmez. Tavsiyem: Verileri asla havada bırakmayın. Bağlam önemlidir. Eğer sunumunuzda çığır açıcı ya da heybetli bir rakam ya da veri göstergesi varsa, onu nasıl paketleyip dinleyici için çekici kılabileceğinizi düşünün. Ekibinizden başka birinin yardımını alın. Bazen istatistikleri en iyi, en hatırlanır şekilde paketlemek bir beyin fırtınası gerektirir.

Resimler, Şekiller ve Videolar

Raghava KK, sanatını gerçek zamanlı olarak manipüle etmek için beyin dalgaları kullanan bir sanatçıdır. TED izleyicisine konuşurken, Raghava, beyin aktivitesini kaydeden bir biyolojik geribildirim kulaklığı takıyordu. Kulaklık, şekilleri gösterdiği bilgisayara bağlıydı.

İzleyici, Raghava'nın şefkatle "Mona Lisa 2.0." diye adlandırdığı yaşlı bir kadın yüzü fotoğrafı gördü. Slaytın çerçevesi Raghava'nın beyin dalgalarının aktivitesini gösteriyordu. Canlı demoda, Raghava, izleyicinin sadece onun ruh halini (dikkatli, dalgın, odaklanmış) değil, ruh halini kadının yüzüne gerçekten yansıtabileceğini de göreceğini söyledi. "Ben sakinken o da sakin. Ben stresliyken o da stresli,"[13] dedi. Sahiden de, onun beyin dalgaları ya da ruh hali değiştiğinde, kadının gülümsemesi de değişti. Kaş çatışı gülümsemeye dönüşmeden önce daha yoğunlaştı.

Görsellerin etkisi vardır. Çağrıştırıcı bir slayt, komik ya da içgörülü bir video, heyecanlı bir demo – bunların hepsi, izleyicinizin ibresini gerçekten oynatabilecek alışılmamış unsurlardır.

Akılda Kalıcı Başlıklar

Stewart Brand, Long Beach'te TED 2013 izleyicisi karşısında cesur bir tahminde bulunan bir fütüristti. Biyoteknoloji, dijital teknolojiden dört kat daha fazla hız kazanıyor, dedi. Brand'ın fikrine göre bu, nesli tükenmiş hayvanları hayata döndürebileceğimiz anlamına geliyor. "Tüylü mamutları geri getireceğiz," dedi. Tüylü mamutları geri getireceğiz. Medya eğitiminde buna, kilit ifade (*sound bite*) deriz – kısa, kışkırtıcı, tekrarlanabilir, tekrar tweet edilmeye, Facebook'a konmaya ve haber döngüsünde tekrarlanmaya yatkın bir ifade. Kariyerimin bu noktasında, duyar duymaz kilit ifadeyi tanırım. Gerçekten de Brand'ın tahmini, National Geographic Kanalı'nın bu tweet'i tekrarlamasıyla, Twitter sayesinde sosyal medya ağlarında patladı.

Yöneticileri medyada görünmek için eğitmeye başladığımda, kilit ifade, hikâyeyi gazetelerde ve televizyon haberlerinde geçirmek için önemliydi. Bugün sosyal medya kilit ifadeyi daha da önemli kılar. İyi bir konuşmacı olmanın anahtarı aynı zamanda büyük fikrinizi ileten özlü bir mesaj yaratmaktır. İnsanlar Twitter, Facebook, LinkedIn ve diğer sosyal ağlarda alıntılar paylaştığında, o zeminleri akılda kalıcı, tekrarlanabilir alıntılarla beslemek daha da önemlidir.

Kilit ifade o kadar önemlidir ki TED'in konuşmacılarından en iyi alıntılara ayrılmış bir sitesi ve Twitter kolu vardır (@TEDQuote). En sevilenlerinden bazıları:

- "Eğer hatalı olmaya hazır değilseniz, özgün bir şeyle hiç ortaya çıkamazsınız."

  – Sir Ken Robinson

- "En iyi konuşmacı olmakla en iyi fikirlere sahip olmak arasında sıfır ilişki vardır. "

  – Susan Cain

- "Başarana kadar taklit etmeyin. O olana kadar taklit edin."

  – Amy Cuddy

- "Çoğu başarılı Afgan kızının arkasında kızının başarısının kendi başarısı olduğunu anlayan bir baba vardır."

  – Shabana Basij-Rasikh

- "Rakamlar, evrenin senfonisinin yazıldığı müzik notalarıdır."

  – Adam Spencer

Daha çok alıntı görmek isterseniz, TED.com/quotes sitesini ziyaret edip konuşmacılardan 2000'den fazla alıntı okuyabilirsiniz. Bütün alıntıları, en sevilen alıntıları arayabilirsiniz ya da kategori bazında bakabilirsiniz. Tekrarlanabilir alıntılar, mesajı yaymakta o kadar önemlidir ki, TED, konuşmanın izleyiciyi etkisi altına alacak en hatırlanan alıntısını bulmaya çalışır.

İnsanları etkileyin. Tekrarlanabilir alıntılar yaratıp iletin. Fikirleriniz hatırlanmayı hak ediyor.

Kişisel Hikâyeler

Daha önce bütün bir bölümü hikâye anlatmaya ayırdım ama burada hikâyeleri tekrar tartışmamak olanaksız, çünkü kişisel hikâyeler genellikle bir sunumda ağızları açık bırakacak anlar olur. Freeman Hrabowski, amacı için reklam yapacak hikâyeler anlatır. Hrabowski, Baltimore'da Maryland Üniversitesi'nin rektörüdür. TV programı *60 Minutes*'ta yer almış ve daha çok azınlık ve düşük gelirli öğrencileri bilim ve mühendislikte lisansüstü okullara girmeye teşvik eden çalışmaları nedeniyle *TIME* dergisinin en etkili insanlar listesine girmişti.

Şubat 2013'te Hrabowski TED izleyicisini hikâyelerle –öğrencilerini gösteren başarı hikâyeleri kadar kendi değişim hikâyeleri– cezbetmişti. On iki yaşındaki bir çocuğun değişim deneyimi hakkında bir hikâyeyle başladı.

> Kilisede bir hafta, aslında orada olmak istemiyordum ve bir adamın, "Burda, Birmingham'da çocukların bu barışsever gösteriye katılmasını sağlayabilirsek, Amerika'ya, çocukların bile doğruyla yanlış arasındaki farkı bildiklerini ve çocukların mümkün olan en iyi eğitimi gerçekten istediklerini gösterebiliriz," dediğini duydum. Başımı kaldırdım ve, "Kim bu adam?" dedim. Bana onun Dr. Martin Luther King olduğunu söylediler. Annemle babama, "Gitmek istiyorum," dedim. Onlar da, "Kesinlikle hayır," dediler. Tartıştık. Nasılsa onlara, "Siz ikiyüzlüsünüz. Beni buraya getiriyorsunuz, dinletiyorsunuz, sonra da adam gitmemi istiyor ve hayır diyorsunuz," dedim. Bütün gece bunu düşündüler. Tam anlamıyla ağladılar, dua ettiler ve, "On iki yaşındaki

> çocuğumuzu bu yürüyüşe katılmaya bırakacak mıyız? Büyük ihtimal hapse girecek," diye düşündüler. İzin vermeye karar verdiler... Ben orada hapishanedeyken Dr. King geldi ve, "Bugün siz çocukların yaptığı şeyin daha doğmamış çocuklara etkisi olacak,"[14] dedi.

Büyük iletişimciler iyi hikâye anlatıcılarıdır. Hikâyeler etki anları yaratır. Sadece 2. bölümde öğrendiğimiz gibi duygusal etki yapmakla kalmazlar, temanızı destekleyen, iyi anlatılan hikâyeler izleyicinizi içine çeker.

Her zaman yöneticileri, savunmalarını bırakmaya, kendileri ve izleyicileri arasındaki engeli kırmaya ve izleyicilerinin onları farklı bir ışıkta görmesine yarayacak kendileri hakkında bir şey öğretmeye zorlarım. Anlattıkları hikâyeler genellikle çok duygusaldır. Dünyanın en büyük ve en beğenilen teknoloji şirketlerinden Intel'de önemli bir rolü olan bir kadınla çalıştım. Altı çocuklu bir Afrikalı-Amerikalı evinde yoksullukla büyümüş. O küçük kız fen ve matematiğe aşkla bağlanmış ve mühendis olmuş. Fakat hikâye orada bitmedi. Beş kardeşinin hepsi de başarılı mühendisler olmuş. Bu Intel mühendisi, hikâyesini bitirdiğinde odadaki meslektaşları gözyaşlarına boğuldu ve bu "yeni" bilgiden içtenlikle ilham aldı. Hikâye ona yeni değildi ama kalanımıza yeniydi.

İYİ SONLA BİTİRMEK

Bu kitabı yazarken bir ara verdim ve karıma pop müziği şarkıcısı Pink'in konserinde eşlik ettim. Pink'in şarkılarından bazılarını severim ve iyi bir gösteri bekliyordum, yani her zamanki numaralar. Ama harika bir TED sunumu gibiydi ve Pink, alışılmış bir pop müzik şovu satmadı.

Konserin sonuna doğru Pink, üstünde altın rengi bir kostümle bir emniyet yeleğinin içinde Tinker Bell gibi havalanıp tamamı dolu 17.000 kişilik salon boyunca salındı. Salonun etrafına tünekler yerleştirilmişti. Pink birkaç saniye boyunca seyircilere yakın olmak için bunlara konuyor, sonra geri çekilip stadyum boyunca uçuruluyor, o sırada bağıra bağıra şarkılarından birini söylüyordu. *Hollywood Reporter*'da bir eleştirmen bunu heyecan verici olarak tanımladı. "Şarkı ve dans rutinleriyle herhangi bir pop şovu gibi görünmeye başlamıştı ki, 'So What' bisini yaparken hiçbir şeyden kaçınmadı... Numara o kadar akıllara durgunluk vericiydi ki kalabalığın çoğu telefon kameralarıyla kaydetmeye çalışırken diğerleri hayret içinde seyretti."

Pink'in şovdaki "akıllara durgunluk veren" ânı sanatçıyı –ve izleyiciyi– iyi bir sonla bırakmak için tasarlanmıştı. Herkesin bir heyecan verici âna ihtiyacı vardır: müzisyenler, oyuncular ve her türden göstericiler, sunum yapanlar ve topluluk önünde konuşanlar dahil. Heyecan verici an işi bitirir ve mesajı zihinlerimize kalıcı olarak kazır.

Konuştuğumuz gibi, bir heyecan verici an kısa bir kişisel hikâye kadar basit bir şey olabilir. Dünyanın önde gelen petrol ve enerji şirketlerinden birinin iş geliştirme yöneticilerinden biriyle konferans odasındaydım. Elemanlarıyla birlikte, yöneticinin şirket çalışanlarının global toplantısında yapacağı sunum için bir metin hazırlamıştık. Geçen yılın sonuçları ve gelecek hakkında olumlu bir mesajı vardı. Hikâyeyi kısa, net ve hatırlanacak şekilde kurmuştuk. Ama ağızları açık bırakacak bir an eksikti.

Yöneticiye döndüm ve, "Bu şirket için neden gerçekten tutkulusunuz? Konuşma notlarınızı ve PowerPoint'inizi bir kenara bırakın. Yürekten söyleyin bana."

Sonra olan şey, duygu yüklü bir olay hazırlamada şaşırtıcı bir ders oldu. Yönetici sustu, düşündü, cebine uzandı ve cüzdanından kartvizitini çıkardı. "Carmine, bu kart bana başbakanlar ve başkanlardan oluşan bir izleyici sağlıyor. Kapıyı açıyor. Ama kapıyı açık tutan, onların çok değerli kaynaklarını koruyacağımıza dair verdiğimiz söz." Konuşurken yöneticinin gözleri yaşla doldu ve sesi çatallandı. "Rusya bize Baltık Denizi'nde keşif kontratı (32 milyar dolarlık bir kontrat) ihale ettiğinde, Rus Başkan bana, 'Size Rusya'nın en değerli servetine erişim verdik, çünkü onu koruyacağınıza güveniyoruz,' dedi. Ortaklarımız bize güvenir, çünkü insanlarımız işini dürüstlükle yapar. Hayatımda çalışmaktan daha çok gurur duyduğum bir organizasyon yoktur," diye devam etti.

Masada hepimiz birbirimize biraz rahatsızlıkla baktık, çünkü yönetici açıkça duygulanmıştı ve biz de öyle. Kısa bir sessizlikten sonra yavaşça, "Bunu topluluk önünde bir sunumda hiç söylediniz mi?" dedim.

"Hayır, söylemedim."

"Eh, şimdi söyleyeceksiniz."

Yönetici binlerce çalışana sunumunu yaptı ve cüzdanından kartını çıkarıp bize konferans odasında söylediği gibi aynı şeyi söyledi. Topluluk önünde konuşurken tekrar duygusallaşacağını sanmıyordum ama öyle oldu. Çalışanlar liderlerinin farklı bir yanını gördü. Onu ayakta alkışladılar, kimi çalışanların gözlerinden yaşları sildiği görüldü ve en az bir kişi yöneticiye yaklaşıp, "Bu organizasyonda çalışmaktan hiç bu kadar gurur duymamıştım," dedi.

Birkaç hafta sonra çalışanların doldurması istenen anketleri gözden geçirdik. Bu yöneticiye şirketin uzun tarihindeki en yüksek puanı vermişlerdi. Şimdi her sunum öncesi bir heyecan verici an tasarlıyor. Genelde bir hikâye, bir video, bir gösteri, bir sürpriz konuk ya da sadece kişisel bir anekdot. Bütün taktikler sonuç verir.

Sır #5: Ağızları Açık Bırakan Anlar Yaratın

Her göstericinin en az bir ağızları açık bırakan ânı –izleyicilerinizin ertesi gün konuşacağı duygu yüklü bir olay– vardır. Her sunumda bir tane gerekir. Bir tane bulun ve kullanın. Sunumuzun içeriği eğer izleyicilerinizin zihnine kazınabilirse daha etkili olacaktır.

6

Neşelenin

> Son yüzyılda mizah anlayışı çok değer gören bir kişilik özelliği olmuştur.
>
> – ROD A. MARTIN, PSİKOLOG

EN SEVİLEN TED KONUŞMASI... Beklenmedik bir kazanan: Sir Ken Robinson'ın neden okulların yaratıcılığı öldürdüğü üstüne konuşması. Daha önce bunun şimdiye kadar en sevilen TED konuşması olduğunu belirtmiştim, ama nasıl oldu da eğitim reformu hakkında 18 dakikalık bir konuşma 15 milyondan fazla kez izlendi? Robinson'dan çok daha ünlü kişilerin –Conan O'Brien, Stephen Colbert, J.K. Rowling ve Oprah Winfrey– konuşmaları YouTube'a yüklenmiştir ama hiçbirinin videosu Robinson'ın popülerliğine yakın gelmemiştir.

Robinson'ın videosu hızla yayıldı, çünkü beyinlerimiz yeniliği görmezden gelemez. Beyin aynı zamanda mizahı sever.

ve yeniliği birleştirdiğinizde "sunum altını" elde edersi-
bbinson eski bir sorunu tartışmak için yeni bir yaklaşım kullandı. Sorun: çocuklarımıza nasıl daha iyi öğreteceğimiz. Yenilik: mizah.

"Eğer bir yemek davetindeyseniz ve eğitim alanında çalıştığınızı söylerseniz – aslında eğer eğitim alanında çalışıyorsanız yemek davetlerine pek sık gitmezsiniz,"[1] dedi Robinson konuşmasını açarken. Hemen peşine kahkahalar başladı ve Robinson eğitim alanında çalışma hakkındaki gözlemlerini başka bir komik içgörüyle sürdürdüğünde de azalmadı: "Ama eğer bir davete çağrılırsanız ve birisi, 'Ne iş yapıyorsunuz?' derse ve siz de eğitim alanında çalıştığınızı söylerseniz, yüzlerinden kanın çekildiğini görebilirsiniz. 'Aman Tanrım, neden ben? Bu bütün hafta çıktığım tek gece,' der gibidirler."

Sır #6: Neşelenin

Kendinizi (ya da konunuzu) çok ciddiye almayın. Beyin mizahı sever. İzleyicinize gülümseyecek bir şey verin.

Neden işe yarar: Mizah, savunmaları azaltarak izleyicinizi mesajınıza daha açık hale getirir. Ayrıca sizin daha sevimli görünmenizi sağlar ve insanlar hoşlandıkları biriyle iş yapmaya ya da onu desteklemeye daha isteklidirler.

SIR KEN ROBINSON, MESAJININ hedefe ulaştığı bir anlatıya, anekdotları, hikâyeleri ve mizahı ustalıkla yerleştirdi. Ana tema şuydu: Amerika'nın eğitim sistemi, test çözerleri ödüllendirir ve yaratıcılığı, risk alımını ve yeniliği kısıtlar. Robinson'ın izleyicisini aynı anda nasıl düşündürüp güldürdüğüne başka örnekler:

- "Geçenlerde harika bir hikâye duydum –bunu anlatmayı çok seviyorum– çizim dersinde küçük bir kız hakkında. Altı yaşındaymış ve arkada çizim yapıyormuş. Öğretmen bu küçük kızın genelde derslere pek dikkat göstermediğini ama çizim dersinde gösterdiğini söyledi. Öğretmen etkilenmiş ve ona gidip 'Ne çiziyorsun?' diye sormuş. Kız da, 'Tanrı'nın resmini çiziyorum,' demiş. Öğretmen, 'Ama kimse Tanrı'nın nasıl göründüğünü bilmiyor,' deyince kız da, 'Bir dakika sonra bilecekler,' diye cevap vermiş."

- "Beş yıl öncesine kadar Stratford-on-Avon'da yaşıyordum. Aslında Stratford'dan Los Angeles'a taşındık. Yani bunun ne kadar sorunsuz bir geçiş olduğunu tahmin edebilirsiniz. (Kahkahalar) Aslında Snitterfield adında, hemen Stratford'un dışında, Shakespeare'in babasının doğduğu yerde yaşıyorduk. Yeni bir düşünceyle çarpıldınız mı? Ben çarpıldım. Shakespeare'in bir babası olduğunu düşünmezsiniz değil mi? Çünkü Shakespeare'i bir çocuk olarak düşünmezsiniz değil mi? Shakespeare yedi yaşında? Ben hiç düşünmezdim. Yani bir zamanlar yedi yaşındaydı. Birinin İngilizce sınıfındaydı değil mi? Ne kadar can sıkıcı olmuştur bu? Babası tarafından yatağa gönderilişi, yani Shakespeare'e şöyle denmesi: 'Şimdi git yat ve kalemi bırak. Öyle konuşmayı da bırak. Herkesin kafasını karıştırıyorsun.'"

- "Her neyse, Stratford'dan Los Angeles'a taşındık ve aslında geçiş hakkında tek bir şey söylemek istiyorum. Oğlum gelmek istemedi. İki çocuğum var. Oğlum şimdi yirmi bir yaşında, kızım on altı. Oğlum Los Angeles'a gelmek istemedi. Burayı seviyordu ama İngiltere'de bir kız arkadaşı vardı. Bu hayatının aşkıydı, Sarah. Onu bir aydır tanıyordu. Dikkat edin, dördüncü hafta dönümleri olmuştu, çünkü on altı yaşındayken bu uzun bir zamandır. Her neyse, uçakta gerçekten üzgündü ve, 'Asla Sarah gibi bir kız bulamayacağım,' dedi. Biz de açıkçası bundan çok memnunduk, çünkü Sarah ülkeden ayrılışımızın esas sebebiydi."

- "Üniversite profesörlerini severim, ama biliyorsunuz, onları bütün insan başarısının en üst kademesi saymamalıyız. Onlar sadece bir yaşam formu. Ama epey ilginçtirler ve bunu onlara olan şefkatimden söylüyorum. Benim deneyimimde profesörlere dair ilginç bir şey var –hepsi değil, ama genellikle–, profesörler kafalarının içinde yaşar. Orada, hafifçe tek tarafa doğru yaşarlar. Gövdeden ayrılmışlardır, yani tam anlamıyla. Bedenlerini, kafaları için bir taşıma formu olarak görürler, öyle değil mi? (Kahkahalar) Bu, kafalarını toplantılara götürmek için bir yoldur."

Robinson uzun süre ayakta alkışlandı. Milyarderler, hayırseverler, biliminsanları, düşünürler ve sözü geçen kişilerle dolu 1200 kişilik bir izleyiciye ilham verdi. Milyonlarca insana da internette ilham verdi.

İlham veren iletişimcileri incelerim: Kimdirler, bunu nasıl yaparlar ve kalanımız da nasıl ilham verici olabilir. Eğer Robinson sadece içeriğe güvenseydi sunumuna pek az kişi dikkatini verirdi, çünkü olgular ve sözcüğü sözcüğüne içerik –kendi başına– duygusuzdur. 5. bölümden bildiğimiz gibi, istatistikler duygusal olarak çekici bir pakete sarılmamışsa sıkıcıdır. Yetenekli bir iletişimci istatistikleri hayata geçirdiğinde verilerin bizi duygulandırma, teşvik etme ve harekete geçirme gücü vardır.

Mizah, dünyanın en ilham verici konuşmacılarının senaryolarında önemli bir rol oynar. Mizah Robinson'a fayda sağladı. Size de sağlayacaktır ama mizahı yaratıcı ve doğal bir şekilde kullanmayı öğrenmelisiniz. Bıktırıcı ya da daha kötüsü kaba ya da edepsiz fıkralar sizi bir yere götürmez. Gerçekte izleyicinizin keyfini kaçırabilir. En sevilen TED konuşmacıları fıkra anlatmaz! Profesyonel bir komedyen değilseniz fıkralar özgün değildir. Düşünün. İlk kez bir müşteriyle tanıştığınızda konuşmayı internette okuduğunuz bir fıkrayla mı açarsınız? Hayır? Öyleyse bir iş sunumuna neden fıkrayla başlama zorunluluğu hissediyorsunuz? Fakat esprili bir gözlem tam olarak uygundur ve çok etkilidir. Bu bölümde fıkra anlatmak yerine esprili beş alternatif öğreneceksiniz.

Kötü anlatılmış bir fıkra, ya da daha kötüsü iyi anlatılmış ama patavatsız bir fıkra izleyicinizin gözünde itibarınızı çabucak düşürebilir. Bir keresinde büyük, global bir seyahat şirketinde bir grup satış temsilcisi için bir atölye yapmıştım. Her satış temsilcisi grubun kalanına kısa bir sunum yaptı. En iyi tasarlanmış sunumlardan birini yapan kişi –bir erkek– konuşmasını kadınlar hakkında densiz bir fıkrayla bitirdi.

Cinsiyetçi fıkralar hiçbir profesyonel sunumda kabul edilemez ve izleyicisinin büyük çoğunluğunun başarılı kadınlardan oluştuğu düşünülürse sunum gerçekten fiyaskoyla sonuçlandı. Odada sunumu eleştirmek için dolaştığımızda, hemen herkes fıkradan yakındı. İzleyicisini, ürün hakkında anlattığı o çok güçlü hikâyeden uzaklaştırmıştı. Chris Rock gibi bir komedyen cinsler hakkında fıkralarla paçayı kurtarabilir, bunu yapmak için yüksek ücretler alır ve izleyicisi kabul eder. Sizin izleyiciniz Chris Rock olmanızı beklemez, bu yüzden olmaya çalışmayın.

BEYİN MİZAH SEVER

Dr. A.K. Pradeep, NeuroFocus adında, tüketicilerin neyi neden seyrettikleri ve aldıklarını belirlemek için nörolojik araştırmaları kullanan, Berkeley'de yer alan bir araştırma şirketinin kurucusudur. "Duygusal özlerinde, modern insanların beyinleri dikkat çekici şekilde benzerdir,"[2] diye yazar *The Buying Brain*'de. Mizah, beynin tepki vermeye donanımlı olduğu bir araçtır ve bir mesajı yeni ve alışılmamış kılmakta anahtardır.

Pradeep'le araştırma tesisinde buluştuğumda deneylerinin, kısa, net ve ilginç sohbetlerin dinleyenler tarafından daha iyi algılanacağı ve daha çok hatırlanıp üstünde harekete geçileceğine dair mevcut araştırmayı onayladığını öğrendim. Mesajları nasıl ilginç kılarsınız? Pradeep'e göre, mesajı alışılmamış kılmak için mizah kullanın. "Beyin buna bayılır," der.

Western Ontario Üniversitesi psikoloji profesörü Rod A. Martin, insanların mizahı "bir grup hiyerarşisinde kendi statülerini güçlendirmek" için kullandığını söyler. "Örneğin, lider olduğunuz ya da baskın olduğunuz bir grupta espriler yapıp diğerlerini eğlendirmeniz, daha düşük statüde olduğunuz ya da diğerlerinden daha az gücünüzün olduğu bir gruptakine oranla daha büyük olasılıktır."[3]

The Psychology of Humor'da (Mizahın Psikolojisi), Martin mizahın "kendini sevdirme taktiği" olarak kullanıldığında bir grupta kabul edilmeyi kolaylaştırdığını savunur. Bu, neden bu kadar çok ünlü komedyenin zor çocukluklar deneyimlediği ya da dışlanmış hissettikleri bir dönemden geçtiklerini açıklar. Kendilerini gruba sevdirmek için mizah kullanmış ve bunu o kadar çok yapmışlardır ki bundan geçimlerini kazanacak noktaya gelmişlerdir. Martin'e göre:

> Başkalarıyla ilk kez tanıştığımızda, onlar hakkında hızlıca izlenimler yaratıp, cana yakınlıkları, güvenilirlikleri, amaçları vb. kişilik özellikleri hakkında yargılarda bulunmaya eğilimli oluruz. Gerçekten de, başkalarına dair hızlıca ve etkili biçimde göreceli doğru izlenimler oluşturma yetisi evrimsel tarihimizde önemli olmuş olabilir. Başkalarına dair ilk izlenimlerimize katkıda bulunan bir bilgi kaynağı da mizahı nasıl ifade ettikleridir. Mizah kişilerarası bir iletişim şeklidir ve iyi bir mizah anlayışı bu yüzden başkalarında beğendiğimiz önemli bir sosyal beceridir.[4]

Martin'e göre, gülmek de grup kaynaşmasını güçlendirmekte önemli rol oynar. Mizah ve gülmek Martin'in etki başlatma dediği şeye bir örnektir: "Başkalarının ilgisini yakalamak, önemli duygusal bilgi iletmek ve başkalarında benzer duygular harekete geçirmek için tasarlanmış bir iletişim metodudur... Gülmek sadece başkalarına kavramsal bilgi iletmekle kalmaz, başkalarının davranışlarını etkilemek ve gülen kişiye doğru daha iyi bir tavır teşvik etmek için onlarda olumlu duygular başlatma ve vurgulama fonksiyonu olarak da iş görür."[5]

Martin'e göre araştırmalar, mizah anlayışına sahip insanlarla tanıştığımız zaman, kişiliklerine başka hoş özellikler de atfetmeye daha yatkın olduğumuzu gösterir. Araştırmalar, esprili kişilerin genellikle cana yakın, dışa dönük, düşünceli, hoş, ilginç, hayal gücü kuvvetli, zeki, sezgileri güçlü ve duygusal olarak dengeli görüldüklerini ortaya çıkarmıştır.

Amerika Birleşik Devletleri'nde sevilen internet çöpçatan siteleri, üyelerine bir eşte hangi özelliği en arzulanır bulduklarını sorar; yüzde 80'inden fazlası "mizah anlayışı" diye yanıtlar. Bir eş bulmaya gelince, anketler arka arkaya gösterir ki mizah, eğitim seviyesinden, kariyer başarısından ya da fiziksel çekicilikten daha önemlidir. Kendinizi bir eş bulma programında tanıtmıyorsanız, bir sunum yaparken büyük olasılıkla bir eş değil, izleyicinizin ilgisini ve saygısını ararsınız. Mizah, izleyicinizin merakını uyandırır. Onları uyarın. Bağlılıkları çok daha başarılı olmanızı sağlayacaktır.

GÜLMEK KAZANDIRIR

TED sahnesinde mizah anlayışına sahip olmak kişisel ilişkilerde ve her türlü iş ortamında önemlidir. *Harvard Business Review*'da yayımlanan bir çalışmada ("Gülmek Kazandırır"), Fabio Sala kırk yılı aşan bir dönem için mizah araştırmalarını derlemiş ve şunu bulmuştur: "Mizah beceriyle kullanıldığında, yönetim tekerleklerini yağlar. Düşmanlığı azaltır, eleştiriyi saptırır, gerilimi giderir, moral yükseltir ve zor mesajların iletilmesine yardım eder."[6]

Sala da bir araştırma yürüttü. Bir yiyecek içecek şirketinden yirmi yönetici seçti, yarısı meslektaşları tarafından vasat performansta ve diğer yarısı da olağanüstü performansta görülüyordu. Bütün yöneticiler liderlik performansı konusunda iki saatlik bir mülakatta yer aldı. İki gözlemci mülakatların içeriğini sınıflandırdı ve mizah referanslarını not etti. Diğerlerini aşağılayan mizah negatif olarak, komik şeyleri ya da saçmalıkları işaret eden mizah da pozitif olarak kodlandı.

Sala'ya göre, "Olağanüstü olarak değerlendirilen yöneticiler ortalama yöneticilere göre mizahı iki kattan fazla kullanmıştı; saatte 7,5 kez yerine saatte 17,8 kez... Yöneticilerin yıllık maaşlarına bakınca, ikramiye miktarlarının mülakatlarda mizah kullanmalarıyla pozitif bağlantılı olduğunu fark ettim. Başka bir deyişle, yöneticiler ne kadar komikse ikramiyeleri de o kadar fazlaydı."

Sala sadece "komik olmanın" ana unsur olmadığına dikkat çeker; bu daha çok, duygusal zekânın bir başarı bileşeni olarak önemini yansıtıyordu. "Çalışmalarımda, olağanüstü yöneticiler ortalama yöneticilere göre her tür mizahı daha çok kullandılar, ancak pozitif ya da nötr mizahı tercih ettiler. Fakat konu, daha fazla mizahın her zaman uygun olması ya da pozitif mizahın her zaman negatif, aşağılayıcı mizahtan daha iyi olması değildir. İş hayatında, tıpkı hayatta olduğu gibi mizahın etkili kullanımının anahtarı nasıl uygulandığıdır. Komik olmaya çalışmayın. Ama mizahı nasıl kullandığınıza, diğerlerinin mizahınıza nasıl tepki verdiğine ve gönderdiğiniz mesajlara daha dikkat edin. Her şey anlatımdadır."

Eğer her şey anlatımdaysa, komik bir şeyi bir sunumda nasıl söylersiniz? İlk adım mantığa aykırı gibi görünür ama emin olun ki çok önemlidir: *Komik olmaya çalışmayın.* Fıkra anlatmaktan kaçının. Sarışınlar hakkında ya da haham ve papaz hakkında fıkra anlatmaya başladığınızda ölüsünüzdür. Fıkralar sadece mesleklerinin zirvesindeki profesyonel komedyenler için işe yarar.

Siz Jerry Seinfeld değilsiniz. Seinfeld der ki, yeni bir numara üstünde çalışırken fıkraların üçte ikisi çöptür ve genellikle seyirci karşısında fiyaskoyla sonuçlanır. Seinfeld, en doğrusunu bulana kadar fıkraları üstünde yıllarca çalışır.

The New York Times web sitesinde bir videoda, Seinfeld bir fıkranın anatomisinin çözümlemesini ince ayrıntılarla yapmıştı. İki yıldır bir "Pop-Tart fıkrası" üstüne çalıştığını söylüyordu. "Bu, tamamen anlamsız bir şey üstünde geçirmek için uzun bir zaman ama benim yaptığım şey ve insanların yapmamı i şey bu,"[7] demişti. Sonra çalışmakta olduğu fıkrayı çözüm ti: "İlk cümlenin hemen komik olmasını isterim. 'Ben çocukken Pop-Tart'ı icat ettiklerinde kafamın arkası infilak etti.' Bu, fıkrayı başlattı – kafamın belli bir kısmı infilak etti, kafam değil..." Seinfeld sonraki beş dakika boyunca fıkranın kalanının her bileşenini –her cümleyi– inceledi. Eğer bir cümle çok uzunsa, kelimelerden harfleri kesip heceleri sayarak tam doğruyu elde etmeye çalıştı.

Jerry Seinfeld'in videosu zeki bir komedyenin zihnine etkileyici bir içgörüdür. Bana iki şey öğretti: 1. Komedi zor iştir, 2. Sunumlarda kullandığımız mizah ve mizahı nasıl sunduğumuz dikkatle işlenmeli ve düşünülmelidir.

Fıkra anlatmadan nasıl komik olabilirsiniz? Müşterilerim her "Ben komik degilim," dedığınde bana para verilse zengın olurdum. Esprili olmak için komik olmanız gerekmez. Sadece sunumunuzu eğlenceli kılmak için ödevinizi yapmaya istekli olmanız gerekir. Şimdi, komik bir hikâye geliştirmek için iki yıl harcamadan, konuşmanıza ya da sunumunuza doğru ölçüde mizah katmanızın beş yolunu söyleyeceğim:

1. Anekdotlar, Gözlemler ve Kişisel Hikâyeler

İzleyiciyi güldüren çoğu TED konuşmacısı, kendileri ya da tanıdıkları insanlar hakkında anekdot niteliğinde bilgiler, dünyaya dair gözlemler ya da kişisel hikâyeler anlatmaya eğilimlidir. Eğer size bir şey olduysa ve bunda mizah bulduysanız, büyük olasılıkla diğerleri de bulacaktır. Sir Ken Robinson'ın mizahının çoğu kendisi, oğlu, karısı vb. hakkında anekdot ve hikâye şeklindeydi.

Bu tarz mizah çoğu iş sunumunda işe yarar. Anekdotlar ve gözlemler çok büyük bir kahkaha elde etmek için değil ama daha çok insanı gülümsetmek ve konuşmacıyı izleyiciye sevdirmek amaçlı kısa hikâye ya da örneklerdir. Örneğin, TED 2013'te, AIDS Bisiklet Turları'nın kurucusu Dan Pallotta, rolü hakkında şu gözlemi yaptı: "Ben aynı zamanda eşcinselim. Eşcinsel olup üçüzlere babalık etmek şimdiye kadar yaptığım açık ara en sosyal yenilikçi, sosyal girişimci şey."[8]

Dr. Jill Bolte Taylor, felç geçirdiği ânı anlatırken kendisi hakkında yaptığı espriyle büyük bir kahkahaya neden oldu. Daha önceki ifadesini hatırlayın: "Fark ettim, 'Aman Tanrım! Felç oluyorum! Felç oluyorum!' Beynimin sonra bana söylediği şey, 'Vay canına! Bu müthiş! Kaç beyin bilimcisi kendi beyinlerini içerden inceleme fırsatını bulmuştur?' oldu."[9] Bir komedyenin mükemmel zamanlamasıyla, Dr. Jill sonra şu cümleyi söyledi: "Sonra aklımdan şu geçti, 'Ama ben çok meşgul bir kadınım! Felç olacak zamanım yok!'"

Bir sunuma gözleme dayalı mizahla başlamak izlenecek yoldur. Hemen büyük kahkahanın peşine düşmeyin. Büyük kahkahayı sonra elde edebilirsiniz ama onu sahneye çıkar çıkmaz ya da sunumunuzun başında çekmek için fazla uğraşırsanız gaf yapabilirsiniz ve her ne kadar gaf için asla iyi bir zaman olmasa da gaf çok erken gerçekleşirse hiç toparlanamayabilirsiniz.

TEDnot

NEYİN İŞE YARADIĞINI HATIRLAYIN. Geçmişte sizi ya da meslektaşlarınızı gülümseten anekdotlar, hikâyeler, gözlemler ya da içgörüler. Eğer orada işe yaradılarsa ve sunumunuza uygunlarsa, onları anlatınıza katın ve prova edin.

2. Analoji ve Metafor

Analoji, iki farklı şeyin arasındaki benzerlikleri belirten bir karşılaştırmadır. Karmaşık konuları açıklamak için etkileyici ve harika bir söz tekniğidir. Intel'le çalışmamda, teknolojide kullanılan klasik analojiyi bir yarıiletken (bilgisayar çipi) için kullanıp, "Bilgisayarınızın beyni gibidir," deriz. Intel ilk çift çekirdekli çipi lanse ettiğinde, "Bu, bir bilgisayarda iki beyin olması gibidir," dedik. Aynı şirkette depolama çözümleri bölümünün başkanıyla çalıştığımı hatırlıyorum. Şöyle demişti: "2020'ye kadar dünyada 40 zetabit veri olacak. Bu, dünyadaki bütün kum tanelerinden 57 kat daha fazla veridir. Carmine, bütün bu bilgiyi nerede saklayacağız?!"

Hafıza uzmanı, veriyle kumu karşılaştırarak dev istatistiği pespektife koymuş ve bunu sunarken eğlenmişti. Sunumuna bu şekilde başlamasını tavsiye ettim. Öyle yaptı ve hem salonda hem de daha sonra izleyenler tarafından oldukça iyi karşılandı. Görüyorsunuz, birisine "komik olmasını" ya da espri yapmasını söyleyemezsiniz. Onlardan günlük konuşmalarında tipik olarak yapmadıkları bir şeyi sahnede yapmalarını isterseniz, başarısızlık için hazırlarsınız. Sıklıkla, basit bir analoji izleyicinizi gülümsetebilir.

Pek çok sevilen TED konuşmacısı analoji kullanarak güldürür. Örneğin:

- "Chris Anderson benden, son yirmi beş yılın yoksulluk karşıtı mücadelesini TED için 10 dakikaya sığdırmamı istedi. Bu bir İngilizin bir İrlandalıdan az ve öz konuşmasını istemesidir. "

  – Bono

- "Eğer bir uzmanın internet hakkında konuştuğunu ve şunu yapar ya da bunu yapacak dediğini duyarsanız, buna bir ekonomistin ekonomi hakkında ya da meteoroloji uzmanının hava hakkındaki yorumlarına yaklaştığınız kadar şüphecilikle yaklaşmalısınız."

  – Danny Hillis, mucit, TED 2013

- "Parlamentoyu insan ilişkileri olmadan yönetmeye çalışmak, bir arabayı motor yağı olmadan çalıştırmaya benzer. Bütün her şey donarsa şaşırmalı mıyız?"

  – Jonathan Haidt, sosyal psikolog, TED 2012

- "Eğer Amerikalılar Amerikan rüyasını yaşamak istiyorsa Danimarka'ya gitsinler."

  – Richard Wilkinson, Nottingham Üniversitesi'nde profesör, TEDGlobal 2011

3. Alıntılar

Bir komedyen olmadan ya da fıkra anlatmadan güldürmenin kolay bir yolu, komik bir şey söyleyen başka birinden alıntı yapmaktır. Alıntılar ünlü kişilerden, isimsiz kişilerden ya da arkadaş ve aileden olabilir. TED konuşmacıları bunu her zaman yapar. Örneğin, Carmen Agra Deedy annesinden alıntı yapmıştı: "Külotlu çorabı ve utanmayı bıraktım – ikisi de çok sıkıyor." Kimi konuşmacılar başkalarından alıntı yapar ve ifadedeki mizahı vurgulamak için az ve öz tek bir gözlem ekler. "2006'da American Mortgage Bankers Association'ın (Amerikan Mortgage Bankacılar Birliği) başkanı şöyle demişti: 'Açıkça gördüğümüz gibi, ABD ekonomisini mahvetmek üzere olan sismik bir olay yoktur.' İşte işinin zirvesinde bir adam," dedi Rory Bremner. (İki yıl sonra, mortgage krizi birkaç büyük finans kurumunun ekonomik çöküşüne neden olup Birleşik Devletler'de Büyük Buhran'dan bu yana en kötü ekonomik darboğazı haber vermişti.)

TED 2013'te Columbia Üniversitesi dilbilimcisi John McWhorter, her gün yollanan 22 milyon cep telefonu mesajını görmek için yeni bir mercek sağlayarak izleyiciye yeni bir şey öğretti. McWhorter, ergen mesajlaşmasını tanımlayan kısaltılmış dile yazıklanmak yerine buna konuşma dilinin evriminde bir "dilbilimsel mucize" olarak bakmamız gerektiğini savunur.

McWhorter beş slaytlık bir dizi gösterdi, her birinde genç insanların konuşma şeklini eleştiren birisinden bir alıntı vardı. Bu durumda, alıntıların kendileri komik değildi ama McWhorter'in mesajını iletmek için slaytları kullanış şekli izleyicisini güldürdü.

Bir İngilizce profesörünün 1956'da söylediği bir cümleyle başladı: "Birçok kişi alfabeyi ya da çarpım tablosunu bilmez, dilbilgisine uygun yazamaz... "[10] İzleyici gülmedi, McWhorter da bunu ummadı. İkinci slayta geçti, bunda Connecticut'taki bir öğretmenden 1917 tarihli bir alıntı vardı: "Her lise umutsuzluk içindedir, çünkü öğrencileri en temel bilgileri bilmez." Henüz gülme yok. "Daha da geriye gidebilirsiniz," dedi McWhorter.

Üçüncü slaytında Harvard rektörü Charles Eliot'un 1871'deki bir sözünü gösterdi: "Kötü imla, yazıda ifadelerin zarafetsizliği yanında yanlışlıklar... bunlar, on sekiz genç erkek arasında ender olmaktan uzak, öte yandan üniversite için iyi de hazırlanmışlar." İzleyiciler anlamaya ve kimileri gülmeye başladı.

McWhorter daha eski ve daha da eski alıntıları göstermeye devam etti, ta ki MS 63'te, insanların Latince konuşma şekline üzülen, dilin tamamen Fransızcaya dönüşmesine kızan bir adamdan bir alıntıya gelinceye kadar. Birkaç alıntıdan sonra izleyici önermeyi anladı ve hem alıntılara hem de McWhorter'ın açısından dilin evrimini görmedikleri için kendilerine güldüler. İnsanlar her zaman gençlerin dili kullanma şeklinden yakınırlar ama, "Dünya dönmeye devam eder," dedi McWhorter.

Sunumunuza yaratıcı şekilde alıntılar eklemek slaytları güzelce böler ve izleyicinize zihinsel bir ara verir. Yaygın ve çok kullanılmış alıntılardan kaçının. Ve sadece internette bir alıntı kütüphanesini ziyaret edip bir kategoriden rasgele bir alıntı seçmeyin. Mizah ve kullandığınız alıntılar üstünde gerçekten düşünün. Konuyla ilgili olduklarından emin olun. Bir dernekte ya da şirket konferansında ana konuşmacı olduğumda, genellikle konuştuğum derneğin üyelerinden, kurucularından ya da şirketin CEO'larından alıntılar kullanırım. Alıntılar insanları güldürür ve izleyicimle bağ kurmama yardım eder. İyi alıntılar kullanmak biraz ev ödevi gerektirir. Ünlü bir alıntıyı almak daha kolaydır ama o kadar yaratıcı ya da etkili değildir. Ev ödevinizi yapın.

TEDnot

ALINTILAR İÇİN EV ÖDEVİNİZİ YAPIN. Sunumunuzun havasını hafifleten ya da konunuzun karmaşıklığını azaltan üçüncü kişilerden alıntılar bulun. Ünlü bir alıntı kullanmanız gerektiğini düşünmeyin.. İzlenmiş yoldan çıkın. Pek çok durumda, tanıdığınız kişilerden alıntılar gayet komik ve ilginç olabilir.

4. Video

2011'de TEDxGençlik'te YouTube trend yöneticisi Kevin Allocca, üç kısa YouTube videosuyla –bir gökkuşağı görüp kendinden geçen bir adam, "Friday" adında akılda kalıcı, aptal bir şarkı söyleyen bir ergen kız ve "Nyan Kedi" adında gerçekten saçma sapan bir animasyon– seyircileri gülmekten kırdı geçirdi. Alloca'nın teması hiç de saçma sapan değildi. İçgörülü bir sunumla, videoların hızla yayılmasının (videolar milyonlarca kez izlenmişti) üç nedenini açıkladı: "beğeni ustaları, topluluklar ve umulmadık olma." Videolar arasında her video hakkında grafikler ve istatistikler gösterdi. Tek başına istatistikler kuru olurdu ama Allocca onlara saçma sapan videolar ekleyerek izleyiciyi güldürdü.

Pek az kişi sunumlarda, hatta TED konuşmalarında video klipler kullanır. Fakat video bir sunuma mizah getirmenin çok etkili bir yoludur: Üstünüzden komik olma baskısını alır.

Apple mağazaları ve müşteri hizmetleri için yaptığım açılış konuşmalarımdan birinde iki klip gösteririm. İlk klipte bir komedyen bir Apple mağazasında neler yapmasına izin verileceğini görür; içeri bir keçi getirir, mağazaya getirilmek üzere pizza ısmarlar, hatta karısıyla dans ederlerken onlara serenat yapması için küçük bir orkestra bile kiralar. İkinci klipte, izleyici, bir Apple mağazasında satış katında çalışanlar işlerine devam ederken genç bir kadının dans ettiğini görür. İki klip de Apple mağaza çalışanlarının "şeyler satmak" için değil, "hayatları zenginleştirmek" ve insanların mağazadayken mutlu olmalarını sağlamak için eğitildikleri mesajını vurgulamak için yapılmıştır. Videolar her zaman güldürür ve komedyeni oynamanız gerekmez; bunu sizin için başkalarının yapmasına izin verin.

5. Fotoğraflar

Geri dönüp en sevdiğiniz üniversite dersini düşündüğünüzde, en sevdiğiniz profesörün büyük olasılıkla sunumlarına ciddi miktarda mizah katmış olduğunu görürsünüz. Tahmin etmem gerekse, en esprili profesörleri sorulduğunda herhalde çoğu insanın aklına ekonomi dersi gelmez. Derslerine öğretmen olarak, ekonomist ve TED konuşmacısı Juan Enriquez gelmemiştir. Öyle olsaydı, derse gitmekten zevk alırlardı.

Enriquez dört TED konuşması yapmıştır ve ekonominin karmaşıklığını genelde fotoğraf formunda mizah ekleyerek azaltır. Konuları karmaşıktır ve mizah, konuların daha kolay anlaşılmasını sağlar, çünkü fotoğraflar konuyu herkesin anlayabileceği bir bağlama yerleştirir.

TED 2009'da Enriquez konuşmasını, "Odada ekonomi denilen koca bir fil var. Öyleyse onun hakkında konuşmaya başlayalım. Size ekonominin şu andaki resmini göstermek istedim,"[11] diyerek açtı. Resim "Ekonomi" başlıklı bir slayttı. Slaytın gerisi siyahtı. 2009 yılında Amerika bir durgunluk içindeydi, bu yüzden daha fazla açıklamaya gerek yoktu. Siyah slayt her şeyi açıkladı ve izleyiciden hemen başta büyük bir kahkaha aldı.

Enriquez devam etti: "Orada duran gerçekten büyük birkaç sorun var. Birisi kaldıraç. Ve kaldıracın sorunu, ABD finansal sistemini bu hale getirmesidir." Enriquez, havuzda insanların olduğu fotoğrafı gösteren bir slayta geçti. Suyun ortasında küçük bir masanın üstünde radyoları duruyor, radyonun kordonu sudan geçip havuzun kenarında sallanan bir elektrik prizine takılıyken insanlar gülüyorlardı. Yine, Enriquez'in slaytı açıklamasına gerek yoktu. Fotoğraf, varlıkları ipotek ederek borçlanma sorununa metafor oldu. Para gelirken her şey iyi hoştur fakat sonuçları ölümcül olabilir. "Ekonomik kaldıraç" teriminin teknik tanımı şöyledir: öz sermayenin volatilitesi bölü aynı varlıklarda kaldıraçsız yatırımın volatilitesi. Enriquez bu tanımı hiç vermedi. Anlaşılması güçtü ve izleyiciyi uyuturdu. Bunun yerine, yaratıcı bir şekilde, kaldıracın doğurduğu sorunlara mecaz işlevi gören bir fotoğraf seçti. İzleyiciyi güldürdü... ve düşündürdü.

Enriquez bir başka fotoğraf dizisi göstererek, "Bu sırada hükümet Noel Baba gibi davranır. Hepimiz Noel Baba'yı severiz değil mi?" dedi. Bu noktada bir alışveriş merkezinde göreceğiniz tipik bir Noel Baba fotoğrafı gösterir. Devam eder: "Ama

Noel Baba'yla olan sorun şudur: Eğer yaptıkları zorunlu harcamaya ve verdikleri sözlere (devlet yardımları) bakarsanız, şimdi fatura ödeme zamanı geldiğinde Noel Babaların o kadar da sevimli olmadığı ortaya çıkar." Bir sonraki slayt, bir golf arabasında oturan beyaz sakallı şişman bir adamı gösterir... özel bölgeleri kapatılmış çıplak bir adam. İzleyiciler kahkahaya boğulur. Mesajı almışlardır – hükümet parasını severiz, ama hükümet harcamalarının sonuçları ortaya çıkınca irkiliriz.

Komedyenler, farklı izleyicilerde neyin iyi etki yaptığını görmek için çalışır; ben de fotoğraf ve hikâyeleri aynı şekilde kullanırım. Müşteri hizmetleri ve iletişim hakkında bir açılış konuşmamda Ritz-Carlton'dan bir dizi fotoğraf kullanmıştım. Hikâye (anlatı) şöyledir:

> Çalışanlara müşteri için doğru olanı yapmaya yetki verildiğinde sihirli şeyler olur. Bir aile, Amelia Adası'nda Ritz-Carlton'da kalıyordu. Eve döndüklerinde küçük oğlanın oyuncak hayvanı "Joshi"yi odada unuttuklarını fark ettiler. Baba oteli aradı, elemanlar oyuncağı odada buldu ve postalamayı teklif etti. Oğlanın babası, "Bana bir iyilik yapar mısınız?" dedi. "Oyuncağın bir resmini çeker misiniz, oğluma Joshi'nin iyi olduğunu gösterebilmem için?" Elemanlar daha da iyisini yaptılar. Joshi'yi tatil köyünün keyfini çıkarırken gösteren birkaç fotoğraf gönderdiler. Joshi havuzun yanında; Joshi plajda; Joshi bir golf arabasında ve Joshi yüz masajı yaptırırken.

Eğer hikâyemi sadece metin halinde okursanız, müşteri hizmetlerini takdir edebilirsiniz ama bu sizi ille de güldürmez. Emin olun ki fotoğraflar çok komik. Bir oyuncak hayvanı, masaj yatağında uzanmış, gözlerinde salatalıklarla, birisi omuzlarına masaj yaparken görmek komiktir. Mizah insanların fotoğrafları hatırlamasına yardım eder. Daha önemlisi, resimler ana mesajı güçlendirir – yetki verilen çalışanlar, müşterileri için unutulmaz anlar yaratır.

Ritz-Carlton örneğinde, *fotoğraflar* güldürür; izleyiciyi onla-

> Fiziksel gülme tepkisinin peşinden gelen bir zihinsel keyif vardır ve bunun beyinde endorfin salgılaması rastlantı değildir. Böylece, endorfinler savunmanızı düşürür ve bir şeye farklı bakmaya ikna ediliverirsiniz. Bu, kızgınlık, korku, panik ve bütün fight-or-flight tepkilerinin* işleme şeklinin tam tersidir. Fight-or-flight, adrenalini yükseltir, bu da göklere varan duvarlarımızı yıkar. Ve komedi ortaya çıkıp savunmalarımızın en güçlü olduğu alanların –ırk, din, politika, cinsellik– pek çoğuyla uğraşır. Bu konulara, adrenalin yerine ancak mizahla yaklaşarak endorfin alırız ve gülmenin simyası duvarlarımızı pencerelere çevirip yeni ve beklenmedik bir bakış açısı ortaya çıkarır.[12]
>
> – Chris Bliss, TEDx

ra bir espri yaparak güldürmeye çalışmıyorum. Bu doğal, özgün mizah. Olmadığım bir şey olmaya çalışmıyorum. Komedi dünyasında şansınız olmayabilir ama bu sizi bilgilendirici *ve* eğlendirici bir sunum yapmaktan alıkoymamalı.

TEDnot

SUNUMUNUZU VİDEO VE FOTOĞRAFLARLA NEŞELENDİRİN. Çoğu PowerPoint sunumu korkunçtur, çünkü pek az –o da varsa– duygusal etkisi vardır. Havayı hafifletmek için esprili bir fotoğraf ya da video klibi kullanın.

Bu beş tekniğin her birini sunumlarımda kullanırım. Hiçbir

* Fight-or-flight tepkiler, aşırı uyarılma ya da akut stres tepkisi olarak da bilinir. Zarar verecek bir olay, saldırı veya yaşamsal tehdidin hissedilmesi karşısında oluşan kavga etme, kaçma, donup kalma ya da yaltaklık etme gibi fizyolojik tepkiler. (e.n.)

zaman fıkra anlatan adam olmadım. Komediyi severim, stand-up komedyenleri izlemeyi severim ama ender olarak fıkraları hatırlar ya da yaparım. Fakat kolay (ve sık sık) gülerim ve hemen her durumda mizah bulurum. Karımla ben çok güleriz. Bir konuşmacı olarak geliştikçe fark ettim ki izleyiciyi *güldürmem* gerekmiyor; bütün yapmam gereken, belli bir durumdaki mizahı *ortaya çıkarmak*. Her zaman güldürmeniz gerekmez ama en azından bir gülümseme elde etmeye çalışmalısınız.

B** KONUŞALIM

İnsanların karmaşık bir konuyu anlamaya çalışmalarına yardım ederken her zaman biraz mizah kullanın, özellikle konuda yenilerse ya da az anlamışlarsa. Mizah ayrıca, uyuşmazlığı başka yöne çevirmek ya da izleyicinizi travmatik olaylarla ilgili rahatlatmak için faydalı bir araçtır. Milyonlarca insan, 11 Eylül'den sonra aynı anda televizyonda, gazetelerde ve internette yayınlanan sürekli ve korkunç görüntü yağmurundan biraz rahatlamak için *Saturday Night Live* komedi programına yöneldi. Komedyen Will Ferrell, ilk skeçlerden birinde, üstünde sadece Amerikan bayrağı olan renkli bir tangayla görününce dünya tekrar gülmenin kabul edilebilir olduğunu anladı – unutmak değil ama beyinlerimize travmadan bir ara vermek için.

Rose George, kakadaki mizahı görür. İngiltere'de yaşayan bu gazeteci, bir gün tuvalete gitti ve kendine sordu, "Bunlar nereye gidiyor?" Bir gazeteci olarak soruya yanıt bulmaya merakı uyandı. Sonraki on yıl, doğru sanitasyonun üçüncü dünya ülkelerinde nasıl hayat kurtardığı konusunda makaleler ve bir kitap yazarak sanitasyon dünyasının, tabiri caizse, derinlerine indi.

George konusunu ciddiye alır ama kendisini o kadar ciddiye almaz ve izleyicisinin, ekranda gösterilen yürek parçalayıcı görüntülerden zihinsel bir araya ihtiyacı olduğunun farkındadır. Mizah ve ciddiyet karışımı sunumu, TED 2013 izleyicisinin kalbini ve evet zihinlerini kazanmıştır.

George, açıkta dışkılamanın hoş bir konu olmadığını bilecek kadar akıllıdır. Çözümü, mizah ve şokun dikkatli, yaratıcı bir karışımını sunmaktır. George ilk slaytında, dünya tuvalet örgütü, onun deyimiyle "diğer Dünya Ticaret Örgütü"nün bir konferansında, yüksek teknoloji bir tuvaletin yanında duran güzel bir kadın manken fotoğrafı gösterdi.

George, "Böyle bir tuvalet benim hakkım," diye düşünerek büyüdüğünü söyler. "Yanılıyordum. Bu bir ayrıcalık. Dünyada iki buçuk milyar kişinin uygun tuvaleti yok."[13] George'un gösterdiği ikinci slaytta, insanlar yolda yürürken kenarda "kaka yapan" küçük bir oğlan vardı – pek çok üçüncü dünya ülkesindeki yaşam tarzı.

George sorunun, dışkının, ishal dahil pek çok soruna sebep olan patojen taşıması olduğunu söyler. "İshal bir şakadır," der bir sonraki slayta geçerken – esprili bir slayt elbette. "Eğer önde gelen bir fotoğraf ajansında ishalle ilgili standart bir fotoğraf ararsanız, karşınıza bu fotoğraf çıkar." İzleyici, bir tuvaletin dışında duran, gözleri kapalı, avuçları sıkılmış, belli ki kendini tutmaya çalışırken yüzünü buruşturan bikinili bir kadın fotoğrafı görür. Fotoğraf komiktir ve izleyici güler. Sonra George izleyicisini bununla vurur: "İşte bir başka ishal fotoğrafı. Bu Maria Salie. 9 aylık [izleyici kırlıkta dururken ağlayan bir adamın resmini görür]. Onu göremiyorsunuz, çünkü Liberya'da küçük bir köyde çimenin altında gömülü. İshalden üç günde öldü. O gün yalnız değildi. Dört bin çocuk ishalden öldü... bu, çok güçlü bir toplu kıyım silahıdır."

Şimdiye kadar George'un formülünün nasıl işlediğini görmüşsünüzdür: mizah, şok, istatistik. İstatistikler tek başına insanları uyutur. Fazla şok edici bir sunum insanların keyfini kaçırır. Çok fazla mizah konunun ciddi anlamlarından eksiltir. George, ikna için, bu üçünü sihirli bir formülde ustalıkla birleştirir.

Rose George konusuna mizah katabiliyorsa siz de kendi konunuz için aynısını kesinlikle yapabilirsiniz. Ne konunuzu ne de kendinizi çok ciddiye alın. Kuramsal fizikçi Stephen Hawking'e iki yaşındayken ALS teşhisi konmuştu. Şimdi 70 yaşlarında olan Hawking hayatının büyük bölümünü tekerlekli sandalyeye bağlı yaşamıştır ve 1985'ten beri bir bilgisayar aracılığıyla iletişim kurmak zorundadır.

Koşullarına karşın, Hawking'in dikkate değer ve yumuşatıcı bir mizah anlayışı vardır. Espritüelliği, izleyicilerini onun yanında daha rahat hissettirir. 2003'te Jim Carrey *Aptal ile Avanak* filmini tanıtıyordu. Conan O'Brien'ın şovunda söyleşi yapılırken, Carrey'ye Hawking'den bir telefon geldi ve ikisi bir komedi skecine başladılar. "Sana sadece, yeni ekpiroptik evren teorisi hakkında heyecan duymandan ne kadar mutlu olduğumu söylemek istedim,"[14] dedi Hawking, Carrey'e, iki adam birbirlerine dâhi oldukları hakkında iltifat ederken. Daha sonra sorulduğunda Hawking bunu yaptığını, çünkü eğlenceli olduğunu söyledi. Kendini çok ciddiye almaz.

Hawking mizahını sunumlarında gösterir. Dinleyicilerinin beyinlerinin, teorilerini anlamaya uğraştıklarında pelteye döneceğini bilir. Onun şakacılığı, fazlaca ihtiyaç duyulan kahkahayı konuşmasına ekler.

Şubat 2008'de Hawking büyük soruları tartışmak için TED sahnesinde göründü: "Nereden geldik? Evren nasıl oluştu? Evrende yalnız mıyız? Uzaylılar var mı? İnsan ırkının geleceği ne?" Çok ağır konular. Alaşağı ettiği teorilerden biriyse, uzaylılar tarafından ziyaret edilmiş olmak.

> Uzaylılar bizi ziyaret etmişe benzemiyoruz. UFO bildirimlerini saymıyorum. Neden sadece acayip kişilere ve eksantriklere görünsünler ki? Eğer hükümetin raporları örtbas edip uzaylıların getirdiği bilimsel bilgiyi kendine saklayacağına dair bir komplo teorisi varsa, bu şimdiye kadar başarısız olmuş gibidir. Dahası, SETI (Dünya Dışı Akıllı Yaşam Araştırması) projesi tarafından yapılan ayrıntılı bir araştırmaya karşın, televizyonda hiç uzaylı yarışma programı duymadık. Bu da herhalde birkaç ışık yılı çapı içinde bizim kadar gelişmiş uzaylı medeniyetlerin olmadığını gösterir. Uzaylılar tarafından kaçırılmaya karşı bir sigorta poliçesi düzenlemek bir bahse sağlamcı katılmak olur.[15]

Sır #6: Neşelenin

Mizah bazı riskler içerir ve çoğu insanın buna cesareti yoktur, bu yüzden çoğu iş sunumu korkunç kuru ve sıkıcıdır. Savunmasız olmak, kendinizle ve konunuzla yumuşak bir şekilde alay etmek cesaret ister. Anahtar, otantik olmaktır. Olmadığınız biri olmaya çalışmayın. Ama bir şey sizi güldürürse, büyük olasılıkla bu başka birini de güldürecektir.

Eğer hâlâ mizahın size, seyircilerinizi kazandırmaya yardım edeceğine ikna olmadıysanız şöyle düşünün: Çalışmalar gösteriyor ki mizah sağlığınız için iyidir. Gülmek tansiyonu düşürür, bağışıklık sistemini güçlendirir, nefes almayı iyileştirir, enerjinizi artırır ve sizi iyi hissettirir. Eğer kendinizi iyi hissederseniz daha iyi bir sunum yaparsınız ve bu da gülümsenecek bir şeydir!

III. BÖLÜM

Akılda Kalıcı

İçgüdüleriniz ve fikirleriniz hakkında gerçekten cesur olmalısınız. Yoksa pes edersiniz ve akılda kalabilecek şeyler kaybolur.

– FRANCIS FORD COPPOLA

7

18 Dakika Kuralına Bağlı Kalın

Hem zorlanıyorum, hem heyecanlıyım. Heyecanım, bir şeyi geri vereceğim için. Zorlanmamsa... genelde yaptığım en kısa seminer elli saattir.

– TONY ROBBINS, TED 2006

WATERLOO ÜNİVERSİTESİ EKONOMİ profesörü Larry Smith üç saatlik konuşmalar yapar. Kasım 2011'de TEDx izleyicisi için 15 dakikalık bir konuşma yaptı. Neredeyse 1,5 milyon kez izleneceği hakkında hiçbir fikri yoktu. "Benim için içeriğimi 18 dakikaya indirmek kişisel bir zorluktu," dedi Smith bana. "Sanırım öğrencilerim bunu yapmamı istedi, çünkü bunun beni öldüreceğini düşündüler!"[1]

"Sizce neden 18 dakika kuralı bu kadar iyi işliyor?" diye sordum Smith'e.

"Düşünmek zor iştir. 18 dakikada güçlü bir tartışma yaratabilirsiniz ve insanların dikkatini çekebilirsiniz."

Evet, düşünmek zor *iştir* ve bu yüzden fikirlerin iletilmesi için 18 dakika kritiktir. Bir TED sunumunun uzunluğu 18 dakikayı geçmemelidir. Bu *bütün* TED konuşmacılarına uygulanan temel bir kuraldır. Larry Smith, Bill Gates ya da Tony Robbins olmanız fark etmez – bütün elinizdeki 18 dakikadır.

Sır #7: 18 Dakika Kuralına Bağlı Kalın

18 dakika bir sunum için ideal uzunluktur. Eğer daha uzun bir tane yapmanız gerekiyorsa, içine her 10 dakikada bir yumuşak aralar (hikâyeler, videolar, gösteriler) katın.

Neden işe yarar: Araştırmacılar "kavramsal birikmişliğin", fazla bilginin fikirlerin başarıyla iletilmesini önlediğini keşfetmiştir. TED yöneticisi Chris Anderson bunu çok iyi açıklar:

18 dakika ciddi olmak için yeterince uzun ve insanların dikkatini canlı tutmak için yeterince kısadır. Bu uzunluğun ayrıca internette de inanılmaz iyi işlediği anlaşılmıştır. Bu bir kahve molası uzunluğudur. Yani bu sürede iyi bir konuşma izlersiniz ve bağlantı adresini iki ya da üç kişiye yönlendirirsiniz. Çok kolayca hızla yayılabilir. 18 dakika uzunluk ayrıca, Twitter'ın insanları yazdıkları şeyde disiplinli olmaya zorladığı şekilde işler. 45 dakika boyunca konuşmaya alışmış konuşmacıları 18'e inmeye zorlayarak onlara gerçekten ne söyleyeceklerini düşündürürsünüz. İletmek istedikleri ana nokta nedir? Netleştirici bir etkisi vardır. Disiplin getirir.[2]

DİNLEMEK TÜKETİCİDİR

Texas Christian Üniversitesi'nde Dr. Paul King, iletişim çalışmaları alanında otuz yıldır etkili bir öğretmen olmuştur. King'le "dinleme performansında durum anksiyetesi" araştırması hakkında konuştum. Çoğumuz anksiyetenin sadece konuşma ya da sunumu yapan kişiyi etkilediğini sanır. Dr. King izleyicilerin de anksiyete duyduğunu keşfetmiştir.

"Sonra soru sorulacağını bilerek bilgileri dinleyen araştırma katılımcılarını –üniversite öğrencilerini– inceledik. Zaman geçtikçe anksiyete düzeyleri sınava girdikleri âna kadar yükseldi, yükseldi, yükseldi. Sonra anksiyete düzeyleri düştü,"[3] dedi King. King'e göre, bilgi birikimi "kavramsal birikmişliğe" yol açar, üst üste yığılan ağırlıklar gibi zihinsel yükü ağırlaştırdıkça ağırlaştırır. "Hatırlamanız gereken şeyler biriktikçe daha fazla stres duyar ve çok geçmeden hepsini bırakırsınız."

King kavramsal işlemenin –düşünme, konuşma ve dinleme– fiziksel olarak zahmetli etkinlikler olduğunu söyler. "Lisede münazara takımındaydım. Ayrıca basketbol da oynadım. Avluda bütün gün boyunca aşağı yukarı koşabiliyordum. İlk münazara turnuvamın finaline kaldım ve üç münazaralık bir dizi yaptım. Bitirdikten sonra güç hareket edebiliyordum. Eski sarı bir okul otobüsüne binip uyuyakaldım ve eve varana kadar uyanmadım. Bu benim için tuhaftı. Eğer gerçekten konsantre oluyorsanız, çözümsel dinleme fiziksel olarak yorucu bir deneyimdir. İzleyici olarak dinlemek, düşündüğümüzden daha tüketicidir."

King dinlemenin yorucu bir etkinlik olduğunu, çünkü öğrenen kişinin sürekli olarak sonra hatırlanacak –geri getirilecek– malzeme eklediğini söyler. "Kavramsal birikmişlik" diyerek anlatmak istediği budur. Basit söylersek, görev ya da iletilen bilgi ne kadar uzunsa kavramsal yük de o kadar büyüktür. Beş dakikalık bir sunumu dinlemek, göreceli olarak daha küçük miktarda kavramsal birikmişlik üretir; 18 dakikalık bir sunum biraz daha fazla üretirken, 60 dakikalık bir sunum çok daha fazla birikmişlik üretir ve "yumuşak aralarla" –hikâyeler, videolar, gösteriler ya da diğer konuşmacılarla– çok ilginç bir sunum yaratmadıysanız izleyicinizin ciddi olarak keyfini kaçırma riskine girersiniz.

Sunum ne kadar uzunsa, izleyicinin o kadar daha fazla organize etmesi, anlaması ve hatırlaması gerekir. Yük, dinleyenin anksiyetesiyle birlikte artar. İzleyici gitgide yılar, hatta kızar. King, bir içeriği hafızaya işleme üstüne yapılan araştırmaların çoğuna göre, iki ya da üç seferde kısa süreli çalışmanın bir gecede ezberlemekten daha iyi olduğunu söyler. "Önerdiğim şey, bir kez mesajınızı verdikten sonra öldüresiye uzatırsanız, gerçekte insanların içeriği daha iyi işlemesine ve uzun süreli bellekte saklamasına yardım etmezsiniz."

King sonuçları, araştırma metotları üstüne yüksek lisans yapan sınıfına uygular. Seçme şansı verilirse, çoğu öğrenci 50 dakikalık üç derstense, üç saatlik tek bir derse katılmayı tercih eder. King dersini haftada bir kez verince, öğrencilerin ertesi hafta, önceki hafta öğrendikleri bilginin çoğunu kaybetmiş olarak döndüklerini gördü. King, "daha iyi uygulamanın" aynı içeriği, pazartesi, çarşamba ve cuma gibi üç farklı seferde planlamak olduğunu keşfetti. İtirazlara karşın sınıfı üç kısa derste zorunlu tutunca, öğrencileri daha iyi notlar aldı ve karmaşık malzemeyi daha iyi akıllarında tuttular.

BEYİN BİR ENERJİ OBURUDUR

Hem Smith hem de King, dinlemenin ve öğrenmenin gerektirdiği enerji miktarından söz eder. Beyin kolay yorulur. Yeni bir işte ilk günden sonra ya da karmaşık bir konuyu ilk kez saatlerce çalıştıktan sonra ne kadar yorulduğunuzu hatırlıyor musunuz? Lise öğrencileri üniversite giriş sınavlarına girdikten sonraki yorgunluklarına "SAT akşamdan kalmalığı" der. Yeni bilgiyi işlemek enerji gerektirir.

Öğrenmek tüketici olabilir. Ortalama yetişkin insan beyni sadece 1,36 kg civarındadır, ama aşırı miktarda glikoz, oksijen ve kan akışı tüketen bir enerji oburudur. Beyin yeni bilgileri alırken, milyonlarca nöron bir anda eyleme geçer ve enerji yakıp yorgunluk ve bitkinlik yaratırlar.

Willpower (İrade) kitabında, yazar Roy Baumeister, her gün sonlu miktarda bir irademizin olduğunu ve beyinlerimizin daha çok enerji tükettikçe eksildiğini açıklar. Baumeister, tamamen ilgisiz etkinliklerin (çikolataya direnmek, matematik bulmacaları üstünde çalışmak, bir sunum dinlemek) aynı enerji kaynağını kullandığını buldu. Bu, özellikle günün ilerleyen saatlerinde, bütün sabah kararlar verdikten ya da dikkat dağılmalarını (öğle yemeğinde baştan çıkarıcı bir dilim pasta gibi) bastırmaya çalıştıktan sonra neden o kadar yorgun olduğumuzu açıklar.

Suçlu, glikozdur ya da glikoz eksikliğidir. Glikoz bedende her türlü yiyecekten üretilen basit bir şekerdir. Kan dolaşımına girer ve kalbinizi, karaciğerinizi ve beyninizi içeren kaslar için yakıt olarak hareket eder. Glikoz, beyin hücrelerinizin birbirine sinyaller göndermek için kullandığı kimyasallar olan nörotransmitterlere çevrildikten sonra beyninize girer.

Braumeister insanların, ekranın altında sözcüklerin yanıp söndüğü bir video seyretmek gibi basit işleri yapmadan önce ve sonra glikoz seviyelerini ölçmek için tasarlanmış bir dizi deneyden söz eder. "Kimilerine sözcükleri görmezden gelmeleri söylendi; diğerleri rahat olup nasıl isterlerse öyle seyretmekte serbestti. Sonra glikoz seviyeleri tekrar ölçüldü ve arada büyük bir fark vardı. Rahat seyircilerde seviyeler aynı kalmıştı, ama sözcüklerden sakınmaya çalışan kişilerde önemli ölçüde düşmüştü. Özkontrole dair görünüşte küçük bu alıştırma, beynin glikoz yakıtında büyük bir düşüşle ilişkilenmişti."[4]

Uzun, kafa karıştırıcı, dolambaçlı bir sunum dinleyicinizin beynini çok çalışıp enerji tüketmeye zorlar. Beyin hücreleriniz bedeninizdeki diğer hücrelere oranla iki kat fazla enerjiye ihtiyaç duyar. Zihinsel etkinlik glikozu hızla azaltır. 18 dakikalık bir sunumun bu kadar iyi işlemesinin sebebi budur. İzleyicinize, sunumunuz hakkında düşünüp fikirlerinizi paylaşmaları ve harekete geçmeleri için biraz beyin gücü ve glikoz bırakır. Çok uzun konuşun ve bakın izleyicileriniz kendilerini içeriğinizden uzaklaştırmak için ne yollar bulacaktır. En son ne zaman üniversite öğrencilerinin üç saatlik bir dersten ilham alıp konuyu daha derinlemesine çalışmak için koşa koşa yurt odalarına gittiğini gördünüz? Bu olmaz. Bunun yerine ortak talihsizliklerini paylaşmak ve konuyu değiştirmek için en yakın pizzacıya ya da biracıya koşarlar. On sekiz dakika düşündürücüdür. Üç saat bunaltıcıdır.

Bu bölümde, 18 dakika kuralının arkasındaki bilimi anlatmak için ciddi zaman harcadım. Buna gerek olduğunu hissediyorum. Sunumları kısa tutmak, çalıştığım pek çok CEO ve yonelden büyük tepki çeker. Sık sık, "Ama Carmine, verecek çok fazla bilgimiz var!" yakınmasını duyarım. İnsanlar bir kez 18 dakika kuralının arkasındaki mantığı ve yumuşak aralar kavramını anlayınca, sunumlarını kısaltmayı düşünmeye çok daha isteklidir. Bunu bir kez yaptılar mı yaratıcı güçlerinin ortaya çıktığını görürler. Görüyorsunuz, yaratıcılık kısıtlar altında gelişir.

YARATICILIK KISITLAR ALTINDA GELİŞİR

Kısıtlar yaratıcı bir sunum için anahtardır. Sık sık bana, "Sunumum ne kadar uzun olmalı?" diye sorulur. Sanıyorum en doğrusu TED-benzeri 18-20 dakikadır. Bu çok kısa değildir, çok uzun değildir. Bu izleyicinizi ikna etmek için doğru süredir. Daha kısa olsa, izleyicilerinizden bazısı (özellikle yatırımcılar, iş sahibi ve müşteriler) yeterince bilgi almadıklarını düşünebilir. Daha uzun olursa da izleyicinizin ilgisini kaybetme riskini alırsınız.

Sunum uzunluğu için genellikle John F. Kennedy'nin göreve başlarken yaptığı konuşmayı rehber olarak alırım. Kennedy, ulusa 15 dakikalık bir başlangıç konuşmasıyla ilham verdiğine göre, siz de aynı sürede ürün ya da fikrinizi sunabilmelisiniz. Kennedy, konuşma yazarı Ted Sorensen'den konuşmayı kısa tutmasını istedi, çünkü, "İnsanların geveze olduğumu düşünmelerini istemem," dedi. Sonuç, tarihte o güne kadar yapılmış en kısa başkanlığa başlama konuşmasıydı – 1355 sözcük. Kennedy izleyicisinin hayal gücünü ele geçirmenin, güçlü bir konuşma tarzı, özenle kurulmuş cümleler ve makul bir şekilde kısa bir konuşma (başkanlık konuşmalarının ortalama uzunluğu 2300 sözcüktür) gerektirdiğini biliyordu.

Kennedy'nin başkanlık konuşması kısa, ilham verici bir mesaja mükemmel bir örnektir. Daha öğretici bir örnek, Kennedy'nin Rice Üniversitesi'nde 12 Eylül 1962'de yaptığı, etkili ama daha az bilinen bir konuşmadır. Kennedy'nin, Ay'a keşif seferi vizyonunu ana hatlarıyla açıklaması orada olmuştur.

Kennedy, Amerika'ya onyılın sonuna kadar "Ay'a gitmek" için meydan okuduğunda, milyonlarca Amerikalının olduğu kadar binlerce üst düzeyde biliminsanının da kolektif hayal gücünü, zaman ve enerjilerini bu amaç için harcamak üzere harekete geçirdi. Amerikan tarihindeki en önemli konuşmalardan biriydi. 17 dakika 40 saniye süren Kennedy'nin bu konuşması üst düzeyde bir TED konuşması olurdu.

Kimileri, "Söyleyecek çok şeyim var. Bütün bilgiyi 20 dakikada aktarmam mümkün değil," diye savunabilir. Yine de deneyin. Sunumunuz, sadece alıştırma yaparak çok daha etkili ve yaratıcı olacaktır.

The Laws of Subtraction'da (Eksiltmenin Kanunları) Matthew May bunun arkasındaki bilimi açıklar. May'e göre, "Yaratıcılık zeki kısıtlar altında gelişir."[5] May, sunumunuza bir sınır ya da kısıt getirerek yaratıcılığın büyümesi için bir odak noktası ve çerçeve sağladığınızı ikna edici bir şekilde savunur. "Son çalışmalar, yaygın inanışın tersine hayal gücünün asıl etkinliğinin –yaratıcılık– sınırsız özgürlük değil, daha çok sınır ve engellere dayandığına dair kanıtlar sunar."

May, eksiltme kanununun sadece sunum tasarımı ve topluluk önünde konuşma değil, hayatımızı hemen hemen bütün açılardan olumlu olarak etkilediğine inanır. Orada *olmayan* şey genellikle olana üstün gelir."Tam doğru şeyi tam doğru şekilde eksiltirseniz, ortaya genellikle iyi bir şey çıkar," der May.

> Yaratıcılık genellikle yanlış anlaşılır. İnsanlar bunu sanatsal çalışma anlamında düşünür – güzel etkiyle sonuçlanan, gem vurulmamış, rehbersiz çaba. Fakat daha derinden bakarsanız, en ilham verici bazı sanat biçimlerinin –haiku, sonat, dini resim– kısıtlarla dolu olduğunu bulursunuz.
>
> – Marissa Mayer, Yahoo! CEO'su

TED konuşmaları bir milyardan fazla kez izlenmiştir ve bu da sıkıcı, kafa karıştırıcı, karmaşık, uzun, dolambaçlı sunumlardansa, "kısıtlanmış" bir sunumun genellikle daha ilham verici, yaratıcı ve ilgi çekici olduğunu kanıtlar.

18 DAKİKADA DÜNYA TARİHİ

Karmaşık bir konunun basitçe açıklanması, konuşmacının konuya hâkimiyetine dair dinleyenlerde güven uyandırır. Albert Einstein bir kez, "Eğer basit bir şekilde anlatamıyorsanız onu iyi anlamamışsınızdır," demişti. Einstein, Mart 2011'de TED izleyicisine evrenin tüm tarihini anlatan ve bunu 18 dakikada (tam olarak 17 dakika 40 saniyede) yapan David Christian'la gurur duyardı.

Christian bana evrenin bütün tarihini –13 milyar yıl önceki Büyük Patlama'dan bugüne değin– inceleyen bir dünya tarihi dersi verdiğini söyledi. Büyük Tarih dersi, 48 adet yarım saatlik dersten oluşan bir dizi halinde The Teaching Company tarafından sunulur. Christian'ın konuya olan derin anlayışı, içeriği tam doğru sürede özetlemesini sağlayarak izleyiciyi dikkatini toplamaya ve narin gezegenimize daha iyi bakmaya teşvik etti. "Büyük Tarih'i yirmi yıldan uzun bir zamandır öğretiyorum, bu yüzden hikâye hakkında oldukça iyi bir duygum var ve bu da onu pek çok farklı versiyonda anlatabilirim demek,"[6] dedi Christian bana.

Küçük Güzeldir'in yazarı ve ekonomist E.F. Schumacher bir keresinde, "Her zeki budala, şeyleri daha büyük, daha karmaşık yapabilir. Ters yönde ilerlemek, az deha ve çok cesaret gerektirir," demişti. Cesaret ana sözcüktür. Şeyleri basit tutmak cesaret ister. Bir PowerPoint slaytını izleyicilerin çoğunun okuyamayacağı kadar küçük metinlerle doldurmak yerine, tek bir resim koymak cesaret ister. Bir sunumda slayt sayısını azaltmak cesaret ister. Uzun süre zırvalamak yerine 18 dakika konuşmak cesaret ister. Leonardo Da Vinci bir kez, "Sadelik üst düzeyde sofistikeliktir," demişti. Sofistike olun. Sunumlarınızı ve konuşmalarınızı kısa ve basit tutun.

> Hayatımız ayrıntıyla boşa harcanır. Sadeleşin, sadeleşin.
> – Henry David Thoreau

ÜÇ KURALI

Kısalığın öneminin arkasındaki tüm bilim ilginçtir, ama bunu sunumunuzun ya da konuşmanızın etkisini iyileştirmek için kullanamazsanız fazla bir şey ifade etmez. Bilginizi 18 dakikalık bir sunuma nasıl sığdırırsınız? "Üç Kuralı"nı anlamak fayda edecektir. "Üç Kuralı", basit olarak, insanların üç parça bilgiyi gayet iyi hatırlayabilmeleri demektir; daha fazla madde eklediğinizde, bilginin akılda kalması ciddi olarak azalır. Bu, yazıda ve iletişimdeki en güçlü kavramlardan biridir. Üç Kuralı'nı hemen hemen her endüstriden iletişimcilerle oldukça başarıyla kullandım. Benim için her seferinde işe yarar ve en sevilen TED konuşmalarının bazıları için de işe yaramıştır.

Neil Pasricha'nın blogu pek çok konuyu kapsar. Noel'de kar yağması, doğum gününüzün hafta sonuna gelmesi, birinin çocuğuna sizin adınızı vermesi vb. "1000 muhteşem şey"e adanmıştır. Basit blog fikri Pasricha'ya bir kitap anlaşması, 25.000 Twitter takipçisi ve Toronto'da bir milyondan fazla kez izlenen bir TEDx konuşması kazandırdı. Bu sunumda Pasricha hayatı yaşamaya değer kılan 1000 küçük şeyin hepsini kapsamaya yeltenmedi. Bunun yerine, gerçekten tatmin edici bir hayat yaşamanın üç sırrı üstüne yoğunlaştı. Sunumu "Muhteşemliğin Üç Aşaması" diye adlandırdı.

Muhteşemliğin Üç Aşaması

Oldukça kişisel bir konuşmada, Pasricha 2008'deki hayatı hakkında bir hikâye anlattı. Hayatı iyi gitmiyordu. Karısı bir gün onu oturttu ve, "Artık seni sevmiyorum,"[7] dedi. Bu, o âna kadar duyduğu en kalp kırıcı şeydi, ta ki bir hafta sonra daha kötü bir haber alana kadar. "Arkadaşım Chris bir süredir akıl hastalığıyla boğuşuyordu... intihar etti."

Üstünde "kara bulutlar" dolaşırken, Pasricha internete girdi ve kendini olumlu şeyler hakkında düşünmeye zorlayan mini bir web sitesi başlattı. Alıştırma ruh halini iyileştirdi ama bununla ilgili pek bir şey düşünmedi, çünkü her gün 50.000 blog açılır. 1000awesomethings.com (1000 Muhteşem Şey) blogu hızla popüler oldu ve bir gün Pasricha'ya, "Dünyanın en iyi blogu ödülünü aldınız," diyen birinden bir telefon geldi. "Bu kesinlikle üçkâğıt gibi duruyor," dedi Pasricha izleyici gülerken. Üçkâğıt değildi. En iyi blog için Webby Ödülü aldı. Toronto'ya döndüğünde, on edebiyat ajansı onu temsil etmeye istekliydi. Sonunda yazdığı kitap, *The Book of Awesome* (Muhteşemlik Kitabı) yirmi hafta peş peşe çoksatarlar listesinde kaldı.

Pasricha'nın TEDx izleyicisine anlattığı Muhteşemliğin Üç Aşaması şunlardı: tavır, farkındalık, özgünlük. Her biri hakkında kısaca konuştu. Tavırla ilgili, Pasricha, hepimizin yolda engellerle karşılacağını ama onları nasıl karşılayacağımıza dair iki seçeneğimiz olduğunu söyledi. "Bir, ezilip büzülüp sonsuza kadar kendinizi kasvete mahkûm edebilirsiniz, ya da iki, kederlenebilir ve sonra geleceği yeni ayık gözlerle görebilirsiniz. İyi bir tavır takınmak, ikinciyi seçmekle ve her ne kadar zor olursa olsun, sizi vuran acı ne olursa olsun, ileriye hareket etmeyi, yola devam etmeyi ve geleceğe bebek adımları atmayı seçmekle ilgilidir."

Farkındalık hakkında Pasricha, dinleyicilerini içlerindeki üç yaşındaki çocuğu kucaklamaya teşvik etti. "O üç yaşındaki oğlan hâlâ sizin parçanız. O üç yaşındaki kız çocuğu hâlâ sizin parçanız. Orada. Ve farkında olmak, gördüğünüz her şeyi ilk kez gördüğünüzü hatırlamaktır da."

Özgünlük hakkında: "Bu sadece kendiniz olmak ve bununla ilgili iyi hissetmektir. Ve özgün olduğunuzda, sonunda kalbinizi izlersiniz; kendinizi sevdiğiniz ve zevk aldığınız yerlerde, durumlarda ve sohbetlerde bulursunuz. Konuşmaktan hoşlandığınız kişilerle tanışırsınız. Düşlediğiniz yerlere gidersiniz. Ve sonunda kalbinizi izler ve çok tatmin olmuş hissedersiniz."

Sihirli Rakam Yedi, Artı ya da Eksi İki

Pasricha bu güçlü iletişim tekniğini içgüdüsel olarak anladı ve faydalandı: Üç Kuralı. Basit söylersek, insan zihni, kısa süreli ya da işleyen bellekte sadece üç "parça" bilgiyi biriktirebilir. Listeye daha fazla madde eklendikçe, ortalama insan daha az şeyi aklında tutar. Dört maddeyi hatırlamak üçten daha zordur. Beş madde daha da zordur. Listedeki maddeler sekize çıktı mı, çoğu insanın bütün diziyi hatırlaması küçük bir olasılıktır.

1956'da Bell Labs, "Sihirli Rakam Yedi, Artı ya da Eksi İki" başlıklı klasik bir yazı yayımlamış olan Harvard profesörü George Miller'la temasa geçti. Miller, çoğu insanın yedi parça yeni bilgiden fazlasını hatırlamakta güçlük çektiğini buldu. Şimdi telefon numaralarının neden yedi rakamdan oluştuğunu biliyorsunuz. Ancak çağdaş biliminsanları, kısa vadede kolayca hatırlayabileceğimiz öğe sayısını üç ya da dört parça bilgi olarak belirtmiştir. Düşünün. Birisi sesli mesajda bir telefon numarası bıraktığında, numarayı ikiye "parçalayarak" –bir bölüm üç rakamdan, diğeri kalan dört rakamdan oluşan– hatırlamanız daha olasıdır.

Üç Kuralı Günlük Hayatlarımızı Kaplar

Her 4 Temmuz'da Amerika, ABD Bağımsızlık Bildirisi'nde dile getirilen, kişinin elinden alınamayacak üç hakkı kutlar: hayat, özgürlük ve mutluluk arayışı. Hayat, özgürlük ve mutluluk, pekâlâ Amerikan tarihindeki en önemli üç sözcük olabilir. Sözcükler o kadar anlamlı, etkilidir ki kendi Wikipedia sayfalarını kazanmışlardır. Wikipedia'ya göre, kimileri bu ifadeyi, "İngilizce dilinin tarihindeki en iyi işlenmiş, etkili cümlelerden" birisi sayar. Bu üç sözcük, diğer ülkelere, en kayda değer olarak da Fransa'ya boyunduruktan kurtulup kendi bağımsızlıklarını arama ve vatandaşlarının haklarını üçlü gruplar halinde betimleme ilhamı vermiştir. Fransızların "özgürlük, eşitlik ve kardeşlik" düsturunun aslı Fransız Devrimi'ne dayanır. ABD Bağımsızlık İlanı'ndan doğrudan ilham alan ülkeler listesi öyle geniştir ki, bu üç sözcüğün pekâlâ insanlık tarihindeki en önemli üç sözcük olabileceğini savunmak pek abartı olmaz diye düşünüyorum.

Jefferson neden on iki yerine üç sözcük seçmişti? Jefferson yetenekli bir yazardı ve bu ünlü deyişi, antik Yunanistan'a dayandırılabilecek etkili bir söz tekniğini –bir fikri ifade etmek için üç sözcük kullanan bir söz sanatı– yansıtır.

Üç Kuralı, iş ve sosyal hayatlarımızın her yönünü kaplar. Edebiyatta, üç küçük domuz, üç silahşör ve hırslı bir Alaaddin'e sunulan üç dilek bulursunuz. Ressamlar üç ana renk hakkında bilgilidir; üç ikincil rengi de bilirler. Bilimde, Newton üç kanun keşfetti ve biliminsanları atomu yapan üç elementi buldu. Yemek masasında üç parça alet bulursunuz: kaşık, bıçak, çatal. Amerika Birleşik Devletleri bayrağının, Birleşik Krallık, Fransa, İtalya, Arjantin ve Rusya Federasyonu, Nepal ve pek çok diğerleri gibi üç rengi vardır. Olimpiyatlarda üç madalya vardır. Bebek İsa için üç bilge kişi üç hediyeyle görünmüştü. İsa'nın kendisi, üçlü birliğin bir parçasıdır – Baba, Oğul ve Kutsal Ruh. Üç Kuralı, ABD başkanı Barack Obama'nın seçilmesine yardım etmiştir: "Evet, biz yapabiliriz," diye tezahürat etmişti seçmenler. Dünyanın en ünlü markalarından bazıları, ING, UPS, IBM, SAP, CNN ve BBC'dir. Üç her yerdedir.

Üç, yazmada ve konuşmada, herhangi başka bir rakamdan daha tatmin edicidir. Üçlerin etrafımızda her yerde olması tesadüf değildir. Bu, Jefferson için, dünyanın en büyük liderleri için ve pek çok TED konuşmacısı için işe yaramıştır. TED tarihinde ikinci en sevilen sunumu yapan Dr. Jill, konuşması "Müthiş İçgörü Darbesi"ni her biri altı dakika süren üç bölüme ayırmıştır. Böyle yaparak sunumu hatırlaması ve sunması daha kolay olmuştu. TED sunumlarından Üç Kuralı'na bazı başka örnekler:

Üçlerle Konuşan TED Konuşmacıları

Video seyretmesi için ücret ödenen YouTube trend yöneticisi Kevin Allocca'yı 6. bölümden hatırlarsınız. Aslında, popüler videoların yayılma eğilimini inceler. Allocca, her dakika YouTube'a 48 saatlik video yüklendiğini ve bunun sadece minik bir yüzdesinin kısa sürede milyonlarca izlenme yaratarak hızla yayıldığını söyler.

"Peki bu nasıl olur? Üç şey: trend belirleyiciler, katılan topluluklar ve beklenmedik olma,"[8] diye başladı Allocca. 10 dakikalık sunumunda pazarlamacılara değerli bilgiler sundu ve sunumunu üç alana bölerek içeriği hatırlamayı kolaylaştırdı.

Allocca içeriği üçe bölen tek TED konuşmacısı değildir. Don Norman, tasarımın sizi mutlu etmekteki üç yolunu açıkladı. Tom Wujec beynin anlam yaratmasının üç yolunu anlattı. V.S. Ramachandran beyninizi anlamak için üç ipucu ortaya koydu. Tim Leberecht markaların kimliklerinin kontrolünü kaybetmesinin üç yolunu anlattı. Ric Elias uçağı düştüğünde öğrendiği üç şey hakkında konuştu. Mikko Hypponen dolandırıcıların dijital datanızı çalabileceği üç yöntemi açıkladı. Dan Ariely Bernie Madoff skandalından üç akıldışı ders sundu. Hatta "3 Dakikada TED" adında, Arianna Huffington'dan, *New York Times* teknoloji köşe yazarı David Pogue'dan ve ilk üç dakikalık TED konuşmasında izleyiciye ayakkabılarını bağlamanın daha iyi bir yolunu gösteren Terry Moore'dan atıştırmalık fikirler sunan üç dakikalık bir TED konuşması bile vardır. "Ayakkabı konuşması" 1,5 milyondan fazla kez izlenmiştir. İnsanlar yeni bir şey öğrenmek isterler ve bunun için de fazla beklemek istemezler!

ÜÇ HİKÂYE YAPISI

Üç kuralı ruhuyla, pek çok TED konuşmacısı ve TED'e yaraşır konuşmacı, sunumlarının ana hatlarını belirlemek için üç hikâye kullanır. İşte bir örnek ve kendi ana hatlarınızı nasıl çizeceğinize dair ayrıntılı bir açıklama:

Eko-Girişimcilik İçin Üç Hikâye

Majora Carter bütün düşlerin büyüyebileceği bir çevre yaratmak istediğini söyler. Carter, yeşil altyapı ve Güney Bronx, Güney Chicago ya da New Orleans'ın Ninth Ward gibi yoksul şehir bölgelerini nasıl canlandırabileceği konusunda uzman olarak ünlenmiştir. Carter'ın, "Varoşları Yeşillendirmek" adlı 2006 TED konuşması, internette yayınlanan ilk TED konuşmalarından biriydi. Dört yıl sonra, Carter eko-girişimcilik konusunda bir TEDx Midwest sunumu yapmaya davet edildi. Sadece 18 dakikası olduğundan, üç hikâye anlatmaya karar verdi; birbirini tanımayan ama "çok fazla ortak şeyi olan" üç kişinin hikâyeleri.[9]

Carter ilk önce, baldan cilt bakım ürünleri yapan bir iş yaratan Brenda Palms-Farber'ın hikâyesini anlattı. Palms-Farber, çoğu sabıkalı, "görünüşte iş verilemez" erkek ve kadınları arıcılık ve bal toplama işini yapmak için işe aldı. Ürünleri Whole Foods'ta satılmaktadır. Hepsinden iyisi, işe aldığı insanların yüzde 4'ünden azı hapishaneye geri döner.

Carter'ın ikinci hikâyesi Los Angeles'ta, milyonlarca dolarlık asfalt yerine şehir çocukları için çimen ve ağaç dikmeye şehri ikna eden Andy Lipkis adında bir adam hakkındaydı. Lipkis "daha yaşanır bir şehir için ağaçları, insanları ve teknolojiyi birleştirdi."

Carter'ın son hikâyesinin kahramanı, West Virginia'da memleketi için enerji kaynağı olarak rüzgâr enerjisini tanıtan bir kömür madencisinin kızıydı – Loretta Lynn değil, Judy Bonds. Carter, Bonds'un planını açıkladıktan sonra sustu ve kötü haberi verdi: "Birkaç ay önce Judy'de üçüncü aşama akciğer kanseri teşhis edildi. Ve o zamandan beri kanser kemiklerine ve beynine yayıldı. Onun, insanları korumaya çalıştığı şeye yakalanmış olması bana çok garip geliyor. Ama Coal River Mountain Wind hayali onun mirasıdır. Belki o dağın tepesini görmeyebilir. Ama bir tür manifesto ya da bir şey yazmak yerine, bunun olmasını sağlamak için arkasında bir iş planı bırakıyor."

Carter üç hikâyeyi ana bir temayla bağladı: "Hepsi, mevcut pazar taleplerini karşılamak, şimdiki sosyal sorunlarımızı azaltmak ve gelecekte yeni sorunları engellemek için, dolarları yerel ekonomilerimiz aracılığıyla nasıl verimli bir şekilde kanalize edeceklerini anlamıştır."

Üç hikâye. Üç örnek. Carter'ın temasını güçlendiren üç ders.

Üç Adımda Bir Mesaj Haritası Oluşturun

"Bir Şeyi 15 Saniyede Nasıl Satarsınız"[10] adlı popüler *Forbes* yazısını ben yazdım. Okurlara mesaj haritası denen, bir satış teklifi ya da sunum için etkili olan bir aracı tanıttım. Bu teknik, içeriğinizi net ve kısa tutmanıza yardım eder, ama Üç Kuralı'nı anlamazsanız işe yaramaz.

Mesaj haritası, fikrinizin görsel olarak bir sayfada sergilenmesidir. İletişim cephaneliğinizin bir kısmını doldurması gereken güçlü bir araçtır. Bir mesaj haritası yaratmak size 15 saniye kadar kısa bir sürede herhangi bir şeyi (bir ürün, hizmet, şirket ya da fikir) satmanızda ya da daha uzun, 18 dakikalık bir sunum için çerçeveyi şekillendirmenizde yardım edebilir. Burada, kazanan bir sunum tasarlamak için mesaj haritası kullanmanın üç adımlık işlemini anlatacağım. Bu alıştırma için, bir bloknota, Word belgesine, PowerPoint slaytına ya da yazı tahtasına ihtiyacınız olacak.

Birinci Adım: Twitter-Dostu Bir Başlık Yaratın

4. bölümden hatırlayacağınız gibi başlık, müşterilerinizin sunumun sonunda bilmesini istediğiniz her şeyi kapsayan tek bir mesajdır. Kendinize sorun:

"Dinleyicimin (ürünüm, hizmetim, markam, fikrim) hakkında bilmesini istediğim tek önemli şey nedir?" Mesaj haritasının (ya da sayfanın) tepesine bir daire çizin ve içine bu sorunun yanıtını koyun – bu sizin başlığınız. Başlığınızın bir Twitter mesajına (140 karakter) sığacağından emin olun. Eğer ürününüzü ya da fikrinizi 140 karakter ya da daha azıyla açıklayamıyorsanız yazı tahtasına geri dönün.

İkinci Adım: Başlığı Üç Ana Mesajla Destekleyin

Bu bölümde daha önce konuştuğumuz gibi, insan zihni kısa bellekte sadece üç parça bilgiyi işleyebilir. Bir sunum taslağını hazırlarken, genel temayı destekleyen üç yan mesaj dahil edin.

7.1. Mesaj Haritası Örneği: Steve Jobs'un Stanford Diploma Töreni Konuşması 2005. Gallo Communications Group, www.carminegallo.com tarafından oluşturulmuştur.

Dr. Jill'in "Müthiş İçgörü Darbesi" adında sevilen TED konuşmasını altışar dakika süren üç bölüme ayırdığını hatırlayacaksınız: beynin devre sistemi, felç günü ve deneyimin hayat, dünya ve dünyadaki kendi yeri hakkında verdiği içgörü.

Üçüncü Adım: Üç Mesajı Hikâyeler, İstatistikler ve Örneklerle Güçlendirin

Üç yan mesajın her birine madde işareti ekleyin. Bütün hikâyeyi yazmanız gerekmez. Bunun yerine, hikâyeyi anlatmanıza sebep olacak birkaç sözcük yazın. Unutmayın, bütün mesaj haritası bir sayfaya sığmalıdır.

İŞLEMİ GÖSTERMEK İÇİN, ŞEKİL 7.1'deki mesaj haritası, Steve Jobs'un Stanford'da 2005'te yaptığı ünlü diploma töreni konuşması için hazırlanmış bir örnek olabilirdi. Konuşma TED'e uygun şekilde 15 dakika sürer. Tek bir teması vardır, Twitter-dostu başlık: SEVDİĞİNİZ ŞEYİ YAPIN. Üç bölüme ayrılmıştır (noktaları birleştirin, sevgi ve kayıp, ölüm) ve her bölüm için üç yan nokta vardır. Sonuç, izleyicinin tek bakışta bilmesi ge-

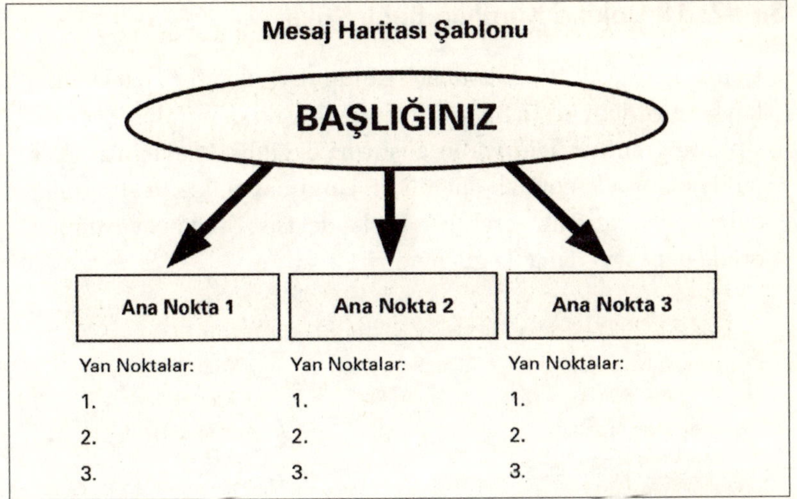

7.2. Mesaj Haritası Şablonu. Gallo Communications Group, www.carminegallo.com tarafından oluşturulmuştur.

rekenin açık bir görüntüsüdür. Sunum içeriğiniz için bir mesaj haritası yaratmak sunumunuzun çok uzun ya da düzensiz olmadığından emin olmak için etkili ve verimli bir yöntemdir.

TEDnot

KENDİ MESAJ HARİTANIZI OLUŞTURUN. Şekil 7.2'deki boş şablonu kullanırken, sizden 4. bölümde yaratmanızı istediğim başlığı tepedeki balona yerleştirin. Şimdi, üç kuralınız nedir? Başlığı yaratırken düşündüğünüz ürünü, hizmeti, markayı ya da fikri alın ve onu desteklemek için üç nokta yaratın. Noktalarınızı başlık balonunun altındaki üç balona yerleştirin. Son olarak, her kategoride üçlü altnoktalar yaratabilir misiniz? Yan noktalar, daha önceki bölümlerde konuştuğumuz gibi hikâyeler, örnekler, anekdotlar ya da anlamlı istatistikler içerebilir. Herhangi bir fikri, ürünü, hizmeti ya da şirketi sunmak için mesaj haritasını kullanabilirsiniz. Bu, kullanacağınız en verimli ve değerli iletişim araçlarından biridir.

Sır #7: 18 Dakika Kuralına Bağlı Kalın

Uzun, karmaşık ve dolambaçlı sunumlar sıkıcıdır; izleyicinizi kaybetmek için kesin bir yöntemdir. 18 dakika kuralı sadece disiplini öğrenmek için iyi bir alıştırma değildir. İzleyicinizi fazla yüklemekten kaçınmak önemlidir. Unutmayın, kısıtlı sunumlar daha çok yaratıcılık gerektirir. Başka deyişle, orada *olmayan* şey, orada *olan* şeyi daha da güçlendirir!

8

Çoklu Duyusal Deneyimlerle Zihinsel Bir Resim Boyayın

Bir açıklamayı, sözler ve resimlerle anlatmak, yalnızca sözlerle anlatmaktan daha iyidir.

– DR. RICHARD MAYER, PSİKOLOG,
KALİFORNİYA ÜNİVERSİTESİ, SANTA BARBARA

SU, ANCAK ONA SAHİP OLMADIĞINIZDA duygusal olarak canlılık kazanır. O zaman düşündüğünüz tek şey su olur. Michael Pritchard, 2004'de Hint Okyanusu tsunamisi ve 2005'te Katrina Kasırgası olaylarından sonra taşınabilir bir su filtre sistemi icat etmek için esinlenmişti. O olaylarda insanlar güvenli içme suları olmadığı için öldü ya da hastalandı. Pritchard, pis suyu içilebilir suya çeviren, taşınabilir LIFESAVER filtresini icat etti. 2009'da Pritchard icadı hakkında bir TED sunumu yaptı. Üç milyondan fazla kez izlenip her girişimcinin gıpta edeceği bir ilgi kazandı.

Pritchard, sunumu, eski püskü giysiler içinde, çamurlu bir

alandan kokmuş kirli suyu çıkaran küçük bir oğlanın fotoğrafıyla açtı. "Şimdi görüyorum ki hepiniz bu birkaç gün içinde konferansta sizin için sağlanan suyu içmektesiniz. Ve eminim hepiniz bunun güvenli bir kaynaktan geldiğini düşünüyorsunuz,"[1] diye başladı anlatmaya. "Ama ya değilse? Ya bunun gibi bir kaynaktansa? O zaman istatistikler şimdi yarınızın ishalden mustarip olacağınızı söyler." Pritchard, basit ama çağrıştırıcı bir fotoğrafla ve izleyicinin kıpırdanmasına yol açan bir istatistikle dikkatlerini hemen kazanmıştı (ağızları açık bırakan bir an). Ve henüz yeni başlıyordu.

Sunumunun üçüncü dakikasında Pritchard, yakındaki Thames nehrinden aldığı suyla üç çeyreğini doldurduğu bir akvaryuma yaklaşır. Suyun çoğu berraktır, sadece biraz bulanıktır. "Düşünmeye başladım, yani Bangladeş'te bir sel bölgesinin ortasında olsaydık, su böyle görünmezdi. Böylece gittim ve içine ekleyecek bir şeyler buldum." Bununla, Pritchard akvaryuma daha fazla su eklemeye başlar – göl suyu, kanalizasyon artığı ve gösterinin duygusal canlılığını gerçekten artıran bir hareketle, "arkadaşımın tavşanından bir hediye".

Pritchard, bir aletle bu sudan biraz su çıkardı, birkaç kez pompaladı ve temiz, güvenli içme suyunu bir bardağa döktü. Suyu içti, sahnenin yakınında oturan Chris Anderson da içti. Bütün demo üç dakikadan fazla sürmedi.

Pritchard'ın sunumu, fotoğraflar, istatistikler ve demolardan oluşuyordu. Sunumunu özellikle unutulmaz yapan *bir* şey değildi – üçü birdendi.

Sır #8: Çoklu Duyusal Deneyimlerle Zihinsel Bir Resim Boyayın

Birden fazla duyuya hitap eden unsurlarla sunumlar yapın: görüntü, ses, dokunuş, tat ve koku.

Neden işe yarar: Unutmayın, beyin sıkıcı şeylerle ilgilenmez. Karşınızda büyüleyici görüntüler, çekici videolar, ilginç sahne malzemeleri, güzel sözler ve hikâyeyi hayata geçiren birden fazla ses varsa sıkılmak neredeyse olanaksızdır. Kimse sizden sunumunuza çoklu duyusal deneyimler katmanızı istemez, ama bir kez bunu deneyimlediler mi her dakikasından hoşlanırlar. Beyin çoklu duyusal deneyimler için can atar. İzleyiciniz neden sunumunuzu sevdiğini açıklayamayabilir; bu sizin küçük sırrınız olacaktır.

MULTİMEDYA DENEYİMLERİ ÖĞRENMEYİ GÜÇLENDİRİR

Birkaç yıl önce, Kaliforniya Üniversitesi Santa Barbara'da psikoloji profesörü ve multimedya öğrenmenin önemli destekçisi olan Dr. Richard Mayer'le konuşmuştum. "Multimedya Öğrenmenin Kavramsal Bir Teorisi" başlıklı bir çalışmada Mayer, kavramları açıklarken, çoklu duyusal –işitsel, görsel ve kinestetik gibi– girdi yöntemleri kullanmanın çok daha verimli olduğunu belirtir. Mayer'e göre, kavramsal psikolojide en önemli çalışma alanlarından biri, multimedyanın öğrencinin öğrenmesini nasıl geliştirdiğini anlamaktır.

Mayer'in deneylerinde, çoklu duyusal ortamlara –metin, resimler, animasyon ve video– maruz kalan öğrenciler, bilgiyi sadece okuyan ya da dinleyen öğrencilere göre, bazen değil, *her zaman* çok daha doğru hatırlamışlardır. Mayer, bu prensibin şaşırtıcı olmadığını söyler. Beynin, bir açıklamanın iki zihinsel temsilini –bir sözel model ve bir görsel model– kurmasına izin verildiği zaman, zihinsel bağlantılar sadece biraz daha kuvvetli değildir. Çok, çok daha kuvvetlidir. Dokunmayı da eklerseniz zafer sizindir!

İki tür öğrenme (işitsel ve görsel) arasındaki farklar, "izleyicinin" yani bilgiyi öğrenen kişilerin malzemeye dair daha önceden bilgisi yoksa daha da çarpıcıydı. İçeriğe dair yüksek bilgisi olan öğrenciler, sadece dinlerken ya da okurken kendi zihinsel görüntülerini yaratabilirler.[2]

Yaptığınız en önemli sunumları düşünün – büyük olasılıkla konuya dair "düşük" ön bilgisi olan kişilere yapılmıştır:

- yeni bir fikir, ürün, şirket ya da kampanyayı sunmak
- yeni kurallar, işlemler ya da talimatlar açıklamak
- dersin ilk gününde öğrencilere öğretmek
- çalışanları ya da satış elemanlarını yeni araçlar ya da müşteri hizmeti girişimleri konusunda eğitmek
- bir ürünü, hiç kullanmamış ya da duymamış bir müşteriye satmak
- benzersiz, çığır açan bir ürün ya da hizmet lanse etmek
- şirketinizi büyütmek için bir yatırımcıdan para istemek

Bu durumların her birinde, çoklu duyusal bir deneyim genellikle en iyi sonuçlara yol açar. Bu izleyiciler, kuşkucu ve ikna etmesi zor kişilerden oluşabilir ama davranışımızı yöneten psikolojiden muaf değillerdir. Görsel, işitsel ve dokunsal uyarmalara yanıt veririz.

İyi konuşmacılar bunu bilir ve ağırlıklı olarak duyulardan birine dayanan sunumlar hazırlarlar ama en az bir ya da iki duyuyu daha sunuma katarlar: görüntü, ses, dokunma, koku ve tat. Koku ve tadı bir sunuma koymak zordur, ama Pritchard, iki duyunun da izleyicinin fiziksel olarak dokunmadan nasıl uyarılacağına bir örnek sunmuştur (suyun nasıl koktuğunu ya da tadı olduğunu hayal eden birinin beyninde gerçekte suyu içmiş olduğundaki aynı bölgeler tetiklenir). Bu yüzden, koku ve tadı kenarda bırakarak görüntü, ses ve dokunmaya odaklanalım.

Görün

Sunum slaytlarında mümkün oldukça metin yerine resim kullanın. İzleyicinizin bilgiyi, resimler ve metnin bir karışımı olarak sunulduğunda hatırlaması, sadece metinle olduğundan çok daha olasıdır. Görme bütün diğer duyuların önüne geçtiğinden, bu bölümün büyük bir kısmını sunumunuzu görselleştirme tekniğine adıyorum. İzleyicinizi boyadığınız resimlerle bir yolculuğa çıkarmak kısmen sanat, kısmen de bilimdir. Fikirlerinizi görsel olarak ilgi çekici görüntülere aktarmak hakkında yaratıcı düşünmelisiniz. Otuz yıldır dünyanın en iyi zihinleri dünyanın her yerindeki TED izleyicisini güçlü, çekici, ilham verici ve unutulmaz görüntülerle etkisi altına almıştır. Fikirlerini böyle yayarlar.

Forbes.com'da liderlik ve iletişim hakkındaki köşe yazım için Sir Richard Branson'la söyleşi yapma fırsatım oldu. Branson'a, aklını başından alan bir sunum görüp görmediğini sordum. Yanıtı: Al Gore'un küresel ısınma sunumu.

> "Al Gore narin gezegenimizde olağan şekilde iş yapmanın geri döndürülemez etkilerini anlattı. Kirli yakıt işlerindeki (havayolları, trenler) bir işadamının nasıl temiz teknoloji pazarlarını açıp daha iyi iş yapma yöntemleri başlatabileceği hakkında yapıcı bir tartışma yaptık. Bu benim, Virgin'in ulaşım kârının yüzde 100'ünü temiz enerjiye adamama ve daha çok şirketi; insan, gezegen ve kâra eşit derecede öncelik vermeye teşvik etmeme yol açtı."[3]
>
> – Sir Richard Branson,
> Virgin Group, kurucu

Al Gore'un Multimedya Sunumu İklim Değişimi Hareketini Ateşler

Eski ABD başkan yardımcısı Al Gore 2007'de küresel ısınma üstüne çalışması için Nobel Barış Ödülü'nü almıştır. Gore, bir önceki yıl Monterey'de TED konferansının en önemli konuşmacısıydı ve *Uygunsuz Gerçek* adında Oscar ödülü alan belgeselde meşhur ettiği aynı slaytlardan bazılarını gösterdi. Al Gore, Nobel Barış Ödülü'nü aldığında, TED online topluluğu, konferansta Gore'un sunumunu gören TED'cilere, onları nasıl etkilediğini ya da hayatlarını nasıl değiştirdiğini sordu. Yanıtlardan bazıları:

Al Gore'un TED'deki konuşması torunlarımın kuşağı için ne yapmam gerektiğine dair gözümü açtı ve artık her üstlendiğimiz girişimde dünyaya olan etkimizi düşünüyorum.

– Howard Morgan, risk sermayedarı

Gore'un iklim krizi üstüne TED sunumu hemen ilk anda sürükleyici ve ilham vericiydi –tutkusu çok belirgindi– beni de bu konuşmayı çocuklarımıza anlatmaya itti ve en büyük oğlumuz Charlie, şimdi on bir yaşında, tek kişilik bir küresel ısınma pazarlama makinesi oldu. Charlie kendi PowerPoint sunumunu yarattı ve tanıştığı hemen hemen herkese gösteriyor.

– Jeff Levy, CEO

Al Gore'un TED 2006 konuşması, hayatımda bir dönüm noktasıydı.

– David S. Rose, melek yatırımcı[4]

BUNLAR, KÜRESEL ISINMA TEHDİDİ, sebepleri ve insanların ne yapabileceği konusunda Gore'un sunumunu seyrettikten sonra ilham alan insanların yorumlarından sadece birkaçıdır.

Al Gore'un, Keynote sunum yazılımıyla tasarlanan slayt gösterisi, bilginin görsel sergilenmesinin nasıl eylemi teşvik etme gücü olduğuna şaşırtıcı bir örnektir. Şubat 2006'da Monterey'de toplanan TED izleyicisi, birkaç ay sonra filmde görünecek slaytları önceden görmüştü.

Uygunsuz Gerçek'in arkasındaki hikâye iki yıl öncesinde başlar. 27 Mayıs 2004'te, Gore, New York'ta *Yarından Sonra* filminin prömiyerinden sonra, bir kasaba toplantısında yaptığı iklim değişimi hakkındaki sunumunun kısaltılmış, 10 dakikalık bir versiyonunu yaptı. Yapımcı Laurie David izleyicilerin arasındaydı. "Daha önce görmemiştim ve afalladım,"[5] dedi. "Akşam programı biter bitmez, ondan New York ve Los Angeles'taki liderler ve arkadaşlara bütün konuşmasını sunmam için izin ver-

AL GORE'UN SÖZLERİ VE KARŞILIK GELEN SLAYT TANIMLARI

GORE'UN SÖZLERİ	GORE'UN SLAYTLARI
Dünyanın ekolojik sisteminin en savunmasız kısmı atmosferdir; savunmasızdır, çünkü çok incedir... bileşimini değiştirebilmemize olanak vermeye yetecek kadar incedir. Bu da küresel ısınmanın temel ilmini ortaya atar.[6]	Dünya, güneş ve dünyadan yayılan anime edilmiş sarı ışınların görüntüsü
Emilen ve dünyayı ısıtan radyasyonun bazısı sonra kızılötesi radyasyon halinde tekrar uzaya geri yayılır.	Dünyanın atmosferinden çıkan, kızılötesi radyasyonu temsil eden kırmızı çizgiler
Dışarı yayılan kızılötesi radyasyonun bazısı bu atmosfer katmanı tarafından tutulur ve atmosferde kalır.	Bazı kırmızı çizgiler, uzaya çıkmak yerine atmosferin ince çizgisi altında tutulur.
Bu iyi bir şeydir, çünkü dünyanın sıcaklığını, göreceli olarak sabit ve yaşanabilir, belli sınırlar içinde tutar. Sorun, bu ince atmosfer katmanının, oraya konulan bütün bu küresel ısınma kirliliğiyle kalınlaşmasıdır. Bu, atmosfer katmanını kalınlaştırır ve dışarı giden kızılötesinin çoğu tutulur ve bütün dünyada atmosfer ısınır.	Duman püskürten fabrikaların fotoğrafları

Tablo 8.1. Al Gore'un, *Uygunsuz Gerçek* sunumundan, sözleri ve karşılık gelen slayt tanımları.

mesini istedim. Eğer tarihlere bağlı kalırsa bütün organizasyonu yapacaktım. Gore'un sunumu küresel ısınmaya dair gördüğüm en güçlü ve net açıklamaydı. Ve tanıdığım herkesin de bunu görmesini sağlamayı görev edindim."

Laurie David'in gözlemini düşünün – *görmüş* olduğu en güçlü ve net açıklama. Eğer Gore küresel ısınma konusunu görselleştirmek için slaytlar kullanmasaydı, David'e buna dayalı bir film yapmak için ilham verme şansı pek az olurdu. David ondan esinlenmişti, çünkü tipik bir sunumdan çok bir film gibi görünen bir multimedya olayını deneyimlemişti.

Eğer Gore destekleyici görseller olmadan sadece metni okusaydı, pek az sayıda insan ilham alır ya da ilgi duyardı. Fikirleri kaybolur ya da en iyi ihtimalle, konuya olağanüstü ilgi duyan çok küçük bir gruba hitap ederdi. Karmaşık bilginin görsel sergilenmesi, konuyu netleştirip anlaşılmasını kolaylaştırdı. Tablo 8.1'de Gore'un küresel ısınmanın basit ilmini nasıl açıkladığını görebilirsiniz. Soldaki sütun sözlerini gösterir; sağdaki sütun karşılık gelen slaytları ve görselleri bu kadar etkili yapan görsel animasyonları açıklar.

Gore, karmaşık malzemenin basit bir açıklama gerektirdiğini ve daha çok resmin izleyicinin kavramları anlamasına yaradığını anlamıştır. 4. bölümdeki Titanik kâşifi Robert Ballard'ı hatırlıyor musunuz? 2008 sunumunda 57 slayt vardı. Hiçbir slaytta söz yoktu! Keşfettiği etkileyici denizaltı dünyalarının fotoğraflarını ve sanatçı yorumlarını gösterdi ama hiç metin göstermedi. Neden? "Ben hikâye anlatıyorum, ders vermiyorum," demişti Ballard bana.

Sunum tasarımı uzmanı ve *Resonate*'in (Yankı) yazarı Nancy Duarte, Al Gore'un küresel ısınma sunumunun slaytlarını yarattı. Nancy'yi çok iyi tanırım, estetik slayt tasarımı ve sunumların dünyayı nasıl gerçekten değiştirebileceği felsefesini paylaşırız. Bir TEDx konuşmasında, "Tek bir fikir bir dip dalgası başlatabilir, bir hareket için alev alma noktası olabilir ve gerçekten geleceğimizi yeniden yazabilir,"[7] demişti Duarte. "Ama bir fikir içinizde kalırsa güçsüzdür... eğer bir fikri yankı yapan bir şekilde iletirseniz değişim olur."

Bildiğimiz haliyle PowerPoint'in Sonu

TED, bildiğimiz haliyle PowerPoint'in sonunu temsil eder. Hepimiz sıkıcı PowerPoint gösterimlerinden bıktığımız için artık onu tamamen öldürmenin zamanıdır. Açık konuşayım – PowerPoint'in bir araç olarak sonunu değil ama metinle ve madde işaretleriyle karmakarışık, geleneksel PowerPoint tasarımının sonunu savunuyorum. Ortalama PowerPoint slaytında 40 sözcük vardır. Bir TED sunumunda, 40'a yakın sözcük olan bir slayt bulmak neredeyse olanaksızdır ve bu sunumlar dünyadaki en iyiler arasında sayılır.

Brené Brown, Houston Üniversitesi, Sosyal Hizmet Lisansüstü Programı'nda araştırma profesörüdür. Daha önce tanıttığım sunumu "Savunmasızlığın Gücü" yedi milyondan fazla kez izlenmiştir. Brown, ortalama PowerPoint'in 40 sözcükten oluştuğu mesajını kaale almamıştı ve bu iyi olmuştu. Kalabalık slaytlar temadan uzaklaştırır; Brown'un slaytları anlatıyı tamamladı. Nasıl? Mümkün olan yerde sözlerin yerine şekiller kullandı. Sonuç olarak Brown, 40 sözcüğe varmadan önce 25 slayt kullandı, çoğu sunumda bu tek bir PowerPoint slaytındaki sözcük sayısıdır.

Örneğin Brown sunumuna, bir doktora öğrencisi olarak deneyiminin kişisel tarihiyle başladı. Araştırma profesörü ona, "Ölçemiyorsan yoktur," dermiş. Sonraki iki dakika Brown konuşurken, izleyicisi sadece o cümleyi –profesöründen alıntı– gördü. Bunun peşine kişiler arası "bağlar" üstüne çalışması hakkında konuşurken, bir bebeğin annesinin elindeki parmaklarını gösteren bir slayt geldi. Brown slaytlarını, sözlü olarak anlattığı hikâyenin yerine değil de hikâyesine bir fon olarak kullanmasıyla izleyiciden iyi not aldı.

Brown'un TED.com sayfasından bazı yorumlar:

Olağanüstü, güçlü bir sunum. Her sözcüğünden zevk aldım.

– Melanie

Güçlü bir mesaj.

– Bill

8.1. Brené Brown, TED 2012'de konuşurken. James Duncan Davidson/TED izniyle. (http://duncandavidson.com)

Sahici içerik. Boşluk doldurma yok.

–Juliette

Bu izleyiciler Brown'un mesajından, içeriğinden ve hikâye yapısından etkilenmişti. Eğer Brown onları konuşurken kalabalık slaytlara zorunlu bıraksaydı mesaj kaybolacaktı. Neden? Çünkü beyin aynı anda birden fazla işlemi sandığınız kadar iyi yapamaz.

Aynı Anda Birden Fazla İş Yapmak Bir Efsanedir

Washington Üniversitesi Tıp Fakültesi'nde moleküler biyolog olan John Medina, "Aynı anda birden çok iş yapmak, dikkatinizi vermeye gelince, bir efsanedir,"[8] der. Medina beynin bir seviyede çoklu işlem yaptığını kabul eder – aynı zamanda konuşup yürüyebilirsiniz. Ama beynin bir derse, konuşmaya ya da sunuma *dikkatini vermes*ine gelince, birden çok işleme eşit miktarda dikkat veremez. "Açıkça söylersek, araştırmalar, çoklu işlem yapamadığımızı gösterir. Biyolojik olarak dikkat gerektiren girdileri aynı anda işleme yetimiz yoktur."

Düşünün. İzleyicimizden aynı anda hem sözlerimizi dinlemelerini, hem de uzun bir PowerPoint slaytını okumalarını isterken onlara olanaksız bir yük yüklemez miyiz? İkisini birden yapamazlar! Öyleyse izleyicinin ilgisini nasıl canlı tutar, onlarla duygusal bir bağ kurar ve dikkatlerini dağıtmadan ilgisini nasıl çekersiniz? Bir kez daha, sinirbilimi bize yanıtı verir: Resim Üstünlüğü Etkisi (Picture Superiority Effect: PSE).

Resimler Üstündür

Biliminsanları, sözcükler yerine resimlerle sunulan kavramların hatırlanmasının daha olası olduğuna dair dağlar kadar kanıt üretmiştir. Basit ifadeyle, görseller önemlidir – hem de çok. Eğer bilgiyi duyarsanız, üç gün sonra o bilginin yüzde 10 kadarını hatırlamanız olasıdır. Fakat bir resim eklenince hatırlama oranınız yüzde 65'e fırlayacaktır. Bir resim bilgiyi, sadece sözleri dinlemekten altı kez daha fazla hatırlamanıza yarayacaktır.

"İnsan PSE'si gerçekten muhteşemdir,"[9] diye yazar Medina. "Yıllar önce yapılan testler, insanların 2500 resimden fazlasını, gördükten birkaç gün sonra, her ne kadar her resmi sadece 10 saniye kadar görmüş olsalar da, en az yüzde 90 doğrulukla hatırlayabildiğini gösterdi. Bir yıl sonra, doğruluk oranları hâlâ yüzde 63 civarında dolaşıyordu... bu deneylerin arasına, genellikle metin ya da sözlü sunum gibi diğer iletişim yöntemleriyle karşılaştırmalar serpiştirilmişti. Genel sonuç: PSE ikisini de ezmişti. Hâlâ öyle."

Beyinlerimiz görsel bilgiyi –resimler– metin ve sesten çok daha farklı işlemeye donanımlıdır. Biliminsanları, bu etkiye "çoklu biçimde öğrenme" derler: Resimler bir yerine birkaç kanalda, beyne çok daha derin ve anlamlı şifreleme deneyimi sağlayarak işlenir.

West Ontario Üniversitesi psikoloji profesörü Allan Paivio "ikili-kodlama" teorisini tanıtan ilk kişiydi. Teorisine göre, görsel ve sözel bilgi hafızamızda ayrı ayrı depolanır; görüntü, söz, ya da ikisi birden depolanabilir. Resim biçiminde öğrenilen kavramlar hem görsel hem sözel olarak kodlanır. Sözler sadece sözel olarak kodlanır. Başka bir deyişle, resimler beynimize daha derinden kazınır ve hatırlaması daha kolaydır. Örneğin, sizden *köpek* kelimesini hatırlamanızı istersem, beyniniz bunu sözel bir kod olarak kaydeder. Size bir köpek resmi gösterip *köpek* sözcüğünü hatırlamanızı istersem, kavram görsel ve sözel olarak kaydedilerek kavramı hatırlama şansınızı önemli ölçüde artıracaktır. Ancak eğer malzemeye yabancıysanız, bir TED sunumunda duyacağınız yeni bilgi gibi, kavramı resim ve sözlerle depolamak çok daha etkilidir.

fMRI çalışmaları Paivio'nun teorisini doğrulamıştır. Bugün resim ve sözlerle öğrenen öğrencilerin, sadece metinden öğrenen öğrencilere göre bilgiyi daha canlı hatırladığını biliyoruz. Araştırmacılar ayrıca, *mulitmedya ilkesi* terimini kullanır: Akılda tutma oranı; resimler ve sözler kullanıldığında, sadece sözlerin kullanıldığı durumlara göre daha yüksektir. Bunun, insanları eyleme geçirmeye teşvik ya da ikna etme amaçlı sunumların en iyi nasıl tasarlanıp sunulacağı konusunda çok büyük etkisi vardır.

Bill Gates Görsellerin Fanatiği Olur

Bill Gates, Microsoft'tan ayrılıp çalışmalarını hayır işlerine yönelttiğinden beri karmaşık konuları basit bir şekilde nasıl ileteceğini düşünür. Gates, karbon salınımını azaltmaktan eğitimde yeniliğe; çoğu çocuk, en yoksul iki milyar insanın daha iyi yaşamasına yardım etmeye kadar değişen konuları ele alır. Bunlar karmaşık çözümleri olan karmaşık sorunlardır. Karmaşık olmayan, Gates'in slaytlarıdır. Netlik ve resim üstünlüğünün modelidirler.

TED 2010'da Gates çok sevilen "Sıfıra Doğru Değişmek!" sunumunu yaptı. U2 solisti Bono sunumun ona "ümit verdiğini" söyler ve bunu tüm zamanların en sevdiği TED konuşmaları arasında sayar. Ortalama PowerPoint slaytının 40 sözcük içerdiğini söylediğimi hatırlıyor musunuz? Gates'in 40 sözcüğe varması için 15 slayt gerekti. Sözler yerine fotoğraflar ve resimler gösterdi. Gates'in ilk slaytı küçük bir Afrika köyünde yoksul çocukları gösteriyordu. "Enerji ve iklim bu insanlar için müthiş önemlidir. Aslında gezegendeki herkes için olduğundan daha önemli,"[10] diye başladı. "İklimin kötüleşmesiyle, mahsulleri yıllarca büyümeyecek demektir. Çok yağmur olacak, yeterli yağmur olmayacak, işler dayanaksız çevre yüzünden değişecek. Bu da açlığa yol açacak, o belirsizliğe yol açacak, o huzursuzluğa yol açacak, yani iklim değişimleri onlar için korkunç olacak."

Gates, karmaşık içeriği kolay anlaşılır kılmakta dikkate değerdir. Küresel ısınmayı yedi saniyede açıklayıp bunu yapmak için "dümdüz" bir görsel formül kullanmıştı. Gates'e göre, "CO_2 salınır. Bu sıcaklık yükselmesine ve o sıcaklık yükselmesi de bazı olumsuz etkilere sebep olur." Gates'in slaytı bir gökyüzü fotoğrafı üstünde görüntülendi. Şekil 8.2 Gates'ın slaytının yeniden oluşturulmuş bir kopyasını gösterir.

8.2. Bill Gates'in TED 2010 sunumundan CO_2 formülü slaytı. Empowered Presentations @empoweredpres tarafından oluşturulmuştur.

Bir Küresel Hareket Başlatan Çırpılmış Yumurta Videosu

Bill Gates'in TED.com'da en sevdiği sunumlardan birinin David Christian'ın "18 Dakikada Dünyamızın Tarihi" olduğunu hatırlarsınız. Christian'ın sunumu duyulara, özellikle görme duyusuna hitap eder. İlk iki buçuk dakikasında gösterdiği slaytların hiçbirinde yazı yoktur.

Christian sahneye çıktı ve, "Önce bir video,"[11] dedi. Sonra izleyici çırpılan bir yumurtanın videosunu gördü. Çok geçmeden, videonun tersten gösterildiği anlaşıldı, yumurta çırpılmıyor, beyazıyla sarısı birleşiyor ve kabuğa doğru yukarıya ilerliyordu.

Christian izleyiciye videonun onları huzursuz etmesi gerektiğini, çünkü doğal olmadığını söyledi. Evren bu şekilde işlemez.

> Çırpılmış bir yumurta bulamaçtır. Bir yumurta güzel, sofistike, tavuk gibi, hatta daha sofistike şeylere dönüşebilen bir şeydir. En derinlerimizde evrenin bulamaçtan karmaşıklığa yolculuk etmediğini biliriz. Aslında bu içgüdü fiziğin en temel kanunlarından birinde, termodinamiğin ikinci kanunu ya da entropi kanununda yansıtılır. Bunun temel olarak söylediği şey, evrenin genel eğiliminin düzenden ve biçimden düzensizliğe, biçimsizliğe –aslında bulamaca– ilerlemek olduğudur. İşte bu yüzden video biraz tuhaf gelir.

TED.com izleyicileri Christian'ın sunumuna "ilgi çekici", "harika" ve "müthiş" derler. Ancak slaytlar, resimler ve animasyonlar olmasa sunumu izlemesi çok zor olurdu. Slaytlar anlatının yerini almadı, hikâyeyi tamamladı.

> Görselleri, sözleri tamamlamak için kullanın, tekrarlamak için değil.
>
> – TED Emri

Bono Verilerle Kışkırtıyor

Bir TED sunumunda cinsel dokundurma yapmayı bir rock yıldızına bırakın. Bono, insanoğlunun aşırı yoksulluğu (günde 1,25 dolar olarak tanımlanmıştır) azaltmadaki ilerlemesini gösteren verileri sunduğunda aynen bunu yaptı. "Bel büken, iç parçalayan aşırı yoksulluk içinde yaşayan insan sayısı 1990'da dünya nüfusunun yüzde 43'üyken, 2000'de yüzde 33'e ve 2010'da yüzde 21'e düşmüştür,"[12] dedi Bono arkasında istatistikler görünürken. "Günde 1,25 dolardan azla yaşıyorsanız, bu düşüş sadece veri değildir. Her şeydir. Bu hızlı geçiş, çaresizlikten çareye bir yoldur... Eğer mevcut eğilim devam ederse, 1,25 dolarla yaşayan insan sayısı 2030'a kadar sıfıra düşecek. Rakamlarla uğraşanlar için sıfır bölgesi erojen bölgedir," dedi Bono, seyirci gülüp alkışlarken.

Bono'nun slaytları profesyonel olarak tasarlanmıştı ve bunu, hayati önem taşıyan, birkaç farklı izleyici grubunu hedefleyen, yeni müşteri ya da yatırım çekmek için önemli olan bir sunum yapacak herkese öneririm.

Bono'nun gösterisini TED.com'da izleyin ve bütün iyi sunum tasarımlarının ortak tekniğine dikkat edin: slayt başına bir konu. Çoğu konuşmacı verileri sunarken, izleyiciyi sayı ve grafik çığıyla yerle bir eder, hepsi tek bir seferde. Bono her bir istatistiği sunduğunda, rakam –ve sadece o rakam– slaytta göründü. Bono her bir veri göstergesi başına bir slayt geçti. Aşırı yoksulluğun 2000 yılından beri yarıya indiğini söylediğinde slaytta sadece "Aşırı Yoksulluk Yarıya İndi" yazıyordu. Rakamları ve verileri görsel olarak çekici kılmanın tekniği, dinleyicilerinizin içeriğinizin arkasındaki etkileyici istatistikleri fark edip önemsemelerini sağlamaktır.

Bono hayatın dünyanın yoksul insanlarının çoğu için daha iyiye gittiğini gösteren bir rakamlar listesiyle devam etti:

> 2000 yılından beri, hayat kurtaran ilaçlara ulaşan AIDS'li hasta sayısı sekiz milyon arttı. Sıtma. Sahara Çölü'nün güneyinde sekiz ülkede ölüm oranı yüzde 75 azaldı. Beş yaşın

8.3. Bono TED 2013'te konuşurken. James Duncan Davidson/TED izniyle. (http://duncandavidson.com)

altında çocuklarda, çocuk ölümleri yılda 2,85 milyon azaldı. Bu her gün 7256 çocuğun hayatının kurtulması demektir. Müthiş. Son bir haftada hiçbir yerde bu rakam kadar önemli bir şey okudunuz mu?

Eğer paragrafı okuyup başka bir şey yapmazsanız, sinirbilimi, sizden üç gün sonra bilgiyi hatırlamanızı istersem yüzde 10 kadarını hatırlayacağınızı söyler. Fakat bir resim eklerseniz, akılda tutma oranınız bilginin yüzde 65'ine çıkar. Bono da tam olarak bunu yaptı. İçeriği sözlü olarak iletti ve verileri desteklemek için çoğunlukla görseller halinde multimedyayı kullandı.

Bono'nun multimedya sunumu, anime edilmiş tablolar, grafikler ve fotoğraflar içeriyordu. Tablolarınız ne kadar temiz sunulursa sunulsun, birilerinin gözleri tablo üstüne tablo gösteren slaytları şöyle bir geçecektir. Bu yüzden, Bono slaytları bölmek ve gözleri dinlendirmek için hikâyeler ve fotoğraflar eklemiştir. Ayrıca verilerin arkasındaki kişisel hikâyeleri de ortaya çıkararak onları hayata katmıştır.

"Günde yedi bin çocuğun hayatı kurtuldu. İşte bunlardan ikisi. Michael ve Benedicta. Bugün, büyük oranda hemşireleri Dr. Patricia Asamoah ve Global Fon sayesinde hayattalar." Bono önce gelen iki cümleyi sunmadan önce iki slayt gösterdi. İlki, iki gülümseyen çocuğun, Michael ve Benedicta'nın yakın çekim resmiydi. İkincisi, küçük bir köy gibi görünen bir yerde Dr. Asamoah'ın bir fotoğrafıydı. Verileri bu şekilde vermeniz iyi olur: slayt başına bir istatistik (ya da tema), ardından beyne grafiklerin, tabloların, çizelgelerin monotonluğundan bir ara vermek için fotoğraflar ya da resimler. Her ne kadar Bono'nun hikâyelerini duymak uyarıcı olsa da, bu sunumun gerçek etkisi görselleri ustaca kullanmasında yatar.

32.000 Barbie Bebek

Fotoğrafçı Chris Jordan Barbie bebeklerle oynar. Şubat 2008'de Jordan, TED izleyicisine, dairesel şablonlara yerleştirilmiş elli kadar Barbie bebekle çektiği bir fotoğraf gösterdi. Jordan, ikinci bir fotoğrafa geçti –ilkinin daha geniş bir görüntüsü– bu, binlerce Barbie bebeği gösteriyordu. Eğer Barbie bebek olduklarını bilmeseniz, fotoğrafın güzel bir çiçekli resim olduğunu sanırdınız. Dizinin üçüncü ve son fotoğrafı daha da uzaktan çekilmişti ve bir kadının göğüslerinin siluetini ortaya çıkarıyordu. "Tamamen geri gidip bakarsanız, 32.000 Barbie bebek görürsünüz, bu ABD'de her ay yapılan göğüs büyütme ameliyatlarının sayısını temsil eder. Bunların büyük çoğunluğu 21 yaşın altındaki kadınlardır,"[13] dedi Jordan. "Bu, hızla, üniversiteye gitmek üzere olan genç kızlara verilen en popüler lise mezuniyet hediyesi olmakta." Jordan verileri görsel olarak çekici yöntemlerle paketlemenin başka bir ustasıdır.

Bir başka dizide, Jordan birbiri üstüne geçirilmiş beyaz kâğıt bardaklar resmi gösterdi. Çoğunlukla kahve gibi sıcak içecekler taşımak için günde 40 milyon bardak kullandığımızı söyledi. "40 milyon bardağı bir tuvale sığdıramadım ama 410.000 taneyi sığdırabildim. İşte 410.000 bardak böyle görünür," dedi izleyici beyaz çizgiler gibi görünen bir şeye bakarken. "Bu 15 dakikalık bardak tüketimimiz," diye ekledi. Dizideki son görüntü bir günlük kahve bardağının karşılığını gösterdi. "Bu 42 katlı bir bina kadar yüksektir ve Özgürlük Anıtı'nı oraya ölçek referansı olarak koydum," dedi Jordan, heykelin arkadaki bardakların yanında cüce gibi göründüğü bir resmi gösterirken.

Bir başka sanat çalışmasında, Jordan her yıl sigaradan ölen insanların sayısını görüntülemek istemişti. İlk fotoğrafta birbiri üstüne yığılmış sigara kutularının yakından çekimini gösteriyordu. Jordan uzaklaştıkça, sonraki fotoğraflar büyük resmi ortaya çıkardı – Vincent Van Gogh'un 1886 tarihli eseri, *Sigara İçen Kafatası*'nı binlerce sigara paketiyle yeniden yaratmıştı.

Jordan'a göre, ortalama insanın dev istatistiklerden anlam çıkarması zordur, ancak bu istatistikler görsel ve yaratıcı olarak sunulduklarında, toplumumuzdaki rahatsız edici bazı konuları, insanlarda daha derinden bir tepki uyandırabilecek konuları ortaya çıkarır.

Bono'nun verilerle kışkırtmasına çok benzer şekilde Jordan, büyük rakamları "hissederek" bunun için bir şey yapabileceğimize inanır. "Kültür olarak yeterince hissetmediğimizden korkuyorum. Amerika'da şu anda bu tür bir uyuşmuşluk var. Kültürümüzde, ülkemizde olup bitene dair, dünyada bizim adımıza işlenen vahşete dair öfkelenme, kızma ve kederlenme duygularımızı kaybettik. Bu duygular kayıplara karıştı."

Jordan'ın sunumu, kuru istatistikleri –bazılarını hepimizin defalarca duyduğu– dönüştürmenin ve verileri canlandırmak için bir multimedya unsuru eklemenin temel bir örneğidir. Görseller her noktayı destekler ve bizim rakamların arkasındaki duyguyu "hissetmemizi" sağlar. Maya Angelou bir keresinde, "İnsanlar ne dediğinizi unutur, insanlar ne yaptığınızı unutur ama onlara nasıl hissettirdiğinizi asla unutmaz," demişti. Sadece insanların ne bilmesini istediğinizi düşünmeyin; onların nasıl hissetmesini istediğinizi düşünün.

LinkedIn Pazarlama PowerPoint'ini Nasıl Basitleştirdi

LinkedIn halka açılmadan dokuz ay önce, zamanın pazarlama başkan yardımcısı beni satış ve pazarlama elemanlarından oluşan 130 kişilik bir toplulukla atölye çalışması yapmam için davet etti. Ekibinin mevcut PowerPoint slaytlarından memnun değildi. "İşleri fazla karmaşıklaştırdı," dedi. Yönetici, ekibinden, girişimci düzeyindeki müşterileri LinkedIn'de reklam verip eleman almaya teşvik etmek için, benim önceki kitaplarımdaki kavramların bazılarını kullanarak yeni ve daha ilgi uyandıran bir slayt destesi oluşturmalarını istedi. Mevcut PowerPoint'i tamamen attılar ve küçük metinlerle, madde işaretleri olmadan ve çok miktarda fotoğraf ve görsellerle TED-benzeri slaytlara geçtiler. Bir istatistiğin vurgulanması gerektiğinde, veri göstergesi slayttaki tek rakam oldu ve yanına LinkedIn sitesinden bir fotoğraf ya da başka ilgili bir görüntü eklendi.

Ekibe vurguladığım bir temel fikir, izleyiciler için bir resim boyama gereğiydi ve bunu, gösterdikleri görüntülerle ve slaytı tanımlamak için kullandıkları sözlerle yapabilirlerdi. Örneğin, destenin en önemli slaytında bir istatistik vardı: 70 milyon. Buna bir ressamın, LinkedIn üyelerini temsil eden insanlardan yapılmış LinkedIn logosu resmi eşlik ediyordu. İstatistik, o zamanki LinkedIn üyelerinin sayısını temsil ediyordu (bugün şirketin 200 milyondan fazla üyesi vardır). Çalıştığımız anlatı şöyleydi: "Bugün LinkedIn'in 70 milyon üyesi var ve buna her ay üç milyon ekliyoruz. Bu her otuz günde bir San Francisco'nun nüfusunu ağımıza eklemekle eştir."

LinkedIn'in pazarlama ve satış profesyonelleri yeni tasarımı sevdiler ve desteyi sonraki dokuz ay boyunca, müthiş halka arzlarına (stok ilk gününde ikiye katlanarak şirketin değerini 9 milyar dolara çıkardı) kadar kullanmaya devam ettiler. Dünyanın en beğenilen markalarının çoğunun CEO'ları ve satış ve pazarlama yöneticileri, eski PowerPoint sunumlarını atıp yerine izleyicilerini görsel bir yolculuğa çıkaranları koyuyorlar. Eski bir deyim olan "tabanca-tüfek savaşına kılıçla gidilmez" buraya çok uyuyor. Eski tarz PowerPoint modern şirketlerin savaş alanında bir tarih hatasıdır. Zamana uyum sağlayamadığınız için rakiplerinizin hayallerinizi öldürmesine izin vermeyin.

TEDnot

İÇERİĞİ GÖRSELLEŞTİRİN. Dilim grafiklere, tablolara ve çizelgelere görüntüler ekleyin ya da arka plana resimler koyun. İlk 10 slaytta 40'tan fazla sözcük hedeflememenizi öneririm. Bu sizi, slaytı gereksiz ve dikkat dağıtan metinle doldurmak yerine, akılda kalan ve ilgi çeken bir hikâye anlatmak hakkında yaratıcı düşünmeye zorlar. Çoğu slaytınızda madde işaretlerini yok edin. En sevilen TED konuşmacıları madde işaretsiz slaytlar sunar. Metin ve madde işaretleri, bilgiyi izleyicinize aktarmanın en az akılda kalacak yoludur. Bu hedefe her slaytta ulaşamayabilirsiniz ama iyi bir alıştırmadır. Bir kere kendinizi kalabalık slaytları elemeye zorlarsanız, sunumunuzla ne kadar eğlenebileceğinizi fark edeceksiniz. En iyi kısmı – seyirciniz buna bayılacak!

Duyun

Görmek en baskın duyumuzken, aynı anda çoklu duyularımız uyarılınca bilgiyi çok daha iyi hatırlarız. İşitme duyumuz çok güçlüdür. Bir şeyi nasıl söylediğiniz (perde, hız, yükseklik, yoğunluk, ifade) dinleyicinizin ruhuna dokunabilir.

Yasadışı Bir Maden Kuyusundan 45 Metre Aşağı

Yirmi beş yıldan fazla zamandır Lisa Kristine dünyanın gizli bölgelerini gezip güzelliğini yakalamış ve yerli halkların zorluklarını açığa çıkarmıştır. TEDx konuşmasına bakalım ve izleyicilerine ulaşmak için sözlerini nasıl kullandığına odaklanalım.

İzleyiciler, Kristine onları rehberleri olarak fotoğraflarla bir yolculuğa çıkardığında, sessiz, sabitlenmiş halde oturdu. Za-

LISA KRISTINE'İN SÖZLERİ VE KARŞILIK GELEN FOTOĞRAF TANIMLARI

LISA KRISTINE'İN SÖZLERİ	FOTOĞRAF TANIMLARI
Gana'da yasadışı bir maden kuyusunda 45 metre aşağıdayım. Hava sıcak, toz yüzünden yoğun ve nefes almak zor. Karanlıkta yanımdan geçen terli bedenlerin bana değişini hissedebiliyorum ama başka bir şey göremiyorum. Sesleri duyuyorum, ama maden çoğunlukla, erkeklerin öksürmesi ve taşın ilkel araçlarla kırılmasının bir kakofonisi.[14]	Gömleksiz bir madencinin ilkel görünüşlü bir araç tutarken siyah beyaz fotoğrafı. Karanlıkta sadece madencinin, başına tutturulmuş küçük bir el feneriyle güçlükle aydınlatılmış silueti görülebiliyor.
Diğerleri gibi, ben de başıma elastik, yırtık pırtık bantla tutturulmuş, titrek, ucuz bir el feneri takıyorum...	Bir madencinin kuyudan aşağı sürünürken siyah beyaz fotoğrafı
ve yerin yüzlerce metre altına inen çeyrek metrekare deliğin duvarlarına tutunmuş kaygan ağaç dallarını güçlükle seçebiliyorum.	Karanlıkta bir madencinin, sadece başına tutturulmuş fenerle görünen yüzünün aşırı yakın çekimi
Ellerim kayınca, birden, günler önce tanıştığım ve o madende tutunamayıp metrelerce aşağı düşen bir madenciyi hatırlıyorum. Bugün burada durup sizinle konuşurken, o adamlar hâlâ o delikte derinde, ödeme ya da tazminat almadan hayatlarını tehlikeye atıp sıklıkla ölüyorlar.	Kristine'in madenden çıkışının fotoğrafı

LISA KRISTINE'İN SÖZLERİ	FOTOĞRAF TANIMLARI
O delikten dışarı tırmandım ve eve gittim ama büyük olasılıkla onlar asla gitmeyecek, çünkü köleliğe mahkûmlar.	Madencilerin Kristine'in madenden çıkışına yardım edişinin fotoğrafı

Tablo 8.2. Lisa Kristine'in TEDx Maui 2012 sunumundan, sözleri ve karşılık gelen fotoğraf tanımları.

manlaması kusursuz ve dramatikti. Konuşurken fotoğrafları göstermek yerine, önce hikâyeyi anlatmaya başladı ve kısa süre sonra fotoğrafı gösterdi. Bu teknik, izleyiciyi, hikâyede açıkladığı karakterlerin fotoğrafını görmeden önce Kristine'in sözlerini dikkatle dinlemeye zorladı. Tablo 8.2'de Kristine'in sunumunu açarken ne dediğini, fotoğrafın doğasını ve ne zaman göründüğünü okuyabilirsiniz.

Kristine'in konuşmasının ilk iki dakikası bir sunumda gördüğüm en ilginç açılıştı. Slaytlarda hiç metin yoktu, sadece fotoğraflar, merak uyandıran bir anlatı ve özenle hazırlanmış bir sunuş. Fotoğrafları izleyicisinin görsel duyusuna hitap etse de, esas işi bitiren, sesini nasıl kullandığıydı. Dinleyicinizin işitme duyusunu uyararak yapacağınız etki görselleri kullanmak kadar etkili olabilir.

Sözlerle Resim Boyamak

Kristine'in sunumu sıradışıydı, çünkü sözlerinin gücü heyecan verici fotoğraflarına eşti. Hindistan'da tuğla ocaklarını ziyaret edişinin canlı tanımını okuyun:

> Bu garip ve harika görüntü, antik Mısır'a ya da Dante'nin Cehennem'ine girmek gibiydi. 50 derece sıcakta erkekler, kadınlar, çocuklar, aslında bütün aileler ağır bir toz battaniyesine sarınmışlar, bu sırada mekanik olarak tuğlaları, bir kerede on sekiz taneye kadar, başlarının

üstüne yığıyor ve onları alev alev ocaklardan yüzlerce metre ötedeki kamyonlara taşıyorlardı. Monotonluktan ve yorgunluktan cansızlaşmış, sessizce çalışıyorlar, bu işi günde 16 ya da 17 saat tekrar tekrar yapıyorlardı. Yemek için ara yoktu, su arası yoktu ve aşırı susuzluk işemeyi konu dışı bırakıyordu. Sıcak ve toz o kadar yaygındı ki kameram dokunulamayacak kadar ısınıp çalışmamaya başlamıştı. Her yirmi dakikada bir aracımıza geri gitmem ve cihazlarımı temizleyip canlandırmak için bir klimanın altına tutmam gerekiyordu; orada otururken kameramın bu insanlardan çok daha iyi muamele gördüğünü düşünüyordum.

Kristine, Dr. Pascale Michelon'ın "birisinin zihninde görsel bir iz yaratmak" dediği şeyi yapıyor. Sinirbilimciler, beyninizin görme korteksinin neyin gerçek neyin hayal olduğunu ayırt edemediğini bulmuştur. Eğer bir şeyi canlı olarak düşünebilirseniz –gerçekten hayal edebilirseniz– beyinde o olayı gerçekten görüyormuşsunuz gibi aynı alanlar harekete geçer. Bu yüzden metaforlar, analojiler ve zengin imgelemeler zihinde bir resim canlandırmakta güçlü yöntemlerdir, bazı durumlarda gerçek bir görüntüden bile daha etkilidirler.

"Hafızanızı güçlendirmek için sözlü bilgiyi olabildiğince görsel bilgiye dönüştürün,"[15] diye önerir Michelon. "Bunu görsel desteklerle ya da konuşma şeklinizle, birinin kafasında bir resim boyamak için kullandığınız örneklerle yapabilirsiniz." Michelon iletişimcilerin olabildiğince somut örnekler kullanmasını önerir. Basit söylersek, beyin soyutlukları kavramak için tasarlanmamıştır. Satış tekliflerinde bile, müşterilerinizi zihin gözüyle resmedebilecekleri bir duruma getirmek için somut örnekler kullanın. Bu satış stratejinizi tanımlamak için soyut sözler kullanmaktan çok daha etkilidir. "Resimleri sözlerden daha iyi hatırlarız, bu yüzden eğer ben konuşurken sizin görsel imgelemler yaratmanıza faydam oluyorsa, o bilgiyi sadece soyut sözcükler kullanarak anlatmamdan çok daha iyi hatırlayacaksınız," der Michelon.

Hiç Resim Olmadan Zihinsel Bir Resim Boyamak

Beyin, gerçekte gördüğüyle hayal ettiği arasındaki farkı bilemez. 3. bölümde tanıdığınız sakatlanan kros kayakçı Janine Shepherd, TEDx izleyicisi için bir resim boyadı ve bunu yapmak için tek bir slayt ya da fotoğraf göstermedi. Hikâyeyi anlatırken Shepherd, Kış Olimpiyatları'na hazırlanan Avustralya kayak takımının bir üyesi olarak hayatını değiştiren bir bisiklet gezisi yapıyordu. Çağrıştırıcı ve tanımlayıcı sözler kullanarak izleyicisini bisiklet yoluna götürdü.

> Sidney'in batısında muhteşem Mavi Dağlar'a doğru yukarı gidiyorduk, mükemmel bir sonbahar günüydü: güneş ışığı, okaliptüs kokuları ve bir rüya. Hayat güzeldi. Beş buçuk saattir bisiklet üstündeydik ki yolculuğun sevdiğim kısmına geliyorduk. Tepeler, çünkü tepeleri severdim. Bisikletimin selesinden kalktım ve ayakta pedal çevirmeye başladım, soğuk dağ havasını içime çekerken ciğerlerimi yaktığını hissedebiliyordum ve yüzümde parlayan güneşi görmek için başımı kaldırdım. Sonra her şey karardı.[16]

Shepherd'a bir servis kamyonu çarpmıştı. Kötü yaralanmıştı, hava yoluyla Sidney'de bir omurilik ünitesine götürüldü ve belden aşağısı kısmi felç oldu. Sunumunun kalanında iyileşmeye giden uzun yol hakkında konuşup anlatısını temaya bağladı: Siz bedeniniz değilsiniz. Shepherd doktorların yanıldığını kanıtlamaya kararlı, peşinden gidecek yeni bir hayal buldu – uçmak. Kazadan sonra bir yıl içinde pilot ehliyeti aldı ve sonunda hava akrobasisi uçuş öğretmeni oldu.

Shepherd'ın sunumu bir milyondan fazla kez izlendi. Kendi engelleriyle mücadele etmeye ilham alan insanlardan e-postalar aldı. Bunlardan birisi Shepherd'a videonun hayatını kurtardığını söyledi. Bu kişi on dokuz yıldır bir hastalıkla mücadele ediyordu. "O kadar kötüydü ki son birkaç haftadır intiharı düşünüyordum. Ama bugün Janine'i görüp dinledikten sonra yeni bir umut ışığı buldum. Yolculuğum ŞİMDİ başlıyor."

Günde Bir Saniye

Cesar Kuriyama, otuz yaşında reklamcılık işinden istifa edecek kadar para biriktirdi ve bir sonraki yılı seyahat edip ilgisini çeken projelerin peşinden giderek geçirdi. Ayrıca günlük deneyimlerini videoya kaydetti. Kuriyama TED izleyicisine şöyle der: "Zihinde canlandırma, hafızayı tetiklemenin yoludur... sadece bir saniye bile bana o gün yaptığım başka her şeyi hatırlamama yardım eder."[17]

Hayal Edin... Bir Şarkı Yazarı Sözleri İyi Kullanır

İşitme duyusu, sözlerinizi iletmek için kullandığınız etkileyici konuşma araçlarıyla uyarılabilir. Örneğin, Martin Luther King'in "Bir Hayalim Var" konuşması çağdaş tarihte en ünlü ve en çok alıntılanan konuşmalardan biridir. King, PowerPoint, Prezi ya da Apple Keynote kullanmadı. Bunun yerine sözleriyle resimler boyadı – bizimle yarım yüzyıldır kalan resimler. King, *anaphora* denen bir yöntemle, aynı sözcük ya da sözcükleri art arda gelen cümlecik ya da cümlelerin başlangıcında tekrarladı. "Bir hayalim var..." sekiz ardışık cümlede tekrarlanır.

Bono, sunumunda çizelgeler, animasyon ve fotoğraflara ek olarak, duyulara daha fazla uyarı göndermek için *anaphora*yı çok etkili biçimde kullandı. Aşağıda iki örnek:

> **Gerçekler** de insanlar gibi özgür olmak ister. Ve özgür oldukları zaman bağımsızlık hemen oradadır, en yoksulun yoksulu için bile. **Gerçekler**, eylemsizliğe yol açan kinizme ve ilgisizliğe meydan okuyabilir. **Gerçekler**, neyin işe yarayıp neyin yaramadığını bize anlatarak onları düzeltebilmemizi sağlar. **Gerçekler**, duyarsak ve dikkat edersek, Nelson Mandela'nın 2005'te bizim, insanlık için en korkunç bedel olan aşırı yoksulluğun üstesinden gelen kuşak, o büyük kuşak olmamız için yaptığı çağrıya yanıt verebilir.

> Wael Ghonim'i düşünüyorum, Kahire'de Tahrir Meydanı'nın arkasında Facebook gruplarından birini kurmuştu. Bunun için hapse atıldı. Beynime onun sözlerinin dövmesini yaptırdım. '**Kazanacağız**, çünkü politikadan anlamıyoruz. **Kazanacağız**, çünkü onların pis oyunlarını oynamıyoruz. **Kazanacağız**, çünkü bir parti politik gündemimiz yok. **Kazanacağız**, çünkü gözlerimizden gelen yaşlar gerçekte kalplerimizden geliyor. **Kazanacağız**, çünkü hayallerimiz var ve bu hayaller için direnmeye gönüllüyüz.' Wael haklı. **Kazanacağız**, bir olup direnirsek; çünkü insanların iktidarı iktidardaki insanlardan çok daha güçlüdür.[18]

Son paragrafı ilettiğinde Bono'nun hiç slayt göstermediğini not etmek önemlidir. İzleyicinin işitme duyusuna –sözlerine– odaklanmasını istedi. Bono sözlerine derin duygusal bağlar yansıtırken gözlerine yaşlar doldu. Güçlü, iyi hazırlanmış sözler hepimizde derin duygular uyandırmakta etkilidir. Bir slayt o andan eksiltebilirdi. Bono TED izleyicisinden ayakta ve şiddetli alkış aldı. Boşuna değil. Sözleriyle duyularını uyandırdı.

Üç Kişi ve Bir Bilgisayar Bir Adamın Sesini Güçlendirir

Sesini ve Nisan 2013'te hayatını kanserden kaybeden film eleştirmeni Roger Ebert, Mart 2011'de 1000'den fazla kişilik bir TED izleyicisine "konuştu". İzleyici, Ebert kucağında bir Mac'le bir sandalyede otururken, dijitalleştirilmiş bir sesten, "Bunlar benim sözlerim ama bu benim sesim değil. Bu Alex, bulabildiğim en iyi bilgisayar sesi ve her Macintosh'ta standart donanım olarak geliyor,"[19] diye duydu.

Kameranın önünde onyıllardır deneyimi olan bir film eleştirmeni olarak, film yapım sanatı hakkında derin bilgisi kadar, Ebert izleyicinin dikkatini canlı tutmanın ne kadar zor olduğunu da biliyordu ve gizli bir numarayla hazır geldi – çoklu duyusal bir işitme deneyimi.

İzleyici, Ebert'ın dijital sesle konuşmasını bir dakikadır dinliyordu ki, "Uzun süre bir bilgisayar sesini dinlemenin tekdüze olabileceğini keşfettim. Bu yüzden bazı TED arkadaşlarımı sözlerimi benim yerime yüksek sesle okumak için görevlendirmeye karar verdim." Sahneyi Ebert'la üç başka kişi paylaşıyordu ve hepsi yanındaki sandalyelerde oturuyordu. Eşi Chaz, Dean Ornish ve John Hunter. Çok etkileyici bir 18 dakika, özellikle Ebert'la eşi arasındaki derin sevgi ve şefkati gösterdiği için.

Ebert'ın sesini nasıl yeniden yarattığının hikâyesi ilginçtir ama Ebert kesinlikle haklıydı: 18 dakika boyunca dijital bir ses dinlemek tekdüzedir, bu yüzden onun için konuşacak bir değil, dört (bilgisayar dahil) kişi seçti. "Çoklu duyusal" birden çok ses içerir. Ebert'ın dijital bir sesi dinlemenin tekdüze olduğunu söylemesini ironik bulurum, çünkü pek çok konuşmacı tekdüze bir tonda konuşur ve Ebert'ın bilgisayardan çıkan sesinden çok daha az canlıdır!

7. bölümde, 18-20 dakikalık bir sunumun 60 dakikalık bir sunumdan her zaman üstün olduğunu söylemiştim. Ana konuşmalarımın çoğu bir saat kadar sürer. İkiyüzlülük mü ediyorum? Hiç değil. Ebert'ın yaptığı gibi ben de sahneyi paylaşıyorum. Sunumlarımda, ilham veren liderlerin video klipleri aracılığıyla birden çok ses sunuyorum. Video bana iki duyuyu bir anda dahil etme fırsatını veriyor – görme ve işitme.

Hissedin

Bir sunumun en arzulanan hedefi izleyiciyi başka bir yere götürmektir. Bilginin görsel sergilenmesi izleyicinin görmesini sağlar, ama eğer izleyici bir şeye fiziksel olarak dokunamıyorsa yolculuğu nasıl tamamlayacağız? Tekrar, Broadway şovu gibi bir sunum düşünün. Ödül kazanan bir şovun harika bir hikâyesi, ilginç karakterleri ve ilişkili sahne malzemeleri vardır. İyi sunumlarda bu unsurların her biri bulunur, izleyiciye olay yerinde olmanın nasıl olduğunu hissettiren basit sahne malzemeleri dahil.

Bir Müzisyen Tek Nota Çalmadan Ayakta Alkışlanır

Punk rock şarkıcısı Amanda Palmer'ı 3. bölümden hatırlarsınız. Palmer'ın TED 2013 videosu internete konduktan sonraki bir hafta içinde bir milyondan fazla kez izlendi. Palmer'ın teması basit ve kolay anlaşılırdı – insanlara müzik için para ödetmeyin. Dijital içerik zaten ulaşılır ve paylaşılabilir olduğuna göre Palmer, sanatçıların fanlarından doğrudan destek istemesini önerir. Onun sunumunu izleyen çoğu insan büyük olasılıkla sokaklarda zorluk çeken bir müzisyen olarak hayatı deneyimlememiştir ama Palmer onları oraya götürür.

Tek kelime etmeden, Palmer sahneye yürüdü ve yere bir süt kasası koydu. Kasaya çıktı, sol kolundan bir tül indirdi ve sağ eliyle bir çiçek uzattı. Yavaş yavaş iki nefes içine çekti, birkaç saniye hareketsiz durdu ve konuştu:

> Hayatımı her zaman müzikten kazanmadım. Saygın bir beşeri ilimler üniversitesinden mezun olduktan sonra beş yıl kadar süreyle günlük işim buydu. 2,5 Metrelik Gelin adında, serbest çalışan, yaşayan bir heykeldim. İnsanlara işimin bu olduğunu anlatmayı seviyorum, çünkü herkes her zaman bilmek ister, bu kaçıklar gerçek hayatta kimdir? Merhaba. Kendimi bir gün beyaza boyadım, bir kutunun üstüne çıktım, ayağımın ucuna bir şapka ya da teneke koydum ve gelip para atanlara bir çiçek verip onlarla yoğun göz temasında bulundum. Çiçeği almazlarsa, uzaklaşmalarına kadar bir hüzün ve özlem ifadesiyle durdum.[20]

Palmer sunumunun ilk üç dakikasını yaparken kasanın üstünde durup deneyimlerini ve ona para veren insanları tekrar yaşadı. "Bu kutunun üstünde, ne kadar mükemmel gerçek bir müzik eğitimi aldığıma dair hiçbir fikrim yoktu." Sonunda, grubu yeterince para kazandı ve sokak göstericisi olmayı bıraktı. Palmer izleyiciye heykel olmayı bıraktığını söyler söylemez kutudan indi. Palmer sunumunu yaparken kutu, anlatısına bir metafor olarak sahnede kaldı:

Müziğimi, her ne zaman mümkün olursa, internette ücretsiz bağışlamaya karar verdim... İndirmeyi, paylaşmayı teşvik edeceğim ama maddi destek de isteyeceğim, çünkü bunun sokakta işe yaradığını gördüm.

Müzik kariyerim, kutunun üstünde yaptığım gibi, internette insanlarla karşılaşmaya çalışarak, sadece tur tarihlerim ve yeni videom hakkında değil, sanatımız, korkularımız, akşamdan kalmalıklarımız, hatalarımız ve birbirimizi nasl gördüğümüz hakkında da blog ya da tweet yazarak geçti. Ve bence, birbirimizi gerçekten gördüğümüzde birbirimize yardım etmek isteriz.

Palmer sunumunu şu meydan okumayla bitirdi: "Bence insanlar yanlış soruya saplantılı, yani 'İnsanlara müzik için nasıl para ödetiriz?' Peki 'İnsanların müzik için para ödemesine nasıl izin veririz?' diye sormaya başlasak?" Teşekkür ederken, Palmer sunumunu açmak için kullandığı çiçeği çıkardı, seyircilere uzattı ve attı. İzleyiciler ayağa fırlayıp 15 saniye ayakta alkışladılar. Müzisyen Palmer hayatının gösterisini yapmıştı ve bir nota bile çalmamıştı.

Palmer'ın videosunun yayınlandığı TED.com sayfası bir haftada 500'den fazla yorum aldı. Jody Murray, "Bu konuşmayı beğenmemek isteyen kendi şüpheci içsesimden hayal kırıklığına uğradım, sonunda zaten beğenmemek mümkün değildi. Harika bir sunum ve böyle güzel fikirlerin gerçekleşmesine harika bir örnek"

Hiç güzel ama gerçekleşmiş fikirlerin olduğu "harika" bir iş sunumu gördüğünüzü hatırlıyor musunuz? Şirket toplantı odalarında bu pek sık olmaz, değil mi? Fakat Amanda Palmer, müzik endüstrisinde çok tartışmalı bir konu olan şarkıları ücretsiz vermek için bir olurluk incelemesi sunuyordu ve bunu dinleyicilerinin gerçekten hissedip deneyimleyebileceği bir şekilde yaptı.

İnternette Yavaş İndirme Hızının Acısını Hissetmek

Palmer, insanların çabalayan bir müzisyen olmanın acısını "hissetmeleri" için bir sahne malzemesinin –bir süt kasası– üstünde durdu. Sahne malzemeleri ve demolar izleyicinin fikrinizi ve çözdüğü sorunu somut olarak kavramasına yardım etmek için faydalı çoklu duyusal araçlardır.

Örneğin, bilgisayarlar için son derece hızlı bir USB hafıza kartını tanıtmak için bir teknoloji şirketinin yöneticileriyle çalıştım. Ürünün "saniyede 190/170 megabit okuma/yazma hızı" vardı. Tanımın kendisi hiçbir şekilde ilginç ya da elle tutulur değildi, ancak basit bir demoyla, izleyicinin kendi mevcut acısını "hissetmesi" ve yeni ürünü kullanarak duyacakları sevinci o acıyla karşılaştırmaları için bir yol bulduk.

Kısa bir girişten ve ürün açıklamasından sonra, konuşmacı sahnenin soluna yürüdü, orada göğüs hizasında bir masada bir dizüstü bilgisayar duruyordu. Cebinden yeni ürünü –bir USB hafıza kartı– çıkardı, bilgisayara taktı ve izleyicilerden birine bir kronometre uzattı. İzleyiciden, 1,5 GB'lık film dosyasını bilgisayardan karta geçirirken saati başlatmasını istedi. Geçen zaman 10,5 saniyeydi. Sonra izleyiciden saati tekrar başlatmasını istedi ve bu kez dosyayı bir rakibin ürününü kullanarak transfer etti. Tek kelime etmeden, yönetici ve izleyiciler transferin oluşunu seyrettiler. Beklediler. Ve beklediler. Ve beklediler. 40 saniyeden fazla bir süre sonra transfer tamamlandı. "Bütün USB hafıza kartları eşit yaratılmamıştır," diye sonuca vardı yönetici. Eğer gösteri sırasında konuşsaydı, izleyiciler için zaman daha hızlı geçerdi. Bunun yerine sessiz kalıp yavaş indirme hızının acısını uzattı.

Kuştüyü ve Pürmüz Çakmağı

"Ben bir pediatrist ve anestezistim, yani para kazanmak için çocukları uyuturum. Ve ben bir akademisyenim, yani izleyicileri bedavaya uyuturum."[21] Stanford'da Packard Çocuk Hastanesi'nde ağrı yönetimi servisini yürüten Dr. Elliot Krane,

8.4. Dr. Elliot Krane, 2011 TED sunumunda bir pürmüz çakmağı kullanırken. James Duncan Davidson/TED izniyle (http://duncandavidson.com)

2011'de TED sunumunu böyle açtı. Ağrı, genellikle bir sorunun belirtisidir. Bazı çocuklar için ağrı geçmez ve hastalık olur.

Krane, TED izleyicisine bu tür ağrının nasıl olduğunu ve nasıl tedavi edildiğini göstermeden önce onlara nasıl *hissedildiğini* göstermek istediğini açıkladı.

> Kolunuzu bu kuştüyüyle okşadığımı hayal edin [Krane sarı bir kuş tüyünü sol kolunda aşağı yukarı hafifçe geçirdi]. Şimdi sizden kolunuzu bununla okşadığımı hayal etmenizi istiyorum. [Bir pürmüz çakmağı yakar ve koluna yaklaştırır. İnsanlar rahatsızlıkla güler, çünkü bunun nasıl hissettiğini bilirler]. Bunun kronik ağrıyla ne ilgisi var? Eğer kolunuzu bu kuştüyüyle okşasaydım ama beyniniz hissettiğinizin bu olduğunu [pürmüz çakmağını alır] söyleseydi, hayatınız nasıl olurdu hayal edin. Kronik ağrısı olan hastalarımla deneyimim budur. Daha da kötü bir şey hayal edin. Çocuğunuzun kolunu bu kuştüyüyle okşadığımı ama beyninin ona böyle sıcak bir alev hissettiğini söylediğini hayal edin.

Bazen bir sunuma, eğer konu fiziksel bir ürün yerine bir fikir hakkındaysa (ya da Krane'in durumunda bir sağlık sorunuysa), kinestetik duyuyu (dokunma) katmak zordur. Ama Krane'in gösterdiği gibi biraz hayal gücüyle bu yapılabilir.

Pürmüz çakmağını bırakır bırakmaz Krane, hastalarından birinin fotoğrafını göstererek görme duyusuna geçti. Bu, on altı yaşında yükselen bir dansçıydı ve bileğini burkmuş, iyileştikten sonra hasarlı kolunda dayanılmaz bir ağrıyla yaşamaya devam ediyordu. "Chandler"ın allodini adında, en hafif dokunmanın tarifsiz, yakıcı bir ağrıya sebep olduğu bir hastalığı vardı.

Tıp konferansları her olayın en sıkıcı sunumlarına sahip olmakla ünlüdür. Bu sadece benim fikrim değil. Herhangi bir doktora sorun. Size sunumların çoğunun sıkıcı ve kötü hazırlandığını söyleyeceklerdir. Bilirim. Pek çok doktorla ve ilaç şirketi, tıbbi cihaz şirketi ve sağlık örgütleri yöneticileriyle çalışırım. "Nasıl daha iyi bir tıbbi sunum yapılır," diye bir Google araması yaparsanız, ilk bağlantının sizi TED'e götürmesi ilginçtir ama şaşırtıcı değildir.

Sonuç olarak: İnsanlar, birden fazla duyuyla uyarıldığında bilgiyi daha canlı hatırlar. Bir daha bir sunum tasarlarken, anlattığınız hikâyelerle (işitme), gösterdiğiniz fotoğraf ya da slaytlarla (görme) ve kullandığınız sahne malzemeleriyle (hissetme) beş duyuya "dokunma" konusunda yaratıcı olun.

Mavi Bir Tiffany Kutusundan Umduğunuz Gibi Değil

Stacey Kramer kanserli bir beyin tümöründen kurtuldu. Ortalama bir konuşmacı sunumuna bu açıklamayla başlardı. Oysa Kramer konusuna yaratıcı bir çoklu duyusal yaklaşım gösterdi. İzleyici güzel paketlenmiş bir mavi Tiffany kutusu gördüğünde, Kramer şunları söyledi:

> Hayal edin lütfen – bir hediye. Kafanızda resmetmenizi isterim. Çok büyük değil – bir golf topu büyüklüğünde. Bu paketlenince nasıl olur gözünüzün önüne getirin. Ama size içinde ne var göstermeden önce şunu söyleyeyim, bu sizin için inanılmaz şeyler yapacak. Bütün ailenizi bir araya geti-

recek. Daha önce hiç olmadığı kadar sevildiğinizi ve takdir edildiğinizi hissedeceksiniz ve yıllardır haber almadığınız arkadaş ve tanıdıklarla yeniden bağ kuracaksınız. Hayranlık ve beğeni sizi mahcup edecek. Bu, hayatınızda neyin en önemli olduğunu yeniden kavramanızı sağlayacak.[22]

Kramer şaşırtıcı sonucu açıklamadan önce hediyenin hikâyesini uzattı. "Şimdi biliyorum ki bunun ne olduğunu ve nerede bulabileceğinizi bilmek için ölüyorsunuz. Amazon'da var mı? Apple logosu taşıyor mu? Bekleme listesi var mı? Pek değil. Bu hediye bana beş ay önce geldi. Paketlenmiş hali buna benziyordu – pek güzel değil [üstünde *biyolojik tehlike* yazan kırmızı bir plastik torba]. Ve bu ve sonra bu [tümörün röntgenini ve kafasının arkasında doktorların tümörü çıkardığı yerde uzun yara izini gösteren fotoğraflar]. Bu az bulunan bir cevherdi –bir beyin tümörü, hemanjiyoblast– sürekli vermeye devam eden bir hediye."

Kramer'ın sunumunun başındaki hoş Tiffany kutusuyla sondaki sevimsiz fotoğraflar arasındaki zıtlık, Kramer'ın izleyicisi için çarpıcı bir duyusal deneyim oluşturur. Kramer sunumunu olumlu bir mesajla ve neredeyse hayatını sonlandıran olaydan bir dersle bitirdi: "Şimdi iyi olsam da bu hediyeyi size dilemezdim. Bunu ister miydiniz emin değilim. Ama deneyimimi değiştirmezdim. Bu, hayatımı, size anlattığım bütün şekillerde ummadığım biçimde derinden değiştirdi. Bu yüzden, bir daha beklenmedik, istenmedik ve belirsiz bir şeyle karşılaştığınızda, bunun bir hediye olabileceğini düşünün."

TEDnot

İZLEYİCİNİN SUNUMUNUZU "HİSSETMESİNE" YARDIM EDİN. Arada bir slaytlardan dışarı çıkın. Demolar katın, ürünler gösterin, izleyicinin katılımını isteyin. Bir ürün lanse ediyorsanız bunu yapmanız epey kolaydır, çünkü insanlara görüp dokunmaları için fiziksel bir ürün gösterebilirsiniz. Ama ya içeriğiniz sadece bir fikir ya da kavramsa? Yine de çoklu duyusal deneyimler oluşturabilirsiniz. Müşteri hizmetleri konulu açılış konuşmalarımdan birinde, Lush adında bir sabun mağazalar zinciri hakkında konuşurum. Pahalı sabundur. Bir sabun kalıbını tutar ve kaç kişinin bunun yarım kilosuna 37 dolar vereceğini sorarım. Kimse el kaldırmaz. İzleyiciye gidip bir gönüllünün sabunu koklayıp ellemesini isterim. Soruyu tekrar sorarım. Eğer hâlâ parayı vermeyeceklerini söylerlerse onlara sabunu "bedava" veririm. Hikâyeyi kurmaya ve sabunu bağışlamaya devam ederim. Çok geçmeden izleyiciler, sabun hakkında daha çok şey öğrendikçe ödemeye de daha yaklaştıklarını fark ederler. Bu, izleyiciyi olaya katarak marka iletişimini ve müşteri hizmetini geliştirmelerine yardım etmenin eğlenceli bir yoludur.

Sır #8: Çoklu Duyusal Deneyimlerle Zihinsel Bir Resim Boyayın

Kramer'ın yaptığı cesaret isterdi ve işte bu yüzden her gün iyi sunumlar görmezsiniz. Hikâyenizi bir yedinci sınıf öğrencisinin anlayabileceği kadar basitleştirmek cesaret ister. Bono'nun yaptığı gibi, üstünde tek sözcük olan bir slayt oluşturmak cesaret ister. Slaytlarınızı madde işaretleri ve metinle doldurmak yerine fotoğraf göstermek cesaret ister. Dr. Krane'in yaptığı gibi, kendini budala hissetmeden bir kuştüyü ve pürmüz çakmağı çıkarmak cesaret ister. Amanda Palmer'ın yaptığı gibi, metafor olarak bir süt sandığının üstünde üç dakika durmak cesaret ister. Cesaret dikkat çeker. Cesaret fark edilir. Cesaret yürekleri ve zihinleri kazanır. Cesaret hayatınızın konuşmasını yapmak için ihtiyacınız olan şeydir. Cesaretiniz olduğunu biliyorum. Onu bulun, kutlayın ve keyfine varın. Topluluk önünde cesur konuşma, hayatınızı ve sizi dinleyen insanların hayatını değiştirecektir. Görülmesi, hissedilmesi ve duyulması için var olan fikirleriniz vardır. Sesinizi insanları şaşırtmak, ilham vermek ve dünyayı değiştirmek için kullanın.

9

Şeridinizde Kalın

İşi iş, oyunu oyun gibi görmem. Hepsi yaşamaktır.

– SIR RICHARD BRANSON

ARALIK 2010'DA, FACEBOOK'un operasyondan sorumlu yöneticisi Sheryl Sandberg, sahne arkasında TED izleyicisine hitap etmek için bekliyordu. "Önceki gün, kızımı anaokuluna bırakmış ve ona East Coast'a gideceğimi, bu yüzden o gece onu göremeyeceğimi söylemiştim. Bacağıma asıldı ve gitmemem için yalvardı. O görüntüyü kafamdan atamadım ve son dakikada, Pat'e [Paley Merkezi CEO'su] bunu konuşmama ekleyebilir miyim, diye sordum. 'Kesinlikle bu hikâyeyi anlat,' dedi Pat."[1]

Sandberg sadece kendi zorlukları ve duyguları hakkında dürüst olarak diğer kadınlara yardım edebileceğini fark etmişti. "Derin bir nefes aldım ve sahneye çıktım. Özgün olmaya çalıştım ve gerçeği söyledim. Odadakilere –ve aslında internetteki herkese– her şeyi yapmakta yetersiz kaldığımı ilan ettim. Bunu sadece kendime itiraf etmek değil, başkalarına da söylemek kendimi gerçekten iyi hissettirdi."[2]

Sır #9: Şeridinizde Kalın

Özgün, açık ve şeffaf olun.

Neden işe yarar: Çoğu insan bir sahtekârı saptayabilir. Eğer olmadığınız bir şey ya da biri olmaya çalışırsanız izleyicinizin güvenini kazanamazsınız.

TOPLULUK ÖNÜNDE KONUŞMAK bir sanat biçimidir. Umarım bu kitap, ikna etmenin sanatsal unsurunun güvenilir bilimle desteklendiğini göstermiştir. Şimdi sizden teknikleri ve bilimi bir kenara bırakıp yürekten konuşmanızı istiyorum. Evet doğru, numara yaparsanız, konuştuğumuz her şey anlamsız olacaktır.

BAŞKALARINDAN TOPLULUK ÖNÜNDE konuşmada nasıl başarılı olduklarını öğrenebilirsiniz, ama insanlar üstünde kendi izinizi bırakmazsanız asla kalıcı bir izlenim oluşturamazsınız. Oprah Winfrey'in, bir sonraki Oprah olmak istediğini söyleyen genç bir kadına yanıtını hatırlıyorum: "Hayır bunu istemezsin," demişti Oprah. Bayan Winfrey, insanların hangi şeritte olmaları gerektiğini belirleyip şeritlerinde kalmaları gerektiğini açıkladı. Başarılı insanların, hayatlarının esas amaçlarını belirlediklerini ve o amacı yılmadan izleyip, kendilerinin olabilecekleri en iyi temsilcisi olduklarını söyledi.

Şeridinizde kalmak cesaret ister. Dr. Jill'in, şimdi ünlü "Müthiş İçgörü Darbesi" sunumunu hazırlarken alması gereken bir karar vardı. Her ne kadar sunumunun ilk 12 dakikası ilginç olsa da, "savunmasız" ya da "kişisel" bir şey yoktu. Dr. Jill bana "bunu evrene gösterecek" bir sonuca ihtiyacı olduğunu söyledi.

TED konuşmasından bir hafta önce Dr. Jill'in en iyi arkadaşı ona sunumun iyi olmadığını söyledi. "Jill, bizi bu inanılmaz savunmasız yere götürüyorsun ve bizi bu yolculuğa çıkarıyorsun. Seninle geliyoruz, apaçığız, seniniz; ve sonra bize felç hakkında ders mi veriyorsun? Kalbini açmalısın."[3] Kalbini açmak, savunmasız olmak, felcin ham duygusunu ve ona ne öğrettiğini ifade etmek demekti.

Dr. Jill mesajı aldı ve sonunu TED konferansından bir hafta önce değiştirdi. Sunumu şöyle bitirdi: "Ruhum özgürlüğe süzüldü, koca bir balinanın sessiz mutluluk denizinde kayması gibi. Nirvana. Nirvana'yı buldum... ve eğer ben Nirvana'yı bulduysam ve hâlâ hayattaysam, hayatta olan herkes Nirvana'yı bulabilir. Ve bu alana herhangi bir zamanda gelebileceklerini bilen, güzel, huzurlu, şefkatli, sevgi dolu insanlarla dolu bir dünya resmettim... Sonra bu deneyimin ne kadar müthiş bir hediye olabileceğini, hayatlarımızı nasıl yaşadığımıza dair bir içgörü darbesi olabileceğini fark ettim."

Çoğu biliminsanı, Dr. Jill'in izleyicisini götürdüğü yere gitmeye cesaret etmezdi. "Ruhları, kayan bir balina gibi özgürlüğe süzülse" bile bundan kimseye söz etmezlerdi. Dr. Jill ruhani değişiminin bir felç hikâyesinden çok daha fazla anlamı olduğunu fark etti. Beynin ego kısmı, sol yarım küresi devre dışı kalınca, ruhani bir aydınlanma deneyimledi. Artık evrenden ayrı değil, onun bir parçası olduğunu hissetti. İzleyileri felç hakkında bilgilendirip eğitti. Orada bitirseydi, bu iyi bir sunum olurdu. Dr. Jill bir adım ileri götürdü. İlham verip aydınlattı. Sunum iyiden olağanüstüye geçti. Dr. Jill'in şeridinde kalması cesaret gerektirdi ama fark yarattı.

ABC kanalının *Grey's Anatomy* adlı dizisinde bir bölümde, Dr. Callie Torres bir TED konuşması yapmak için hazırlanır. Ortopedi cerrahı olan Torres hazırladığı sunumdan memnun değildir, çünkü TED sahnesinde gördüğüyle karşılaştırınca sıkıcıdır. "Kim kıkırdakla ilgilenir?" der. Hastanedeki kargaşa yüzünden Callie TED'e uçuşunu kaçırır ve kurtulduğunu sanır. Ama son anda meslektaşları, uzaktan kumandalı bir uydu bağlantısı kurup Callie'nin sunumunu izleyiciye canlı yapabilmesini sağlarlar (popüler bir TV şovunda bunu yapabilirsiniz).

Callie bir deste kartla gergin şekilde oturur. "Sadece konuş," der başka bir doktor. "Sadece kendin ol." Doktor, Callie'ye şeridinde kalmasını söylüyordu. Callie notları kenara bırakır, derin bir nefes alır ve şöyle der: "Merhaba. Ben Dr. Callie Torres ve çok kötü bir yıl geçirdim. Bir araba kazasında neredeyse ölüyordum... En iyi arkadaşım ve çocuğumun babasının hayatını alan bir kazaydı. Mesleğim ortopedik cerrahlıktır ve kıkırdakla çalışırım, bu yüzden her şey darmadağın olunca bizi bir arada tutan ne diye düşünerek çok zaman geçirdim..."

Her ne kadar *Grey's Anatomy* kurgusal bir drama olsa da, şovun yazarları TED etrafında bir hikâye oluşturmak isteyince bu bana çarpıcı gelir. Yazarlar, akılda kalıcı bir TED sunumunun gerçek büyüsünün, konuşmacının notlarını kenara bırakıp yürekten konuşmasına, izleyiciye ruhuna bakması için izin vermesine bağlı olduğunu fark etmişlerdir. Senaryo yazarları hikâye anlatıcılarıdır ve içgüdüsel olarak TED'in büyüsünün bir sunum konusundan daha derinde olduğunu anlarlar. İlham veren bir konuşmacı, dinleyicilerini hayatları, kariyerleri ya da işleri hakkında farklı düşünmeye yöneltmelidir. İyi bir konuşmacı daha iyi biri olmayı istemenizi sağlar.

Bu bölümün açılışı için Richard Branson'dan bir alıntı seçtim, çünkü pek çok konuşmacı, gerçek benliğini başkalarına gösterdikleri karakterden ayırır. Tanıdığım ve birden fazla kez söyleşi yaptığım Branson rol yapmaz. Gerçektir. Kamera önünde ve dışında aynı kişidir. İş oyundan ayrı değildir ve oyun işten ayrı değildir. "Hepsi yaşamaktır," diye hisseder Branson.

Tanıştığım pek çok yönetici özel konuşmamızda başka türlü davranıp konuşur, ancak sunum yaparken tamamen farklı görünürler. İki farklı insan gibi davranır, görünür ve duyulurlar. Şeritlerinde rahat değillerdir. Bir başkasının şeridinde olmak isterler.

Size kaç kez tutkulu, esprili, hevesli ve ilham verici liderle tanıştığımı, ancak sahneye çıktıkları dakikada ruhsuz, katı, sıkıcı ve keyifsiz olduklarını keşfettiğimi anlatamam. Nedenini sorduğumda, kimileri, "Çünkü sunum yapıyorum," diye yanıtlar.

Lütfen bunu aklınızda tutun. Bir sunum yaptığınızda, hedefiniz "bir sunum yapmak" olmamalı. İzleyicinize ilham vermek, onları etkilemek ve daha büyük düşler kurmaya teşvik etmek olmalı. İnsanlar sizin gerçek olduğunuzu düşünmezlerse onları etkileyemezsiniz. İzleyicinizi, eğer size güvenmez, hayran olmaz ve içtenlikle sevmezlerse hiçbir şeye ikna edemezsiniz.

TEDnot

İÇERİĞİNİZİ FARKLI BİR İZLEYİCİYE SUNUN. Müşterilerin "topluluk önünde" daha özgün olmalarına yardım etmek için kullandığım bir yöntem, içeriklerini hedeflenen izleyiciye sunmadan önce bir arkadaşa ya da eşlerine sunmalarıdır. Kendi "gerçek" benliklerinin ortaya çıkması, bilgiyi ilişkide oldukları birine sunduklarında, yakın bağlarının olmadığı bir dinleyici grubuna sunduklarındakinden daha olasıdır.

Sheryl Sandberg, "Neden Çok Az Kadın Liderimiz Var" adlı konuşmasında, kadınların genellikle işyerindeki yeteneklerini azımsadıklarını söyler. Aynı özgüven eksikliğinin, ilham verici sunumlar yapma yeteneğine gelince pek çok insanı –kadın erkek– etkilediğini savunurum. Bütün mazeretleri duydum: Utangacım; topluluk önünde konuşmada iyi değilim; geriliyorum; ilkokulda çocuklar benle alay etti; konum karmaşık vb. Bu nedenler –ya da türevleri– neden bir sunum yapmakta güvenli olmadığınızı çok iyi açıklayabilir ama hiçbir şekilde bir konuşmacı olarak potansiyelinizi tanımlamazlar.

Emin olun ki pek çok kişi, büyük konuşmacılar bile, topluluk önünde konuşma yeteneklerinden şüphelidirler. Uluslararası üne sahip papaz Joel Osteen, Ekim 1999'daki ilk vaazından önce "ölesiye korktuğunu" söylemişti. On yıl sonra yeni Yankee Stadyumu'nu tamamen dolduran bir kalabalığa vaaz verirken başarıya ulaştı. Topluluk önünde konuşma sanatında ustalaşması on yıl ve yüzlerce vaaz gerektirmişti, ama bugün Osteen dünyadaki en ilham verici ruhani liderlerden biri sayılır.

Richard Branson kariyerinin başında konuşması istendiğinde neredeyse hasta olduğunu söyler. "Mikrofonu aldığımda beynim durdu. Kürsüden ayrılmadan önce bir süre tutarsız bir şeyler mırıldandım. Hayatımın en utanç verici anlarından biriydi ve yüzüm Virgin logosu kadar kırmızı parladı,"[4] der.

Branson daha iyi bir konuşmacı olmaya azmetti. Durmadan alıştırma yaptı. "İyi konuşmacılar sadece şanslı ya da yetenekli değildir – çok çalışırlar." Branson ayrıca kendisi olmayı, özgün olmayı öğrendi. "Etkileyici bir konuşmacı olmak için söylediğinize inanmanız gerekir. Ve eğer sağlam bir inançla konuşursanız ve konunuza tutku duyuyorsanız, izleyiciniz hatalarınıza karşı çok daha bağışlayıcı olacaktır, çünkü doğruyu söylediğinize inanacaklardır. Hazırlanın, acele etmeyin ve rahatlayın. Yürekten konuşun."

Milyarder yatırımcı Warren Buffett topluluk önünde konuşmaktan "dehşete kapılırdı". O kadar gerilirdi ki üniversitede insanların önüne çıkmak zorunda kalacağı derslerden kaçınırdı. Hatta bir topluluk önünde konuşma dersine kaydolmuş ama daha başlamadan bırakmıştı. "Cesaretimi kaybettim," dedi. Yirmi bir yaşında, Buffett Omaha'da menkul kıymetler işinde kariyerine başladı ve tam potansiyeline erişmek için topluluk önünde konuşma korkusunu yenmesi gerektiğine karar verdi.

Buffett, kendisi gibi "çıkıp adlarını söylemekten dehşete kapılan" 30 kişiyle bir Dale Carnegie kursuna katıldı. Buffett, erken yaştaki güvensizliğini, genç kadınların kariyer başarısına yardım etmeyi hedefleyen bir web sitesi için bir söyleşide açıkladı. Sunucu Buffett'a, "Başarınızın temeli olarak gördüğünüz hangi huyları 20'lerinizde ve 30'larınızda geliştirdiniz?"[5] diye sordu. Buffett, "Hayatta iletişim kurabilmelisiniz ve bu müthiş önemlidir. Okullar, bir dereceye kadar, bunu yeterince vurgulamaz. Eğer iletişim kuramaz ve başka insanlarla konuşup fikirlerinizi iletemezseniz potansiyelinizden vazgeçersiniz." Çok prestijli okullar, iletişim yeteneklerini programlarının önemli bir parçası yapmaya gelince eksik kalır. "Bunları okulda öğrenmiyoruz ama yaptığım iş için çok önemli," diyen, büyük şirketlerde çalışan, işletme yüksek lisanslı kaç parlak kişiye koçluk yaptığımın sayısını unuttum.

TEDnot

ZAMAN AYIRIN. Bu sabah çıktığınızda araba kapınızı kilitlediğinizi hatırlıyor musunuz? Hatırlamayabilirsiniz ama elbette kilitlediniz. İçeriğinizi iletme alıştırmasını her gün her fırsatta yapmanız gerekir ki sunum yapmanın tekniği dikkat ve odak noktanızı ele geçirmesin. Adımları yüksek sesle sayan dansçı olmak istemezsiniz. Tekrar etmek "hikâyenizi" ilginç, dinamik ve daha önemlisi özgün bir yöntemle anlatmak için zihninizi özgürleştirir.

Milyonlarca dolar değerinde ve dünyanın en büyük markalarını yöneten, hayatınıza her gün değen ürün ve hizmetleri temsil eden şirket liderleriyle çalıştım. Pek çoğu bana özel olarak, topluluk önünde konuşmakta güvenleri olmadığını itiraf etti. Benim işim onların güvenlerini ortaya çıkararak izleyicilerini etkileyebilmelerini sağlamak. Bunu kendi "şeritlerini" ve o şerit hakkında neden o kadar tutkulu olduklarını tanımlamalarına yardım ederek yaparım. Sonra bir kez sunumu hazırlayıp, görüntüleyip alıştırmasını yaptık mı artık bırakmak ve Branson'ın önerdiği gibi yürekten konuşmak zamanıdır. Bu yaklaşım hiç başarısız olmamıştır.

Sır #9: Şeridinizde Kalın

Bir daha sunum yaptığınız zaman TED konuşmacılarıyla kıyaslanacaksınız. İzleyiciniz, bilgiyi sunmanın yeni, cesur bir tarzı olduğunu fark edecek; bu öyle bir tarz ki morallerini yükseltecek, ruhlarını dolduracak ve onları dünya ve kendi rolleri hakkında farklı düşünmeye teşvik edecek.

Bugün bütün dünyada insanlar TED sunumlarını, TED sitesi, YouTube aracılığıyla ya da sayısız bloga iliştirilmiş olarak internette bir milyar kezden fazla kez izlemiştir. TED konuşmacılarının kendilerinin bile her geçen gün daha iyiye gitmekte olduğu, TED yöneticisi Chris Anderson'ın TED 2013'te yaptığı bir gözlemdir.

TED tarzı, popüler kültürümüzün çoğuna nüfuz etmiştir. Eski başkan Bill Clinton, Comedy Central'da Stephen Colbert'in şovuna çıktığında, Colbert, Clinton'un konferansı Clinton Küresel Girişimi'ni TED'le birleştirmesini ve "Bill ve Ted'in mükemmel girişimi!" olarak adlandırmasını önermişti. Bu, söyleşideki en büyük kahkahayı almıştı ama izleyici TED ya da tanınan sunum türü hakkında bir şey bilmese espri başarısız olurdu.

TED tarzı kültürümüze işlemişse de –ve daha önceki sekiz bölümde konuştuğumuz gibi, TED konuşmacıları ortak teknikler kullansa da– herkes, izleyiciyle özgün bir bağ kurmak için kendi konusu hakkında tutkusunu bulmalıdır. Hepsinden önemlisi, Tony Robbins, Dr. Jill, Bono, Sheryl Sandberg, Richard Branson ya da bu kitapta okuduğunuz diğer kişilerden biri olmaya çalışmayın. Onlar kendilerine bir şerit oluşturdular ve orada olağanüstü iyi ilerlediler. Kendi şeridinizde kalın. Kalbinizi açın. Kendi özgün benliğinize sadık kalın – kendinizin olabileceğiniz en iyi temsili olun.

YAZARIN NOTU

Eğer insanların çoğuna benziyorsanız, hayatınız için hayal ettiğinizden çok daha fazlasını yapabilirsiniz. İnsanları hareketlendirmeyi, onlara ilham vermeyi, çaresizlere umut olmayı ve kayıplara yol göstermeyi öğrenebilirsiniz. Öğretme ve heyecanlandırma, bilgilendirme ve ilham verme yeteneğiniz vardır, *ama sadece bunları gerçekleştime yeteneğinize inanırsanız.*

Olumsuz etiketlerin sizi, kaderinizi yazmaktan alıkoymasına izin vermeyin. Kimileri size yeterince iyi olmadığınızı, ilginç bir iş konuşması ya da harika bir sunum yapmak için gerekli özelliklere sahip olmadığınızı söyleyebilir. Hatta genellikle en kötü etiketler kendi üstümüze yapıştırdıklarımızdır. Topluluk önünde konuşmaktan rahatsız olan liderlerin kendileri için korkunç sözler –başkalarına asla söylemeyecekleri sözler– ettiklerini gördüm. Şunları söylüyorlardı:

Sunum yapmakta feciyim.

Bir kere sinirlerim gerildi ve bu beni mahvetti. Korkunç bir konuşmacıyım.

Kimse beni dinlemek istemiyor. Sıkıcıyım.

Eğer bunlar her gün kendinize tekrarladığınız türden ifadelerse, sinirleriniz tabii ki gerilir! Diğer insanların sizin hakkınızda söylediklerini kontrol edemezsiniz ama o yorumların çerçevesini kontrol edebilirsiniz ve kendiniz için ettiğiniz sözleri kesinlikle kontrol edebilirsiniz. Olumsuzlukları tekrar ve tekrar gündeme getirmektense, düşüncelerinizi yeniden şekillendirin ve olumsuz etiketlerin yerine cesaret, güç ve dayanıklılık koyun.

Unutmayın, fikirler yirmi birinci yüzyılın geçer akçesidir. Fikirleriniz hayatınızın yönünü ve dünyayı değiştirebilir. Hiçbir şeyin –olumsuz etiketler dahil– yolunuza çıkmasına izin vermeyin.

TED konuşmacısı Larry Smith onunla yaptığım söyleşinin sonunda, "Size başarılar dilerim," demişti bana. Smith "İyi şanslar," demezdi çünkü şansın başarınızla çok az ilgisi vardır. İlham veren bir konuşmacı olmak için şansa ihtiyacınız yok. Örneklere, tekniklere, tutkuya ve alıştırma yapmaya ihtiyacınız var. Ayrıca cesarete ihtiyacınız var – tutkunuzu izlemek, fikirlerinizi basitçe ifade etmek ve içinizi şenlendirmek için.

Başarı dileklerimle,
Carmine Gallo

NOTLAR

Giriş: Fikirler Yirmi Birinci Yüzyılın Geçer Akçesidir

1. Julie Coe, "TED's Chris Anderson", Departures.com, Mart-Nisan 2012, http://www.departures.com/articles/teds-chris-anderson (11 Nisan 2013 tarihinde erişildi).
2. Daphne Zuniga, "The Future We Will Create Inside the World of TED", belgesel, New Video Group Inc., 2007.
3. Stanford Üniversitesi, "'You've Got to Find What You Love,' Job Says", Stanford Raporu, 14 Haziran 2005, Steve Jobs'un Diploma Töreni Konuşması, 12 Haziran 2005 tarihinde yapıldı, http://news-service.stanford.edu/news/2005/june15/jobs -061505.html (11 Nisan 2013 tarihinde erişildi).
4. Daniel Pink, *To Sell Is Human*, Riverhead Books, New York, 2012, s. 2. (Türkçede *Satışın Yeni Kuralları* adıyla Mediacat Yayıncılık tarafından yayımlanmıştır.)
5. Robert Greene, *Mastery*, Viking, New York, 2012, s. 12. (Türkçede *Ustalık* adıyla Altın Kitaplar tarafından yayımlanmıştır.)
6. Tony Robbins, "Why We Do What We Do", TED.com, Haziran 2006, http://www.ted.com/talks/tony_robbins_asks_why_we_do_what_we_do.html (11 Nisan 2013 tarihinde erişildi).

1. İçinizdeki Ustayı Çıkarın

1. Aimee Mullins, "It's Not Fair Having 12 Pairs of Legs", TED.com, Mart 2009, http://www.ted.com/talks/aimee_mullins_prosthetic_aesthetics.html (11 Nisan 2013 tarihinde erişildi).
2. Cameron Russell, "Looks Aren't Everything. Believe Me, I'm a Model", TED.com, Ocak 2013, http://www.ted.com/talks/cameron_russell _looks_aren_t_everything_believe_me_i_m_a_model.html (11 Nisan 2013 tarihinde erişildi).
3. Robert Greene, *Mastery*, Viking, New York, 2012, s. 12. (Türkçede *Ustalık* adıyla Altın Kitaplar tarafından yayımlanmıştır.)
4. Daily News, "Buddhist Monk Is the World's Happiest Man", 29 Ekim 2012, http://india.nydailynews.com/newsarticle/7b470adb0a9b6c32e19e16a08df13f3d/buddhist-monk-is-the-worlds-happiest-man#ixzz2ILd7tSGa (11 Nisan 2013 tarihinde erişildi).
5. Matthieu Ricard, "The Happiest Person in the World?", Matthieu Ricard blog yazısı, 12 Kasım 2012, http://www.matthieuricard.org/en/index.php /blog/255_the_happiest_person_in_the_world/ (11 Nisan 2013 tarihinde erişildi).
6. Matthieu Ricard, Budist rahip, yazarla sohbetinden, 16 Mart 2013.
7. Larry Smith, Kanada, Waterloo Üniversitesi Ekonomi Profesörü, yazarla sohbetinden, 26 Haziran 2012.
8. Melissa S. Cardon, Joakim Wincent, Jagdip Singh ve Mateja Drnovsek, "The Nature and Experience of Entrepreneurial Passion", *Academy of Management Review*, 2009, cilt 34, sayı 3, ss. 511–532.
9. Richard Branson, "Richard Branson: Life at 30,000 Feet", TED.com, Kasım 2007, http://www.ted.com/talks/richard_branson_s_life_at_30_000 _feet.html (11 Nisan 2013 tarihinde erişildi).
10. Cheryl Mitteness, Richard Sudek ve Melissa S. Cardon, "Angel investor characteristics that determine whether perceived passion leads to higher evaluations of funding potential", *Journal of Business Venturing*, 2012, cilt 27, ss. 592–606.
11. Jill Bolte Taylor, "Jill Bolte Taylor's Stroke of Insight", TED.com, Mart 2008, http://www.ted.com/talks/jill_bolte_taylor_s_powerful_stroke_of_insight.html (18 Mayıs 2013 tarihinde erişildi).
12. Jill Bolte Taylor, "Does Our Planet Need a Stroke of Insight?",

Huffington Post, TED Weekends: Reset Your Brain, 4 Ocak 2013, http://www.huffingtonpost.com/dr-jill-boltetaylor/neuroscience_b_2404554.html (11 Nisan 2013 tarihinde erişildi).

13. Pascale Michelon, St. Louis'deki Washington Üniversitesi'nde Yardımcı Profesör, yazarla sohbetinden, 22 Ocak 2013.
14. Howard Friedman ve Leslie Martin, "The Longevity Project: Surprising Discoveries for Health and Long Life from the Landmark Eight-Decade Study", Hudson Street Press, New York, 2011, s. 28.
15. Joyce E. Bono ve Remus Ilies, "Charisma, Positive Emotions and Mood Contagion", *Science Direct*, The Leadership Quarterly, cilt 17, 2006, ss. 317-334.
16. Richard St. John, "Charisma, Positive Emotions and Mood Contagion", TED.com, Aralık 2006, http://www.ted.com/talks/richard_st_john_s_8_secrets_of_success.html (24 Nisan 2013 tarihinde erişildi).
17. Ernesto Sirolli, "Ernesto Sirolli: Want to Help Someone? Shut Up and Listen!", TED.com, Kasım 2012, http://www.ted.com/talks/ernesto_sirolli_want_to_help_someone_shut_up_and_listen.html (11 Nisan 2013 tarihinde erişildi).

2. Hikâye Anlatma Sanatında Ustalaşın

1. Bryan Stevenson, "Bryan Stevenson: We Need to Talk about an Injustice", TED.com, Mart 2012, http://www.ted.com/talks/bryan_stevenson_we_need_to_talk_about_an_injustice.html (24 Nisan 2013 tarihinde erişildi).
2. Bryan Stevenson, Equal Justice Initiative Kurucu ve Yöneticisi, yazarla sohbetinden, 17 Aralık 2012.
3. Ben Affleck, "Ben Affleck: 8 Talks that Amazed Me", TED.com, http://www.ted.com/playlists/32/ben_affleck_8_talks_that_amaz.html (24 Nisan 2013 tarihinde erişildi).
4. Uri Hasson, Asif A. Ghazanfar, Bruno Galantucci, Simon Garrod ve Christian Keysers, "Brain- to- Brain Coupling: A Mechanism for Creating and Sharing a Social World", Sinirbilim Enstitüsü, Princeton Üniversitesi, 2012, http://psych.princeton.edu/psychology/research/hasson/pubs/Hasson_et_al_ TiCS_2012.pdf (11 Nisan 2013

tarihinde erişildi).

5. Greg J. Stephens, Lauren J. Silbert ve Uri Hasson, "Speaker-Listener Neural Coupling Underlies Successful Communication", Amerika Birleşik Devletleri, Ulusal Bilimler Akademisi tutanakları, 26 Temmuz 2010, http://www.ncbi.nlm.nih.gov/pmc/articles/PMC2922522/ (11 Nisan 2013 tarihinde erişildi).
6. Brené Brown, "Brené Brown: The Power of Vulnerability", TED.com, Aralık 2010, http://www.ted.com/talks/brene_brown_on_vulnerability.html (24 Nisan 2014 tarihinde erişildi).
7. Andrew Stanton, "Andrew Stanton: The Clues to a Great Story", TED.com, Mart 2012, http://www.ted.com/talks/andrew_stanton_the_clues_to_a _great_story.html (24 Nisan 2013 tarihinde erişildi).
8. Dan Ariely, "Dan Ariely: Our Buggy Moral Code", TED.com, Mart 2009, http://www.ted.com/talks/dan_ariely_on_our_buggy_moral_code.html (24 Nisan 2013 tarihinde erişildi).
9. Chip Heath ve Dan Heath, *Made to Stick: Why Some Ideas Survive and Others Die*, Random House, New York, 2007, s. 64. (Türkçede *İşte Bu Fikir Tutar!: Neden Bazı Fikirler Tutuyor da Bazıları Ölüp Gidiyor?* adıyla Optimist Yayınları tarafından yayımlanmıştır.)
10. a.g.e., s. 84.
11. Ken Robinson, "Ken Robinson Says Schools Kill Creativity", TED.com, June 2006, http://www.ted.com/talks/ken_robinson_says_schools_kill_creativity.html?qsha=1&utm_expid=166907-20&utm_referrer=http%3A%2F%2Fwww.ted.com%2Fsearch%3Fcat%3Dss_all%26q%3Dken%2Brobinson (18 Mayıs 2013 tarihinde erişildi).
12. YouTube.com, "Apr 29 - Joel Osteen - Yes Is in Your Future", 12 Mayıs 2012, http://www.youtube.com/watch?v=VJiW_H3_0S4 (18 Mayıs 2013 tarihinde erişildi).
13. Bono, "8 Talks That Give Me Hope", TED.com, http://www.ted.com/playlists/53/bono_8_talks_that_give_me_hop.html (18 Mayıs 2013 tarihinde erişildi).
14. Seth Godin, "Seth Godin: How to Get Your Ideas to Spread", TED.com, Nisan 2007, http://www.ted.com/talks/seth_godin_on_sliced_bread.html (24 Nisan 2013 tarihinde erişildi).

15. Ludwick Marishane, "Ludwick Marishane: A Bath without Water", TED.com, Aralık 2012, http://www.ted.com/talks/ludwick_marishane_a _bath_without_water.html (18 Mayıs 2013 tarihinde erişildi).
16. Jonah Sachs, *Winning the Story Wars: Why Those Who Tell the Best Stories Will Rule the Future*, Harvard Business Review Press, Boston, 2012, s. 14.
17. Malcolm Gladwell, "Malcolm Gladwell: Choice, Happiness and Spaghetti Sauce", TED.com, Eylül 2006, http://www.ted.com/talks/malcolm_gladwell_on_spaghetti_sauce.html (18 Mayıs 2013 tarihinde erişildi).
18. Peter Guber, *Tell to Win: Connect, Persuade, and Triumph with the Hidden Power of Stories*, Crown Business, New York, 2011, s. vii. (Türkçede *Hikâyen Varsa Kazanırsın* adıyla Boyner Yayınları tarafından yayımlanmıştır.)
19. a.g.e., s. 9.
20. Annie Murphy Paul, "Your Brain on Fiction", *The New York Times*, Sunday Review/The Opinion Pages, 17 Mart 2012, http://www.nytimes.com/2012/03/18/opinion/sunday/the-neuroscience-of-your-brain-on-fiction.html?pagewanted=all&_r=1& (18 Nisan 2013 tarihinde erişildi).
21. Peter Guber, *Tell to Win: Connect, Persuade, and Triumph with the Hidden Power of Stories*, Crown Business, New York, 2011, s. 33.
22. Significantobjects.com, Hakkında sayfası, http://significantobjects.com/about/ (18 Mayıs 2013 tarihinde erişildi).
23. YouTube.com, "Kurt Vonnegut on the Shapes of Stories", 30 Ekim 2010, http://www.youtube.com/watch?v=oP3c1h8v2ZQ (18 Mayıs 2013 tarihinde erişildi).
24. Isabele Allende, "Isabel Allende: Tales of Passion", TED.com, Ocak 2008, http://www.ted.com/talks/isabel_allende_tells_tales_of_passion.html (18 Mayıs 2013 tarihinde erişildi).

3. Sohbet Edin

1. Amanda Palmer, "The Epic TED Blog, Part One: It Takes a Village to Write a TED Talk", Amanda Palmer and the Grand Theft Orc-

hestra, 7 Mart 2012, http://amandapalmer.net/blog/20130307/ (11 Nisan 2013 tarihinde erişildi).

2. James R. Williams, "Guidelines for the Use of Multimedia in Instruction", İnsan Faktörleri ve Ergonomi Topluluğu 42. Toplantısı tutanakları, cilt 42, sayı 20, 1998, ss. 1447-1451, Sage Journals online, http://pro.sagepub.com/content/42/20/1447 (18 Mayıs 2013 tarihinde erişildi).
3. Lisa Kristine, "Lisa Kristine: Photos that Bear Witness to Modern Slavery", TED.com, Ağustos 2012, http://www.ted.com/talks/lisa_kristine_glimpses_of _modern_day_slavery.html (18 Mayıs 2013 tarihinde erişildi).
4. YouTube.com, "The Neuroanatomical Transformation of the Teenage Brain: Jill Bolte Taylor at TEDxYouth@Indianapolis", 21 Şubat 2013, http://www.youtube.com/watch?v=PzT_SBl31-s (19 Mayıs 2013 tarihinde erişildi).
5. Morgan Wright, Washington D.C. Metropol Bölgesi Suçla Mücadele Şefi, yazarla sohbetinden, 4 Nisan 2013.
6. Colin Powell, "Colin Powell: Kids Need Structure", TED.com, Ocak 2013, http://www.ted.com/talks/colin_powell_kids_need_structure.html (19 Mayıs 2013 tarihinde erişildi).
7. Colin Powell, *It Worked for Me: In Life and Leadership*, Harper, New York, 2012, s. 243.
8. Ernesto Sirolli, "Ernesto Sirolli: Want to Help Someone? Shut Up and Listen!", TED.com, Kasım 2012, http://www.ted.com/talks/ernesto_sirolli_want_to_help_someone_shut_up_and_listen.html (11 Nisan 2013 tarihinde erişildi).
9. Jennifer Granholm, "Jennifer Granholm: A Clean Energy Proposal – Race to the Top," TED.com, Şubat 2013, http://www.ted.com/talks/jennifer_granholm_a_clean_energy_proposal_race_to_the_top.html (18 Mayıs 2013 tarihinde erişildi).
10. Bob M. Fennis ve Marielle Stel, "The Pantomime of Persuasion: Fit Between Non Verbal Communication and Influence Strategies", *Journal of Experimental Social Psychology*, 2011, cilt 47, ss. 806-810.
11. Amy Cuddy, "Amy Cuddy: Your Body Language Shapes Who You Are", TED.com, Ekim 2012, http://www.ted.com/talks/amy_cuddy_your_body_language _shapes_who_you_are.html (18 Ma-

yıs 2013 tarihinde erişildi).

12. Janine Shepherd, "Janine Shepherd: A Broken Body Isn't a Broken Person", TED.com, Kasım 2012, http://www.ted.com/talks/janine_shepherd_a_broken_body_isn_t_a_broken_person.html (19 Mayıs 2013 tarihinde erişildi).

4. Bana Yeni Bir Şey Öğretin

1. Robert Ballard, "Robert Ballard on Exploring the Ocean", TED.com, Mayıs 2008, http://www.ted.com/talks/robert_ballard_on_exploring_the_oceans.html (18 Mayıs 2013 tarihinde erişildi).
2. Robert Ballard, Titanik kâşifi, yazarla sohbetinden, 18 Şubat 2013.
3. James Cameron, "James Cameron: Before Avatar . . . a Curious Boy", TED.com, Mart 2010, http://www.ted.com/talks/james_cameron_before_ava tar_a_curious_boy.html (11 Nisan 2013 tarihinde erişildi).
4. a.g.e.
5. John Medina, *Brain Rules*, Pear Press, Seattle, 2008, s. 32. (Türkçede *Beyin Kuralları* adıyla Kuzey Yayınları tarafından yayımlanmıştır.)
6. a.g.e., s. 265.
7. Martha Burns, "Dopamine and Learning", Indigo Learning, 21 Eylül 2012, http://www.indigolearning.co.za/dopamine-and-learning-by-martha -burns-phd/ (11 Nisan 2013 tarihinde erişildi).
8. a.g.e.
9. Martha Burns, "Dopamine and Learning: What the Brain's Reward Center Can Teach Educators", Scientific Learning, 18 Eylül 2012, http://www.scilearn.com/blog/dopamine-learning-brains-reward-center-teach-edu cators.php (11 Nisan 2013 tarihinde erişildi).
10. Hans Rosling, "Hans Rosling: Stats that Reshape Your Worldview", TED.com, Haziran 2006, http://www.ted.com/talks/hans_rosling_shows_the_best_stats_you_ve_ever_seen.html?qshb=1&utm_expid=166907-19&utm_referrer=http%3A%2F%2Fwww.ted.com%2Fsearch%3Fcat%3Dss_all%26q%3Drosling (19 Mayıs 2013 tarihinde erişildi).
11. a.g.e.

12. Nicholas A. Christakis, "The World's 100 Most Influential People: 2012", *TIME*, 18 Nisan 2012, http://www.time.com/time/specials/packages/article/0,28804,2111975_2111976_2112170,00.html (11 Nisan 2013 tarihinde erişildi).
13. Susan Cain, "Susan Cain: The Power of Introverts", TED.com, Mart 2012, http://www.ted.com/talks/susan_cain_the_power_of_introverts.html (24 Nisan 2013 tarihinde erişildi).
14. Revolution.com, Revolution Web Sitesi Hakkında sayfası, http://revolution.com/ourstory/about-revolution (19 Mayıs 2013 tarihinde erişildi).
15. Fast Company Çalışanları, "Twitter's Biz Stone and Ev Williams and Charlie Rose: The Long and Short of Creative Conversations", Fast Company online, http://www.fastcompany.com/welcome.html?destination=http://www.fastcompany.com/3004361/a-conversation-charlie-rose-biz-stone-ev-williams (19 Mayıs 2013 tarihinde erişildi).
16. Seth Godin, "Seth Godin: How to Get Your Ideas to Spread", TED.com, Nisan 2007, http://www.ted.com/talks/seth_godin_on_sliced_bread.html (24 Nisan 2013 tarihinde erişildi).
17. Gregory Berns, *Iconoclast*, Harvard Business Press, Boston, 2008, s. 25.
18. Vivienne Walt, "A Mayoral Make over", *TIME*, 2 Ekim 2005, http://www.time.com/time/magazine/article/0,9171,1112793,00.html#ixzz2KpjEAsKp (11 Nisan 2013 tarihinde erişildi).
19. James Flynn, Michael F. Shaughnessy ve Susan W. Fulgham, "An Interview with Jim Flynn about the Flynn Effect", *North American Journal of Psychology*, cilt 14, sayı 1, http://www.questia.com/library/1G1-281111803/an-interview-with-jim-flynn-about-the-flynn-effect (11 Nisan 2013 tarihinde erişildi).
20. Nicholas D. Kristof, "It's a Smart, Smart, Smart World" *The New York Times*, Düşünceler Sayfası, 12 Aralık 2012, http://www.nytimes.com/2012/12/13/opinion/kristof-its-a-smart-smart-smart-world.html?_r=0 (11 Nisan 2013 tarihinde erişildi).
21. Dan Pink, yazar, yazarla sohbetinden, 13 Şubat 2013.
22. John Medina, Washington Üniversitesi Tıp Fakültesi, Biyomühendislik Profesörü, yazarla sohbetinden, 27 Haziran 2008.

23. Docurama Films, "TED: The Future We Will Create Inside the World of TED" 2007, yapımcı ve yönetmen: Steven Latham ve Daphne Zuniga.
24. Ben Saunders, "Ben Saunders: Why Bother Leaving the House?", TED.com, Aralık 2012, http://www.ted.com/talks/ben_saunders_why_bother_leaving_the_house.html (11 Nisan 2013 tarihinde erişildi).

5. Ağızları Açık Bırakan Anlar Yaratın

1. YouTube.com, "Bill Gates Releases Malaria Mosquitoes TED!! Must See", 6 Şubat 2009, http://www.youtube.com/watch?v=tWjpVJ8YNtk (11 Nisan 2013 tarihinde erişildi).
2. NBC Nightly News with Brian Williams, "Bill Gates Bugs Out", ilk gösterimi 5 Şubat 2009 tarihinde yayınlandı, http://bigdonald.com/nbc-nightly-news-with-brian-williams-bill-gates-bugs-out/gait19 (24 Nisan 2013 tarihinde erişildi).
3. John Medina, *Brain Rules*, Pear Press, Seattle, 2008, s. 80. (Türkçede *Beyin Kuralları* adıyla Kuzey Yayınları tarafından yayımlanmıştır.)
4. a.g.e., s. 81.
5. Rebecca Todd, Toronto Üniversitesi'nde Psikoloji Profesörü, yazarla sohbetinden, 25 Şubat 2013.
6. a.g.e.
7. Jill Bolte Taylor, "Jill Bolte Taylor's Stroke of Insight", TED.com, Mart 2008, http://www.ted.com/talks/jill_bolte_taylor_s_powerful_stroke_of_insight.html (24 Nisan 2013 tarihinde erişildi).
8. YouTube.com, "The Neuroanatomical Transformation of the Teenage Brain: Jill Bolte Taylor at TEDxYouth@Indianapolis", 21 Şubat 2013, http://www.youtube.com/watch?v=PzT_SBl31-s (11 Nisan 2013 tarihinde erişildi).
9. YouTube.com, "The Lost 1984 Video (The Original 1984 Macintosh Introduction)", http://www.youtube.com/watch?v=2BXwPjn9YY (30 Ocak 2009 tarihinde erişildi).
10. YouTube.com, "The Microsoft Deal – Macworld Boston (1997)", 21 Aralık 2012, http://www.youtube.com/watch?v=PjT19XTxZaU

(11 Nisan 2013 tarihinde erişildi).

11. YouTube.com, "Apple Music Event 2001- The First Ever iPod Introduction", http://www.youtube.com/watch?v=kN0SVBCJqLs&feature=related (30 Ocak 2009 tarihinde erişildi).
12. Apple.com, "Macworld San Francisco 2007 Keynote Address", http://www.apple.com/quicktime/qtv/mwsf07/ (30 Ocak 2009 tarihinde erişildi).
13. Raghava KK, "Raghava KK: My 5 Lives as an Artist", TED.com, Şubat 2010, http://www.ted.com/talks/raghava_kk_five_lives_of_an_artist.html (19 Mayıs 2013 tarihinde erişildi).
14. Freeman Hrabowski, "Freeman Hrabowski: 4 Pillars of College Success in Science", TED.com, Nisan 2013, http://www.ted.com/talks/freeman_hrabowski_4_pillars_of_college_success_in_science.html (19 Mayıs 2013 tarihinde erişildi).

6. Neşelenin

1. Ken Robinson, "Ken Robinson Says Schools Kill Creativity", TED.com, June 2006, http://www.ted.com/talks/ken_robinson_says_schools_kill_creativity.html?qsha=1&utm_expid=166907-20&utm_referrer=http%3A%2F%2Fwww.ted.com%2Fsearch%3Fcat%3Dss_all%26q%3Dken%2Brobinson (18 Mayıs 2013 tarihinde erişildi).
2. A.K. Pradeep, *The Buying Brain: Secrets for Selling to the Subconscious Mind*, John Wiley & Sons, Hoboken, 2010, s. 29.
3. Rod A. Martin, *The Psychology of Humor: An Integrative Approach*, Elsevier Academic Press, Burlington, 2007, s. 120.
4. a.g.e.
5. a.g.e., s. 128.
6. Fabio Sala, "Laughing All the Way to the Bank", *Harvard Business Review*, Eylül 2003, http://hbr.org/2003/09/laughing-all-the-way-to-the-bank/ar/1 (11 Nisan 2013 tarihinde erişildi).
7. YouTube.com, "Jerry Seinfeld on How to Write a Joke", 20 Aralık 2012, http://www.youtube.com/watch?v=itWxXyCfW5s (19 Mayıs 2013 tarihinde erişildi).
8. Dan Pallotta, "Dan Pallotta: The Way We Think about Charity is

Dead Wrong", TED.com, Mart 2013, http://www.ted.com/talks/dan_pallotta_the _way_we_think_about_charity_is_dead_wrong.html (19 Mayıs 2013 tarihinde erişildi).

9. Jill Bolte Taylor, "Jill Bolte Taylor's Stroke of Insight", TED.com, Mart 2008, http://www.ted.com/talks/jill_bolte_taylor_s_powerful_stroke_of_insight .html (18 Mayıs 2013 tarihinde erişildi).
10. John McWhorter, "John McWhorter: Txtng Is Killing Language. JK!!!", TED.com, Nisan 2013, http://www.ted.com/talks/john_mcwhorter_txtng_is _killing_language_jk.html (18 Mayıs 2013 tarihinde erişildi).
11. Juan Enriquez, "Juan Enriquez: Th e Next Species of Human", TED.com, Şubat 2009, http://www.ted.com/talks/juan_enriquez_shares_mind boggling_new_science.html (19 Mayıs 2013 tarihinde erişildi).
12. Chris Bliss, "Chris Bliss: Comedy Is Translation", TED.com, Şubat 2012, http://www.ted.com/talks/chris_bliss_comedy_is_translation.html (19 Mayıs 2013 tarihinde erişildi).
13. Rose George, "Rose George: Let's Talk Crap. Seriously", TED.com, Nisan 2013, http://www.ted.com/talks/rose_george_let_s_talk_crap_seriously.html (19 Mayıs 2013 tarihinde erişildi).
14. YouTube.com, "Jim Carrey and Stephen Hawking on Late Night with Conan O'B", 26 Şubat 2010, http://www.youtube.com/watch?v=sRO4fAevMZQ (19 Mayıs 2013 tarihinde erişildi).
15. Stephen Hawking, "Stephen Hawking: Questioning the Universe", TED.com, Nisan 2008, http://www.ted.com/talks/stephen_hawking_asks_big_questions_about_the_universe.html (19 Mayıs 2013 tarihinde erişildi).

7. 18 Dakika Kuralına Bağlı Kalın

1. Larry Smith, Kanada, Waterloo Üniversitesi Ekonomi Profesörü, yazarla sohbetinden, 26 Haziran 2012.
2. Amit Agarwal, "Why Are TED Talks 18 Minutes Long?" Digital Inspiration, 15 Şubat 2010, http://www.labnol.org/tech/ted-talk-18-minutes/12755/ (18 Mayıs 2013 tarihinde erişildi).
3. Paul E. King, İletişim Araştırmaları Bölümü Profesörü ve Başkanı,

yazarla sohbetinden, 3 Aralık 2012.

4. Roy Baumeister, *Willpower: Rediscovering the Greatest Human Strength*, Penguin Books, New York, 2012, s. 48. (Türkçede *İrade* adıyla Tual Yayınları tarafından yayımlanmıştır.)
5. Matthew May, *The Laws of Subtraction: 6 Simple Rules for Winning in the Age of Excess Everything*, McGraw-Hill, New York, 2012, s. xiv.
6. David Christian, Anglo-Amerikan tarihçi ve Rus tarihi biliminsanı, Büyük Tarih isimli disiplinlerarası yaklaşımın yaratıcısı, yazarla sohbetinden, 13 Aralık 2012.
7. Neil Pasricha, "Neil Pasricha: The 3 A's of Awesome", TED.com, Ocak 2011, http://www.ted.com/talks/neil_pasricha_the_3_a_s_of_awesome.html (19 Mayıs 2013 tarihinde erişildi).
8. Kevin Allocca, "Kevin Allocca: Why Videos Go Viral", TED.com, Şubat 2012, http://www.ted.com/talks/kevin_allocca_why_videos_go_viral.html (19 Mayıs 2013 tarihinde erişildi).
9. Majora Carter, "Majora Carter: 3 Stories of Local Eco- Entrepreneurship", TED.com, Aralık 2010, http://www.ted.com/talks/majora_carter_3_stories _of_ecoactivism.html (30 Eylül 2013 tarihinde erişildi).
10. Carmine Gallo, "How to Pitch Anything in 15 Seconds [Video]," Forbes, Leadership, 17 Temmuz 2012, http://www.forbes.com/sites/carminegallo/2012/07/17/how-to-pitch-anything-in-15-seconds/ (11 Nisan 2013 tarihinde erişildi).

8. Çoklu Duyusal Deneyimlerle Zihinsel Bir Resim Boyayın

1. Michael Pritchard, "Michael Pritchard: How to Make Filthy Water Drinkable", TED.com, Ağustos 2009, http://www.ted.com/talks/michael_pritchard _invents_a_water_filter.html (11 Nisan 2013 tarihinde erişildi).
2. Richard Mayer, "Cognitive Theory of Multimedia Learning (Mayer)", Learning-Theories.com, http://www.learning-theories.com/cognitive-theory-of-multimedia-learning-mayer.html (18 Mayıs 2013 tarihinde erişildi).
3. Carmine Gallo, "Richard Branson: If It Can't Fit on the Back of

an Envelope, It's Rubbish" (Röportaj), Forbes.com, 22 Ekim 2012, http://www.forbes.com/sites/carminegallo/2012/10/22/richard-branson-if-it-cant-fit-on-the-back-of-an-envelope-its-rubbish-interview/ (18 Mayıs 2013 tarihinde erişildi).

4. Emily McManus, "TEDsters Talk about Al Gore's Impact", TED.com, 12 Ekim 2007, http://blog.ted.com/2007/10/12/i_was_actually/ (11 Nisan 2013 tarihinde erişildi).
5. Elizabeth Blair, "Laurie David: One Seriously 'Inconvenient' Woman", NPR, Special Series Profiles, 7 Mayıs 2007, http://www.npr.org/templates/story/story.php?storyId=9969008 (19 Nisan 2013 tarihinde erişildi).
6. YouTube.com, "An Inconvenient Truth (1/10) Film Klibi– Science of Global Warming, 2006, HD", 8 Ekim 2011, http://www.youtube.com/watch?v=NXMarwAusY4 (11 Nisan 2013 tarihinde erişildi).
7. Nancy Duarte, "Nancy Duarte: The Secret Structure of Great Talks", TED.com, Şubat 2012, http://www.ted.com/talks/nancy_duarte_the_secret _structure_of_great_talks.html (19 Mayıs 2013 tarihinde erişildi).
8. John Medina, *Brain Rules*, Pear Press, Seattle, 2008, s. 84. (Türkçede *Beyin Kuralları* adıyla Kuzey Yayınları tarafından yayımlanmıştır.)
9. a.g.e., s. 233.
10. Bill Gates, "Bill Gates on Energy: Innovating to Zero!", TED.com, Şubat 2010, http://www.ted.com/talks/bill_gates.html (19 Mayıs 2013 tarihinde erişildi).
11. David Christian, "David Christian: The History of Our World in 18 Minutes", TED.com, Nisan 2011, http://www.ted.com/talks/david_christian_big_history.html (19 Mayıs 2013 tarihinde erişildi).
12. Bono, "Bono: The Good News on Poverty (Yes, There's Good News)", TED.com, Mart 2013, http://www.ted.com/talks/bono_the_good_news_on_poverty_yes_there_s_good_news.html (19 Mayıs 2013 tarihinde erişildi).
13. Chris Jordan, "Chris Jordan: Turning Powerful Stats into Art", TED.com, Haziran 2008, http://www.ted.com/talks/chris_jordan_pictures_some_shocking_stats.html (11 Nisan 2013 tarihinde erişildi).
14. Lisa Kristine, "Lisa Kristine: Photos that Bear Witness to Modern

Slavery", TED.com, Ağustos 2012, http://www.ted.com/talks/lisa_kristine_glimpses_of _modern_day_slavery.html (18 Mayıs 2013 tarihinde erişildi).

15. Pascale Michelon, The Memory Practice yöneticisi ve St. Louis, Washington Üniversitesi'nde Yardımcı Profesör, yazarla sohbetinden, 22 Ocak 2013.
16. Janine Shepherd, "Janine Shepherd: A Broken Body Isn't a Broken Person", TED.com, Kasım 2012, http://www.ted.com/talks/janine_shepherd_a_broken_body_isn_t_a_broken_person.html (19 Mayıs 2013 tarihinde erişildi).
17. Cesar Kuriyama, "Cesar Kuriyama: One Second Every Day", TED.com, Şubat 2013, http://www.ted.com/talks/cesar_kuriyama_one_second_every_day.html (19 Mayıs 2013 tarihinde erişildi).
18. Bono, "Bono: The Good News on Poverty (Yes, There's Good News)", TED.com, Mart 2013, http://www.ted.com/talks/bono_the_good_news_on_poverty_yes_there_s_good_news.html (19 Mayıs 2013 tarihinde erişildi).
19. Roger Ebert, "Roger Ebert: Remaking My Voice", TED.com, Nisan 2011, http://www.ted.com/talks/roger_ebert_remaking_my_voice.html (19 Mayıs 2013 tarihinde erişildi).
20. Amanda Palmer, "Amanda Palmer: The Art of Asking", TED.com, Mart 2013, http://www.ted.com/talks/amanda_palmer_the_art_of_asking.html (Mayıs 2013'te Erişildi).
21. Elliot Krane, "Elliot Krane: The Mystery of Cronic Pain", TED.com, Mayıs 2011, http://www.ted.com/talks/elliot_krane_the_mystery_of_chronic_pain.html (19 Mayıs 2013 tarihinde erişildi).
22. Stacey Kramer, "Stacey Kramer: Th e Best Gift I Ever Survived", TED.com, Ekim 2010, http://www.ted.com/talks/stacey_kramer_the_best_gift _i_ever_survived.html (19 Mayıs 2013 tarihinde erişildi).

9. Şeridinizde Kalın

1. Sheryl Sandberg, *Lean In: Women, Work, and the Will to Lead*, Alfred A. Knopf, New York, 2013, s. 139. (Türkçede *Lean In: Sınırlarını Zorla* adıyla Ceo Plus Yayınları tarafından yayımlanmıştır.)

2. a.g.e.
3. Jill Bolte Taylor, NAMI-Akıl Hastaları İçin Ulusal Birlik, Bloomington, Indiana Başkanı ve Harvard Beyin Dokusu Kaynak Merkezi ulusal sözcüsü, yazarla sohbetinden, 19 Mart 2013.
4. Richard Branson, "Richard Branson on the Art of Public Speaking", *Entrepreneur*, 4 Şubat 2013, http://www.entrepreneur.com/article/225627 (11 Nisan 2013 tarihinde erişildi).
5. Meredith Lepore, "6 Essential Tips for Work and Life from Warren Buffet", Levoleague.com, 8 Mayıs 2013, http://www.levoleague.com/career-advice/warren-buffett-life-tips (19 Mayıs 2013 tarihinde erişildi).

DİZİN

B

Ö

P

R

S

Ş

T